VIS-A-VIS Medien.Kunst.Bildung

Stefan Sonvilla-Weiss (Hrsg.)

VIS A VIS Medien.Kunst.Bildung

Lebenswirklichkeiten und kreative Potentiale der Digital Natives

DE GRUYTER

Stefan Sonvilla-Weiss, Mediengestaltung, Institut für Kunst und Bildung, Universität für künstlerische und industrielle Gestaltung Linz, Österreich.

Mit freundlicher Unterstützung der Universität für künstlerische und industrielle Gestaltung Linz und des Bundesminsteriums für Wissenschaft, Forschung und Wirtschaft, Wien.

Layout und Satz, Lektorat, Bildbearbeitung: S_W Design, Wien, Institut KUB, Linz

Library of Congress Cataloging-in-Publication data
A CIP catalog record for this book has been applied for at the Library of Congress.

Bibliografische Information der Deutschen Nationalbibliothek
Die Deutsche Nationalbibliothek verzeichnet diese Publikation in der Deutschen Nationalbibliografie; detaillierte bibliografische Daten sind im Internet über http://dnb.dnb.de abrufbar.

Dieses Buch ist auch als E-Book (ISBN PDF 978-3-11-049851-6) erschienen.

Gedruckt auf säurefreiem Papier, hergestellt aus chlorfrei gebleichtem Zellstoff. TCF ∞

Printed in Germany

ISBN 978-3-11-049996-4

www.degruyter.com

In theory , theory and practice are the same. In practice they are not.

Albert Einstein

Einleitung

STEFAN SONVILLA-WEISS

Die vorliegende Publikation widmet sich zwei komplexen Themenbereichen, die im Rahmen der Convention *VIS-A-VIS Medien.Kunst. Bildung*[1] im Vordergrund standen: „Lebenswirklichkeiten von Jugendlichen“ und ”School of Tomorrow“. Zum besseren Verständnis sei erwähnt, dass sowohl der theoretische als auch der praktische Bezugsrahmen sich der Gründungsidee des Ars Electronica Festivals verpflichtet fühlt, nämlich „nach der Zukunft zu fragen und diese Recherche an der Schnittstelle von Kunst, Technologie und Gesellschaft anzusiedeln.[2]“

Neben Kunst, Technologie, Gesellschaft ist der informelle Bildungsauftrag eine wesentliche Aufgabe – nicht zuletzt dadurch begründet, dass neben Individualbesucher*innen hauptsächlich Schulklassen die Hauptzielgruppen des AECs sind.

Die vorliegende Publikation versteht sich daher als Versuch, den gegenwärtigen Medienbildungsdiskurs – zumindest in einigen Aspekten – vor dem Hintergrund der bald 30-jährigen Geschichte des Prix Ars Electronica Festivals, des 18-jährigen Bestehens der U19 – CREATE YOUR WORLD Kinder- und Jugendkategorie, den permanenten und temporären Ausstellungen des AEC, aufzuspannen.

Um die Programmatik der Convention besser verstehen zu können, lohnt es sich, den organisatorischen und konzeptionellen ”initial starting point” ein wenig näher zu betrachten. Mit der Vergabe des UNESCO city of media arts-Titels 2004 an Linz rücken mit dieser Auszeichnung verstärkt die historisch gewachsenen Strukturen unterschiedlicher Kultur- und Bildungseinrichtungen mit spezifischen Medienschwerpunkten in den Vordergrund.

Den medienbildungsspezifischen Schwerpunkt bildet im Kanon des intermedialen Fokus (Interface Culture, Zeitbasierte und interaktive Medien, Medientheorie, -kultur) der Kunstuniversität Linz das Lehramtsstudium Mediengestaltung, welches 2009 ins Leben gerufen wurde.

Bereits in den 1990er Jahren gab es viele Projekte und Initiativen im Spannungsfeld Schule–Kultureinrichtungen–Vermittler*innen–Künstler*innen – digitale Medien (Beispiel Museum Online), die auf

1 www.visa-vis2016.at

2 www.aec.at/festival/

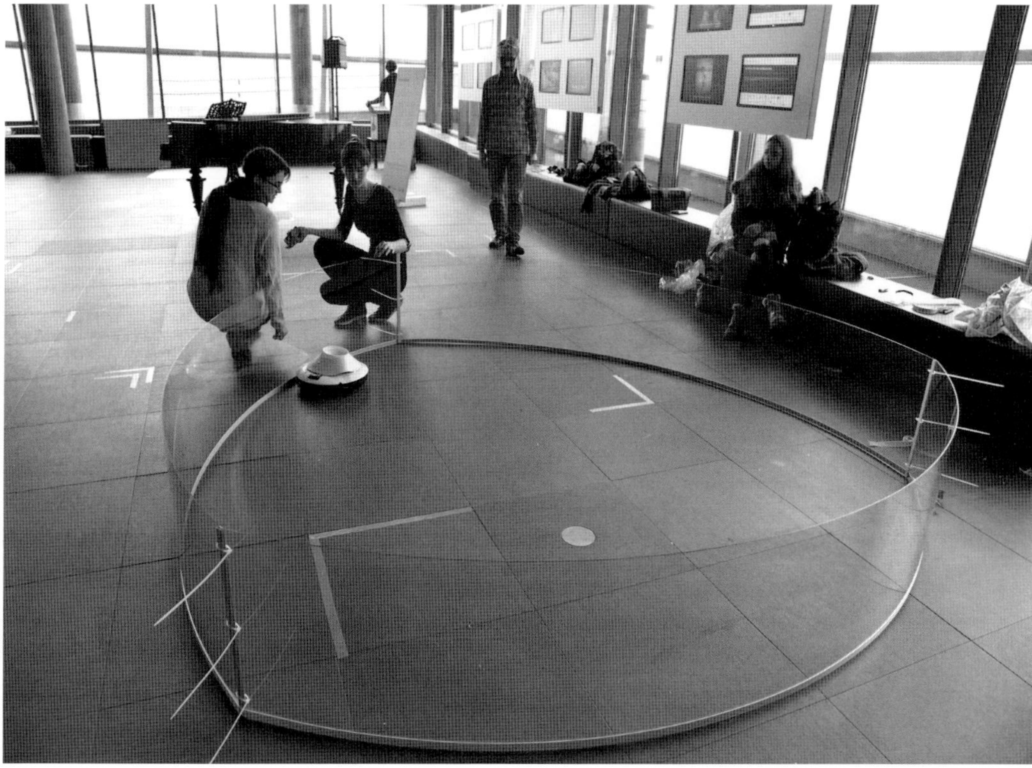

einer großflächigen IKT-Offensive des damaligen Bundesministeriums für Unterricht, Kunst und Kultur (BMUKK) basierten. In diesem Zusammenhang stellt sich notwendigerweise die Frage, warum die kreativ-gestalterischen Aspekte im Umgang mit Informations- und Kommunikationstechnologien über einen langen Zeitraum im Medien-Bildungsraum wenig bis gar keine Beachtung fanden.

VIS-A-VIS Ausstellungsbau; Im Bild Walter Stadler's *Nihilator*, 2016

Eine der vielen möglichen Erklärungen für diese retardierende Entwicklung war der Kampf um Deutungshoheit, Kontrolle und Ermächtigung über computergenerierte Information. In sekundären Bildungseinrichtungen wurde diese Entwicklung vor allem durch lokale Serverarchitekturen, veraltete Soft- und Hardware befördert. (vgl. Sonvilla-Weiss 2003, 21 ff.) Damit einher ging eine Konzentration von Insider-Wissen in den Händen und Köpfen einiger weniger, die dazu führte, dass die Hemmschwelle der Nutzer*innen im Verständnis und Umgang mit dem Computer – zunächst als Text- und Speichermedium – größer wurde. Erst Ende der 1990er Jahre wurde mit der Etablierung von multimediatauglichen Computern im Fach Bildnerische Erziehung ein erster Schritt in Richtung anwendungsorientierter kreativer Praxis (Video, Bildbearbeitung und Web) gesetzt. Mit dem Einsatz des Computers als kreatives-gestalterisches Medium vollzog sich im institutionellen Bildungsrahmen eine Wende hin zu einem breiteren Verständnis der ästhetischen, interaktiven und sozialen Dimensionen des kreativen Einsatzes von Computern, welche Ted Nelson bereits 1974 in seinem Buch "Computer Lib /Dream Machines" visionär vorbereitete.

Die großen Einsatzgebiete lokalisierte er bei der Wissensvermittlung und der Unterhaltung. Aus heutiger Sicht haben sich viele seiner emanzipatorischen Thesen im Umgang und in der Anwendung am Beginn der PC-Ära als bahnbrechend erwiesen, nicht zuletzt durch seine bereits Mitte der 1960er Jahre formulierten Hypertext- und Hypermedia-Konzepte.

Die Geschichte der US-amerikanischen Medienpionier*innen ließe sich dabei nahtlos fortsetzen. Wichtig erscheint mir in diesem Zusammenhang der Hinweis auf die co-evolutionären Prozesse in der Entwicklung neuer Medien (vgl. New Media Reader), die Technik und Gesellschaft als sich gegenseitig bedingende und informierende Systeme begreifen. Als historisches Beispiel sei hier die Arbeit von Seymour Papert erwähnt, der als Vertreter der konstruktivistischen Lerntheorie sich vehement für die umfassende Integration des Computers als Instrument für eine kreative Wissenserschließung im Unterricht einsetzte.

Nach diesem kurzen historischen Exkurs bleiben naturgemäß viele Fragen offen, die zu einem besseren Verständnis der historischen Einbettung und Situierung der Studienrichtung Mediengestaltung in diversen Bildungskontexten führen.

Im Zeichen der Trans- und Intermedialität zwischen den Künsten und ihren künstlerisch-wissenschaftlichen und pädagogischen Bezugsfeldern finden laufend „Grenzüberschreitungen“ statt. Diese Schnittstellen nicht nur zu thematisieren, sondern als eigenen Forschungs- und Studienzweig zu entwickeln, war eines der Anliegen des 2006 kurzeitig ins Leben gerufenen Lehrgangs „Intermediale künstlerische Bildung„ an der Universität Mozarteum Salzburg.

Eines der Ziele war, eine Verbindung zwischen kunst-, medien-, theater- und musikpädagogischen Inhalten mittels eines integrativen Curriculums herzustellen. Unabhängig vom Nichtzustandekommen des Vorhabens, auf das an dieser Stelle nicht näher eingegangen werden kann, wurden hier wichtige Bausteine (vgl. dazu die Konferenzpublikation) für ein breiteres Verständnis für die Notwendigkeit künstlerischer Impulse für eine kreativ-gestalterische Medienpädagogik geschaffen. Wie so oft, wenn es um die Verteidigung des eigenen Territoriums geht (Stichwort: Zusammenlegung der künstlerischen Lehramtsfächer in Österreich), werden pragmatische Erwägungen dem Experiment bzw. dem Überdenken und der Erneuerung von Bildungsinhalten vorgezogen.

Im Zeitalter ubiquitärer und vernetzter Mediennutzung führt die Digitalisierung zu einer beschleunigten Taktung und Organisation fast aller Lebensbereiche. Dem Technopositivismus der 1990er Jahre stellten sich nicht nur geplatzte Dotcom-Blasenträume entgegen, sondern gefühlte, individuelle Veränderungen, die durch den Verlust des Arbeitsplatzes, immer kürzer werdende Fortbildungsintervalle, 24/7-Jobverfügbarkeit, Minijobs, Befristungen, Informationsflut, Belastung durch berufliche Emails, Überwachung und Kontrolle gekennzeichnet sind. Mit diesen Überforderungen einher geht zunehmendes Unbehagen gegenüber Automatisierung und Digitalisierung (Industrie 4.0, Internet der Dinge), vor allem dann, wenn der Arbeitsplatz bedroht ist.

In den laufenden Bildungsdebatten wird seit den 1990er Jahren verstärkt Medienkompetenz in den Lehrplänen eingefordert, da man einerseits – etwas überspitzt formuliert – bei den technologischen Entwicklungen nicht ins Hintertreffen gelangen möchte, andererseits Kinder und Jugendliche mit den Gefahren und Risiken des Internets vertraut machen und das kreative Potential Jugendlicher im Umgang mit neuen Technologien nutzen möchte.

Durch die weitverbreitete Nutzung von Kommunikationstechnologien hat sich eine mobile Datenkultur entwickelt, deren Aktionsradius weltumspannend ist. Durch die rasche Verbreitung und Nutzung sozialer Medien ändern sich auch die Zugänge und das Verständnis für Technologien.

Die meritokratischen Strukturen der open source community beförderten eine Sharing-Kultur, in der Reziprozität von Wissen den Mehrwert darstellt. Von Autoreparatur- bis hin zu Zombie Makeup Tutorials – die weitreichende Palette an selbstproduzierten Videos in nahezu allen gesellschaftlichen Bereichen führt zu einer Verbreitung von situativem Wissen. Dieses entspricht dem Wunsch der User nach Authentizität und reichem Erfahrungsschatz, Eigenschaften, die erst durch Erfahrungen und Erinnerungen über einen längeren Zeitraum gewonnen werden können. Plötzlich werden mitunter eher sperrige Themen, die in der Schule oder im Studium gelangweilt zur Kenntnis genommen werden oder wurden, durch begeisternde und kompetente Dozenten*innen zu Neugierde erweckenden Aha-Erlebnissen ("Mathematics Gives You Wings"). Nach einer mehr als eine Dekade andauernden kommunikationstechnologischen Revolution (vgl. dazu Howard Rheingold's 2002 erschienes Buch "Smart Mobs: The Next Social Revolution") vollzieht sich nun eine Wende hin zur DIY oder Maker Culture. Nicht nur im urbanen Bereich bilden sich interessensgeleitete communities, Austausch- und Sharingplattformen, die anstelle des symbolischen Tauschwertes von Geld Eigeninitiative, Zeit, Können und Produkte als „harte Währung" in den florierenden Tauschmarkt einbringen.

Unter dem Motto „Teilen, Tauschen, Verleihen" (crowdcommunity.de) versammelt sich eine Crowd Community, die ein breites Spektrum an Aktivitäten, von Crowdfunding über Crowdsourcing für Kreative und Wohnungssharing, umfasst. Die im Wort Crowdsourcing enthaltene neoliberale Praxis der Auslagerung von Arbeitsplätzen in kostengünstigere (Outsourcing) wird hier als selbstorganisierte Form, den individuellen und gemeinschaftlichen Ansprüchen und Bedürfnissen gerecht werdend, umfunktioniert.

Der praktische und ideelle Mehrwert der „Crowd-Philosophie" funktioniert jedoch nur in einem ausgeglichenen Verhältnis von materiellen (Maschinen, Bekleidung) und immateriellen (Information, Dienstleistungen) Tauschwerttransaktionen in den dafür vorgesehenen online Foren und Plattformen. Sobald sich der eine oder andere Anteil in Richtung einer Akkumulation von Mehrwert im Sinne einer Wertschöpfung entwickelt, muss diese Form der Tauschökonomie zwangsweise scheitern. Denn das wäre der Übergang zur Kommodifizierung, des „Zur-Ware-Werdens" vorher gemeinschaftlich oder privat genutzter Ressourcen.

Nicht der Warenwert einer Dienstleistung oder eines Produktes steht also im Vordergrund, sondern der Gebrauchswert. Würde dieses ökonomische Prinzip z.B. auf die Fahrradproduktion übertragen werden, dann würde sich der Mehrwert nicht durch Massenproduktion eines standardisierten Produktes ergeben, sondern durch die individuelle Anfertigung von Einzelteilen und technischer Erneuerungen, etwa mittels 3D-Drucker. In den DIY-Modus übersetzt bedeutet das einen Co-Design-Prozess mit verteilten Design-, Produktions- und Distributionsverfahren (z.B. Design for Sustainability).

Standen Anfang der 2000er Jahre die Simulation der Wirklichkeit und die Konstruktion virtueller Welten von scheinbar grenzenlos-imaginierten 3D-Bild- und Kommunikationsräumen (Bsp. Second Life) im Vordergrund, so werden in letzter Zeit verstärkt „Übersetzungsmöglichkeiten" vom Virtuellen ins „Reale" ausgelotet. Der Versuch, virtuelle Dienstleistungen, Zahlungsmittel, Unternehmen, Politik, Stadtmodelle etc. in Second Life als Geschäftsmodell zu etablieren, war allerdings aus vielerlei Gründen wenig erfolgreich. Durch die Überlassung der Eigentums- und Urheberrechte der Betreiberfirma Linden Labs an die Spieler stellte sich zunächst ein Erfolg ein, der jedoch durch illegales Kopieren, welches inflationär gewordene geklonte Produkte zur Folge hatte, gebremst wurde.

Virtuelle Areale sind digitale Festungen, die sich hermetisch gegen den Rest des Webs abschotten. Im Gegensatz zur realen Welt sind ummauerte und unzugängliche Areale im Cyberspace nicht sichtbar – umso härter ist daher die Bruchlandung für den *fliegenden* Avatar. Aus medienontologischer Sicht kommt es hier zu einem clash of civilizations, zwischen dem no way out geschlossener Systeme und dem anything goes offener Systeme (Bsp. Web n+1).

Mit Open Sim (Serversoftware für virtuelle Welten) wurde 2007 eine BSD-Open License zur Verfügung gestellt, die in verschiedenen Grids (Bsp. Metropolis Metaversum) sich auch kulturellen Aufgaben, wie der vollständigen Rekonstruktion Pompejis in einer virtuellen Umgebung, widmet. Das Projekt basiert auf ehrenamtlicher Tätigkeit, die durch Yochai Benkler's Idee einer commons based peer production (Benkler 2006) eine Erweiterung in Richtung nicht-monetärer Ziele erfährt:

People participate in peer production communitites for a wide range of intrinsic and self-interested reasons....basically, people who participate in peer production communities love it. They feel passionate about their particular area of expertise and revel in creating something new or better.

Ein anderer wichtiger Aspekt, der mit der Entwicklung virtueller 3D-Welten einherging, waren die bisher unbekannten Möglichkeiten der Co-Kreation und Kommunikation in einer netzbasierten Softwareumgebung, die in den Gründerzeiten von Second Life, ähnlich dem Beginn des Internets, die entgrenzten Möglichkeiten gesellschaftlicher Normativität in einem quasi utopischen Raum ausloten wollte.

Allerdings nicht in einem ganz so pathetischen Zusammenhang wie John P. Barlow's Unabhängigkeitserklärung des Cyberspace:

Ich erkläre den globalen sozialen Raum, den wir errichten, als gänzlich unabhängig von der Tyrannei, die ihr über uns auszuüben anstrebt.

Den Traum des vorurteilsfreien Raums spinnt Howard Rheingold weiter:

Because we cannot see one another in cyberspace, gender, age, national origin, and physical appearance are not apparent unless a person wants to make such characteristics public. People whose physical handicaps make it difficult to form new friendships find that virtual communities treat them as they always wanted to be treated--as thinkers and transmitters of ideas and feeling beings, not carnal vessels with a certain appearance and way of walking and talking (or not walking and not talking). (vgl. http://www.rheingold.com/vc/book/1.html)

Howard Rheingold nutzte z.B. die Online-Diskussionsrunde "The WELL", um sich mit anderen Eltern auszutauschen.

Das Versprechen, welches mit virtuellen Identitäten einherging, dass alle persönlichen Eigenschaften letztlich nur gesellschaftliche Zuschreibungen seien, stellte sich letztlich als fataler Irrtum heraus.

Wie die Werkzeuge, die wir erfinden, sich gegen uns richten können, zeigen die diversen Social Media Data-Mining-Geschäftsmodelle. Die Gratis-Kultur der freien Softwarenutzung und Social Media Applikation hat ihren Preis. Die Steuerungsmechanismen unserer alltäglichen Informations-, Kommunikations- und Konsumkultur durch diese drei Softwaregiganten ist evident: 73% aller Suchanfragen werden über Google getätigt; täglich nutzen ca. 1,13 Milliarden Menschen Facebook; Amazon kontrolliert 75% des Bücherversandes im Internet.

Die Bindungsstrategien werden algorithmisch gesteuert, die, wie im Falle von Amazon auf predictive analytics zurückgreift, d.h. bei jeder Suchanfrage werden verwandte Produkte, Inhalte vorgeschlagen. Dieser „Das könnte dir auch gefallen -Effekt" ermöglicht jedoch auch Nischenprodukten (Long Tail) ihren Absatz, der durch die Einbettung vieler kleiner Händler in die große Amazonfamilie unter dem Label "Marketplace" gewährleistet ist.

Strategien des Widerstandes gegen elektronische Überwachung und Datenklau müssen gelernt werden. Die Schule wäre dafür der richtige Ort, das Erlernen von Programmiersprachen als Kulturtechnik neben Lesen und Schreiben eine unabdingbare Notwendigkeit für eine offene, demokratische und zukunftsfähige Zivilgesellschaft.

Die logische Konsequenz wäre, sich mit den Werkzeugen zu beschäftigen (Soft- und Hardware), die unsere Form der Kommunikation und Interaktion mitbestimmen und regulieren. Hacking, verstanden als einfallsreiche Experimentierfreudigkeit (playful cleverness) mit einem besonderen Sinn für Kreativität und Originalität (hack value) im Bildungskontext, wäre dabei eine unabdingbare Forderung nach einem selbstbestimmten und kreativen Umgang mit den Technologien der Zukunft. Das Netz war von Anfang an als Kontroll-, Speicher und Kopiermedium angelegt: Das Domain Name System (DNS) mit seinen Root-Servern wird bis heute vom amerikanischen Handelsministerium kontrolliert; IP-Adressen machen jeden Rechner durch Zuweisung einer Zahlenkombination identifizierbar; unverschlüsselte Informationen werden über ein globales Netz von Servern von einem Rechner zum nächsten kopiert.

Die Verschlüsselung von Daten wird daher die größte Herausforderung in der Weiterentwicklung des Internets. Auf Cryptopartys helfen Hacker bei der digitalen Selbstverteidigung (Eine Anleitung finden sie hier http://mirror-de.cryptoparty.is/handbook/), um vor allem sicher kommunizieren zu können.

Neben dem sichtbaren Internet gibt es aber auch das sogenannte Darknet, welches oft mit dem deep web verwechselt wird. Dieses bietet ein ungleich höheres Maß an Sicherheit, da die Daten häufig verschlüsselt und übertragen werden. Zugleich schafft das darknet einen rechtsfreien Raum, der sowohl Regimekritiker*innen als auch Kriminellen unbeobachtete Kommunikation und Transaktionen ermöglicht.

Das Medienkünstler*innenkollektiv Bitnik thematisierte mit seiner Installation "The Darknet - From Memes to Onionland" diese Grauzone, indem es mit Hilfe eines programmierten Bots nach dem Zufallsprinzip Dinge aus dem Darknet orderte. Die im Wochenrhythmus georderten Dinge (gefälschte Louis-Vuitton-Taschen, Ecstasy Pillen, Visa Karten etc.) wurden direkt in die Ausstellung bestellt und in grauen Ausstellungsvitrinen ausgestellt. Es dauerte nicht lange, bis die Staatsanwaltschaft die illegalen Produkte beschlagnahmte, vor allem mit dem Ziel, die Drogen aus dem Verkehr zu ziehen.

„Wer ist verantwortlich, wenn ein Roboter autonom handelt?" Und was darf in diesem Zusammenhang die Kunstfreiheit? Ob es sich bei den Pillen überhaupt um Drogen gehandelt hat, müsste erst untersucht werden, was aber wiederum einen Eingriff in die Kunstfreiheit bedeutet hätte.

Der elektronische Datenraum ist, gemessen an seinen unvorstellbaren Mengen an Informationsgehalt, eine „terra incognita". Um das Demokratisierungs- und Emanzipationsversprechen des Internets einzulösen, bedarf es einer menschenrechtlich sensiblen, entwicklungsorientierten und alle Menschen einschließenden Netzpolitik. Eine gleichberechtigte Beteiligung an der Informationsgesellschaft verlangt Internet-Bildung, eine Öffnung exklusiver Wissenslandschaften, eine sozial informierte Bewirtschaftung der Internet-Allmende und proaktive Maßnahmen zur Überwindung bestehender und sich vertiefender sozialer digitaler Gräben, gerade auch innerhalb eher homogener Gesellschaften. Das Internet befördert sozialen Aktivismus und politisches Engagement durch Transparenz, die Nivellierung von Partizipations-Hindernissen und Informationsfreiheit. Dabei kann Online-Aktivismus zivilgesellschaftliches Engagement auch in Offline- Kontexten unterstützen, aber nicht ersetzen.

VIS-A-VIS bezeichnet eine Gegenüberstellung verschiedenster Positionen und Zugänge in gegenwärtigen Medien-Kunst-Bildungsräumen, die als dynamisches Gebilde begriffen werden. Diese rhizomartige Struktur ist wesentlich von einem transdiszplinären Ansatz bestimmt.

Dabei geht es um das Infragestellen und Überschreiten vorgegebener, beispielsweise disziplinärer Grenzen, aus denen sich neue Formen der Zusammenarbeit bilden können, die wiederum unterschiedliche, aber gleichrangige Formen des Wissens produzieren. Im Folgenden werden einige Themenbereiche der Convention in Form von Essays, Interviews, künstlerischen Projektarbeiten und Konzepten dargestellt.

Create Your World

Sirikit Amann zeichnet in ihrem Beitrag die Entstehungsgeschichte des 1998 gegründeten u19 cybergeneration freestyle computing Wettbewerbes im Rahmen des Prix Ars Electronica und die jüngsten Entwicklungen des u19 Create your world (seit 2011) nach. Sie greift dabei den bildungspolitischen Gedanken auf, nämlich das kreative Potential Jugendlicher im Umgang mit neuen Medien zu fördern, um unter anderem den Technologiestandort Österreich zu stärken.

Durch die Verbreitung von IKT an Schulen und in privaten Haushalten waren zu dieser Zeit auch die technischen Voraussetzungen gegeben, um Kindern und Jugendlichen eine breite Palette an Einreichungen zu ermöglichen. Standen am Beginn des Wettbewerbes die Möglichkeiten digitaler Werkzeuge und weniger die Inhalte im Vordergrund so bildeten sich im Laufe der Zeit verschiedene Gruppierungen, die neue Technologien und Ideenreichtum mit sozialem Engagement verbinden. Die nach wie vor zahlenmäßig am stärksten vertretene Sparte ist die Animation, die seit 2006 als Young Animation international ausgerichtet ist.

Eine Wende in der konzeptionellen Ausrichtung des Wettbewerbes markierte der emanzipatorische und partizipative Ansatz, der im neuen u19 Motto Create your world enthalten ist. Damit greift u19 die weitreichenden gesellschafts-, bildungspolitischen, sozialen, kulturellen und künstlerischen Fragestellungen auf, die mit der Digitalisierung aller Lebensbereiche einhergehen.

Narrative in Medien, Kunst und Kultur

Anna Erber bezieht sich in ihrem Beitrag „Storytelling und Erzählende Reflexion: Narrative in Medien, Kunst und Kultur" auf die verstärkte Auseinandersetzung von Künstler*innen mit der Literalität bzw. Oralität von Geschichten. Sie präsentiert ein theoretisches Gerüst, das Erzähltheorien als ein weitgefächertes Feld an Ausdrucksmöglichkeiten in den unterschiedlichsten Medien, Formaten und Materialien definiert.

Ihre Überlegungen und Reflexionen sind zugleich Ausgangspunkt für die Durchführung eines workshops, in dem die Studierenden mit historischen Entwicklungen und aktuellen Tendenzen konfrontiert werden. Die Vielfalt der künstlerischen Auseinandersetzung mit den Spielarten des Storytelling werden von Erber exemplarisch vorgestellt und nach ihren Medien-, Kommunikations- und künstlerischen Potentialen untersucht.

Dabei durchleuchtet sie die kreativen Mittel, die bei fiktionalen, nachgestellten oder neuinszenierten filmischen Formaten zum Einsatz kommen. Am Beispiel "Talkshow" von Omar Fast zeigt sie, wie schnell sich Faktisches in Fiktionales umkehren kann, indem das Gesprochene von unterschiedlichen Schauspieler*innen wiederholt wird. Durch die Wiedergabe und durch die wechselnden Darbietungen wird die Geschichte am Schluss bis zur Unkenntlichkeit verändert. Eine der jüngsten Entwicklungen markieren, angetrieben vom VR-Technologieschub, Experimente mit VR-Headsets, bei denen es darum geht, die Welt mit den Augen und Ohren einer anderen Person zu erleben. Am Beispiel des Projekts Seeing-I (2014-2017) von Mark Farid findet aus medienevolutionärer Sicht eine Verschmelzung von realer und virtueller Welt statt.

In der Verbindung von Echt- und Simultanzeit (das stereoskopische Videomaterial der anderen Person wird mit einer Kamera-Brille produziert und live gestreamt) verschwimmen die Grenzen zwischen Realität, Realem, Symbolischem und Imaginärem.

Fotos für die Sinne

In seinem Beitrag „Fotos für die Sinne: Überlegungen zu einer grundlegenden Veränderung im Markt der fotografischen Bilder" geht Leopold Kislinger der Frage nach, inwieweit visuelle Reize in der Werbung gänzlich multisensorisch, ohne semantische Decodierung des Dargestellten, rezipiert werden können. Er bezieht sich dabei auf

Erkenntnisse in den Neurowissenschaften, aus denen hervorgeht, dass es im Gehirn eine Verbindung des visuellen Systems mit Strukturen gibt, die motorische Funktionen, Emotionen und Gedächtnisinhalte verarbeiten.

In der Werbefotografie werden zumeist sinnliche Bilder mit sprachnahen Fotos für das Erkennen verknüpft („Römerquelle belebt die Sinne"). Anhand der Werbekampagnen von Coca-Cola und Hornbach greift Kislinger die These auf, dass die sinnliche Wirkung der Werbebotschaften sich nicht über eine konzeptuelle Bedeutungsebene erschließt, sondern durch ein direktes, pragmatisches körperliches Begreifen. Dadurch können auf schnellem Weg motivationale Systeme aktiviert werden, wie z.B. beim Anblick eines bestimmten Fotos, mit dem für ein Produkt geworben wird.

Die daraus resultierenden mentalen Simulationen können zu nachhaltigen „Entscheidungshilfen" in der Produktauswahl führen. Nicht zuletzt kann in Lehr- und Lernkontexten diese Form der motivationalen Übertragungsmuster zu positiven Lernerfolgen führen.

Medienbildungsräume – Möglichkeitsräume

Buckminster Fullers' Aphorismus "You never change things by fighting the existing reality. To change something, build a new model that makes the existing model obsolete" nimmt Elke Hackl zum Ausgangspunkt ihrer Analyse des status quo und der längst notwendigen Reformen im Bildungssystem. Sie konstatiert eine Verwirrung in der Auffassung und Übersetzung von Lehr- und Lernmethoden, die zwischen Frontalunterricht und offenem Lernen pendelnd, den Wissens- und Kompetenzansprüchen einer dienstleistungsorientierten Wissensgesellschaft Genüge leisten sollen.

Da Bildung kein abgeschlossenes System ist, sondern auf der Idee von Verhaltensänderung und auf Kommunikationsstrategien im gesellschaftspolitischen und soziokulturellen Kontext basiert, ist ein Konflikt mit dem normativen System Schule vorprogrammiert.

Einen möglichen Ausweg aus diesem Dilemma sieht Hackl in einem breit angelegten diskursiven Bildungsraum, in dem die gegenwärtigen gesellschaftlichen Transformationsprozesse als Gegenstand der Auseinandersetzung in den diversen Unterrichtsfächern Eingang finden.

Beschleunigt werden diese Prozesse durch den nahezu uneingeschränkten Zugang und die massenhafte Verbreitung der Informations- und Kommunikationstechnologien, die mit den Selbstaneignungstechniken und –technologien jugendlicher Netzbewohner einhergehen. Hackl spricht in diesem Zusammenhang von Medienbildungsräumen, wobei hier Raum nicht architektonisch und Medien nicht elektronisch verstanden werden wollen. Denn, so schlussfolgert sie, wenn beide Dimensionen als Raum verstanden werden, so führt dies zum Begriff Möglichkeitsraum, in dem diese virtuellen Räume innerhalb einer realen Konstruktion begehbar, erlebbar und wirksam werden.

Branded Selves

Ramón Reichert untersucht in seinem Essay „Branded Selves – Inszenierung von Reichtum und Prestige auf Instagram" die durch Ökonomisierung des Social Networking entstandenen Professionalisierungstendenzen und Klassenstrukturen auf Community-Portalen.

Reichert spricht in diesem Zusammenhang von einer postpartzipatorischen Umbruchsphase, die eine Repräsentationskultur des sozialen Aufstiegs und des materiellen Reichtums in den Vordergrund rückt. Im Unterschied zu zahlreichen Webstudien, die ihre Aufmerksamkeit auf die Demokratisierung der Schnappschussästhetik auf Online-Plattformen richten, beschäftigt sich dieser Aufsatz mit der Bildinszenierung von sozialem Status und kulturellem Prestige. Es stellt sich die Frage, in welcher Art und Weise sich jugendliche Selbstdarstellungen von Angehörigen anderer Gruppierungen und ihren Umgangsformen und Geschmacksvorlieben abgrenzen. Als methodische Orientierung für eine Auseinandersetzung mit Fallbeispielen werden zunächst der Stellenwert des Bildes und des Hashtagging in der Online-Kommunikation herausgearbeitet. In weiterer Folge wird der Versuch unternommen, die visuelle Inszenierung von Status und Prestige methodologisch zu verorten, um in einem weiteren Schritt Prozesse der sozialen Differenzierung auf Instagram aufzuzeigen.

Die neue Medienpräsenz von sozialer Ungleichheit (Bsp. "Rich Kids of Instagram") korrespondiert mit der Machtdemonstration einer neuen Geldelite und wirft laut Reichert noch viele Fragen auf. Mediale Inszenierungen von Herkunft, Status und Einkommensungleichheiten zählen heute zu den populärsten Sujets auf Instagram und tragen zur Feudalisierung der sozialen Netzwerke bei.

Die Zurschaustellung von exklusiven Erlebnisqualitäten könnte folglich als ein Indiz dafür angesehen werden, dass nach der Peer-to-Peer-Ära der Geschmacksnivellierung eine neue Ära der populärkulturellen Evolution beginnt, die sich durch Bedürfnisse nach einer neuen Ungleichheit und kulturellen Abgrenzung von anderen auszeichnet.

Interaktion und multisensorische Wahrnehmung

Patricia Reis erforscht in ihrer medien-künstlerischen Arbeit "Underneath the Skin another Skin" die interaktiven Komponenten ihrer Installation hinsichtlich ihrer multisensorischen Rezeption durch die Nutzer*innen.

Ihre Studie beinhaltet empirische Belege der Rezeption während ihrer finalen Ausstellungspräsentation. Das methodische Setting inkludiert eine permanente Versuchsanordnung durch das Feedback der Probant*innen im Entstehungsprozess. Die Installation von Reis besteht aus drei interaktiven Objekten (A, B, C) aus textilem Material mit visuellen (Lichtsignal), auditiven (rhythmischer Puls) und taktilen (Vibration) Interfaces. Die gegenwärtige Studie basiert auf den Reaktionen, Erfahrungen, Beobachtungen und Wahrnehmungen der Nutzer*innen hinsichtlich des interaktiven Potentials von Objekt A. Reis versucht in ihrer Konzeption der Interaktivität die physische Ebene der Berührung von Objekt und Nutzer*in durch das Spiel mit den jeweiligen multisensorischen Geräten in die Ebene der Immersion (Eintauchen in das „Spiel") überzuführen. Villem Flusser (1998, 45) bezeichnet diesen Zustand als den Übergang von Arbeit zu Spiel, von der Realität zur Imagination.

In ihrer komplexen Analyse der Eigenschaften individueller Wahrnehmungen kommt Patricia Reis zu dem Schluss, dass die kreativen und imaginativen Potentiale der Nutzer*innen ganz wesentlich den Interaktionsrahmen „Handlung-Effekt-Intention" mitkreieren und damit über die von der Künstler*in antizipierten Nutzungsverhalten ein sich permanent veränderndes Kunstwerk schaffen.

Bastard Culture

Mirko Tobias Schäfer untersucht in seinem Buch "Bastard Culture" die Konsequenzen der Massenaneignung und –verbreitung des Computers und des Internets. Die in dieser Publikation vorliegenden Exzerpte aus seinem Buch stellen daher einen Überblick seiner wichtigsten Thesen dar. Schäfer ist dabei besonders an den Entwicklungen nach 2000 interessiert, die einen Übergang von der massentauglichen Online-Kommunikation zu den leicht anzuwendenden Web-Applikationen des Web 2.0 markiert.

Sein Forschungsansatz bezieht sich daher auf Mediennutzung, -verhalten und -technologien, die Strategien und Regelwerke von Medien- und Softwareunternehmen als Antwort auf neu entstehende Märkte. Im zentralen Kapitel seines Buches, das auch den Namen des

Buches trägt, definiert Schäfer bastardization als Praxis heterogener Konstellationen verschiedener Akteur*innen, von Hacker*innen bis zur Großmutter, die allesamt mit dem ihnen zur Verfügung stehenden Technologieverständnis und Medienpraxis zu einer heterogenen Medienkultur beitragen.

Partizipation ist dabei laut Schäfer sowohl ein rhetorisches Mittel zur Vermarktung neuer Technologien, ein kulturkritischer Anspruch auf eine Veränderung der Machtverhältnisse, eine technische Eigenschaft, ein Wechselspiel von Design und Aneignung als auch eine sozio-politische Dynamik. Die übergeordnete Fragestellung wird gemäß dieser Vorannahmen in den fünf Kapiteln der Arbeit mit folgenden Schwerpunkten aufgefächert:

1. Participation as a promise of new media
2. New practices of participation and how to analyse them
3. How technological design affects user participation in digital culture
4. How users appropriate software-based products, develop new media practices and innovate design
5. How new media practices and user participation transform markets and business models in the cultural industries

Remix Culture

Stefan Sonvilla-Weiss untersucht in seinem Essay die historisch-kulturellen, künstlerischen und ökonomischen Dimensionen von gegenwärtiger Remix Kultur. Diese ist stark abhängig von der Fülle der kulturellen Produktion und dem Zugang zu Medienobjekten durch eine große Gemeinschaft. Aus ökonomischer und organisatorischer Sicht müssen kulturelle Artefakte im weitesten Sinne preiswert und leicht zugänglich sein. Das bedeutet im Grunde, dass Personen das Recht erhalten, mit dem Ausgangsmaterial zu arbeiten, ohne dabei gegen Gesetze zu verstoßen. In der hoch spezialisierten Kulturindustrie (Digital Media Art und Business) des 21. Jahrhunderts versucht kaum jemand, über das einsame Werk des Künstlers zu sprechen. Dennoch wird das Konzept der Introspektion als eine Quelle der Kreativität durch entweder hierarchische Organisation oder Entscheidungsfindung, die in einer einzigen Person zusammengehalten wird, aufrechterhalten, wie zum Beispiel der Regisseur oder Produzent.

Gerade weil diese Klischees als unangebracht gelten, nutzen die Kulturbranchen sie. Kreativität in Remix bedeutet aber laut Sonvilla-Weiss, dass anstelle der Innerlichkeit des autonomen Individuums eine Vielzahl unterschiedlicher Ideen in synchronen, asynchronen und seriellen Formen der Zusammenarbeit hervorgebracht werden.

So werden z. B. synchrone Kommunikationsformen von Musikern genutzt. Zu Beginn eines solchen Prozesses existiert ein bloßes Rahmenwerk, um eine Art kreativen Spielraum zu stimulieren, der Echtzeit-Begegnungen, spontane Improvisation und Dialog unterstützt.

Lernen von den Digital Natives

Mit der Frage „Womit beschäftigen sich Digital Natives und was können wir von ihnen lernen?" richten Anna Strasser und Silvia Wimmer das Zentrum der Aufmerksamkeit auf die medialen Lebenswirklichkeiten der jugendlichen Netzbewohner. Sie gehen der Frage nach, wie Jugendliche sich im und mit dem Netz bewegen, welche Medien und Formate sie dabei nutzen, in welchen communities sie sich aufhalten und welche Expertisen und Kompetenzen sie aus Eigeninitiative und –motivation entwickelt haben. Als Ausgangspunkt ihrer Überlegungen zu emanzipatorischen Medienzugängen und Sichtweisen stellen sie das Voneinander-Lernen-Können zwischen Jugendlichen und erwachsenen Expert*innen als eine Condicio-sine-qua-non für ein pädagogisches Umdenken in den Raum. Das würde bedeuten, dass in einem breitgefächerten Medienbildungsdiskurs nicht nur die Anerkennung und der Status in den eigenen peer groups, sondern vor allem die autodidaktisch erworbenen Fähigkeiten Jugendlicher mit (digitalen) Werkzeugen und Techniken mit berücksichtigt werden müssen.

Als empirischen Beleg für das breitgefächerte Spektrum kreativer Spielarten und der jeweiligen Aneignungskompetenzen und –techniken (Internet meme, Cosplay und Musikvideos) der Schüler*innen wählen Anna Strasser und Silvia Wimmer das Interview als Methode, um die Motivationen, Beweg- und Hintergründe der an der Convention beteiligten Akteur*innen zu erforschen.

Feministische Hackerspaces

Stefanie Wuschitz nimmt als Ausgangspunkt ihrer Untersuchungen über feministische Hackerspaces und andere Strategien technologischer Aneignung den geringen Anteil an weiblichen Softwareentwickler*innen im Open Source Bereich. Da ein ungleich höherer Anteil an Frauen im Bereich der kommerziellen Softwareentwicklung arbeitet, stellt sich notwendigerweise die Frage, ob sich nicht doch hinter den vermeintlich offenen Plattformen der Open Source Kultur geschlechtsspezifische Ausschlussmechanismen verbergen. Anhand von drei unterschiedlichen Strategien und Initiativen, die als Reaktion auf die Geschlechtsnormierung entstanden sind, versucht Wuschitz alternative Modelle zum meist männlich konnotierten Technikverständnis aufzuzeigen.

Eine wesentliche Fragestellung bezieht sich auf die Identitätskonstruktion von Akteur*innen, die hohe Fähigkeiten im Umgang mit Technik aufweisen. Wenn beispielsweise eine Frau hervorragend lötet, wird diese Leistung zumeist als maskuline Eigenschaft bewertet. Als Reaktion auf diese geschlechtsspezifischen Zuschreibungen wurden in mehreren Ländern feministische Hackerspaces ins Leben gerufen, in denen weiblich sozialisierte Hacker sich männlich konnotierte Werkzeuge aneignen und neue Formen von Gender Performance entwickeln können.

Als mögliches Vorbild für ein Modell selbstverwalteter multifuntionaler Räume sieht Wuschitz in der space-based community der Minangkabau in Sumatra. Als besonders attraktiv erscheinen ihr die Strategien dieser community zur Überwindung ausschließender Strukturen und Hierarchien. Diese beinhalten eine zweijährige Reise, die alle Mitglieder unternehmen müssen, aber auch ein Mentorship-System, durch das Neuankömmlinge „adoptiert" werden. Wuschitz spricht in diesem Zusammenhang von der Notwendigkeit der Stabilisierung der Community, die im feministischen Hackerspace nicht mehr über eine Normierung von Identität, sondern über bestimmte Praktiken hergestellt werden soll. Demzufolge kann eine kollektive Nutzung des Raumes gelingen, wenn dieser Raum die Legitimierung, Identifizierung und Anerkennung der Akteurinnen bewältigt, womit rigide Normierung von Gender Identitäten oder Praktiken überflüssig wird.

Bibliografie:

Benkler, Yochai (2006). The Wealth of Networks: How Social Production Transforms Markets and Freedom. Yale University Press.

Pasuchin, Iwan (2007). Intermediale künstlerische Bildung: Kunst-, Musik- und Mediepädagogik im Dialog. Kopaed Verlag: München.

Rheingold, Howard (2003). Smart Mobs. The Next Social Revolution. Basic Books: Cambridge.

Sonvilla-Weiss, Stefan (2003). Virtual School. kunstnetzwerk.at. Partizipative Medienkultur in der virtuellen Bildungslandschaft Österreichs. Peter Lang Verlag: Franfurt am Main.

Wardrip-Fruin, Noah, Montfort Nick (2003). The New Media Reader. MIT Press: Cambridge.

1 Die Vereinfachung der Welt durch Kreativität: u19 zwischen *freestyle computing* und *create your world*

SIRIKIT AMANN

Bandbreite und Facettenvielfalt machen den u19-Wettbewerb immer wieder aufs Neue zur variantenreichsten Kategorie des Prix Ars Electronica. Denn bekanntlich setzen hier junge Menschen nicht nur eigene Ideen um, sie zeigen auch unerwartete Möglichkeiten digitaler Techniken auf und stoßen damit in alle nur erdenklichen Richtungen vor.

u19 ist im besten Sinne eine New World der ungezählten Pixels und Bytes, und wer sich darauf einlässt, erhält einen Blick auf einen coolen und authentischen Sektor der digital natives.

1998 wurde zum ersten Mal die Goldene Nica in der Kategorie u19 Cybergeneration – freestyle computing verliehen. Der Jurytext damals war übertitelt mit „Der Stoff, aus dem die Träume sind".

2016 sind Träume Realität geworden; vieles, was noch vor wenigen Jahren der Erwachsenenwelt vorbehalten war, haben die Kids und Teens neu erdacht und in neue Kontexte gestellt.

Eine professionelle Plattform für die Cybergeneration entsteht

u19 ist von Anfang an und ganz bewusst als die offenste Kategorie des Prix Ars Electronica geführt worden. Es kann alles präsentiert werden, es muss nur ein Link zu digitalen Medien hergestellt werden Weit davon entfernt, eine „Ach, ist das putzig-Kategorie" zu schaffen, wurde die Idee verfolgt, den kreativen Ausformungen junger in Österreich lebenden Menschen eine professionelle Plattform zu geben. Dieses Angebot wurde und wird mit Begeisterung und mit einem hohen Grad an Akzeptanz angenommen.

Dies zeigt sich auch darin, dass jährlich um die 800 Einreichungen zur Jurierung gelangen, aus denen 15 Arbeiten ausgewählt und prämiert werden. Eine Goldene Nica, zwei Auszeichnungen, ein Preis für die unter Zehnjährigen, der u10, ein Preis für die unter Vierzehnjährigen, der u14, und zehn Anerkennungen, die die Bandbreite des jeweiligen Juryjahres abbilden sollen, werden vergeben. u19 geht auf eine Anregung des ehemaligen Bundeskanzlers Viktor Klima zurück, der mehr innovative und kreative Köpfe aus Österreich unter den Preisträgern des renommierten Prix Ars Electronica sehen wollte. Es galt, den Technologiestandort Österreich zu stärken.

Der damalige Intendant des ORF Landesstudios Oberösterreich und Gründer des Prix Ars Electronica, Hannes Leopoldseder, griff die Idee auf und etablierte 1998 eine ständige Kategorie für Kinder und Jugendliche im Rahmen des Prix.

Aus heutiger Sicht stellt sich diese Kategorie als die logische Konsequenz der Arbeit der frühen Medienpioniere dar. 1998, als der Prix Ars Electronica die Kategorie u19 Cybergeneration freestyle computing einführte, war das einerseits ein Wagnis hinsichtlich der Qualität der zu erwartenden Arbeiten, andererseits eine zukunftsweisende und mutige Entscheidung.

Das World Wide Web setzte gerade an, ein Massenmedium zu werden, und die Anwendung der neuen Medien wurde zu einem unübersehbaren Faktor in der jungen Szene - zwischen Experiment, künstlerischem Anspruch und beginnendem Kommerz.

Gerade der Siegeszug des Internets und die damit verbundenen Chancen trafen auf eine junge Generation, die das Medium in den kommenden Jahren für sich gewinnen sollte. Computer waren keine Luxusware mehr und der Weg zum selbst erzeugten Content war vorgezeichnet. Daher ist es nicht verwunderlich, dass neben den technischen immer auch die gesellschaftlichen Entwicklungen und deren Reflexion in der jungen Generation im Fokus der Juryauswahl standen.

u19 lässt Fremdes vertraut erscheinen

Aber die Vision von u19 - freestyle computing reicht viel weiter als nur bis zum immer perfekteren Umgang mit den Tools oder bis zum Gestalten von computerunterstützten Arbeiten allein. u19 ist mehr: Es ist ein digitales Breitbandantibiotikum gegen etablierte Sichtweisen, es lässt Fremdes vertraut erscheinen, und es ist in vielen Bereichen ein Spiegel gesellschaftlicher Entwicklungen und Themen. Ablesen kann man Letzteres auch an unserem Wettbewerb: Als Computer in die Volksschulen einzogen, stieg die Einreichquote der Jüngsten sprungartig an. Und nicht zuletzt bildet u19 auch den Nährboden, die Plattform, die Spielwiese für schräge, hippe und ernstzunehmende Ideen. Wer sind nun die Teilnehmer*innen an u19? Sie leben in Österreich – das ist neben der Altersbegrenzung mit 19 Jahren ein weiterer Unterschied zu den anderen Kategorien des Prix Ars Electronica. u19 erfolgt rein als nationale Ausschreibung. Das hat auch damit zu tun, dass es sich hier um die Förderung des Nachwuchses in Österreich handelt und um die Sichtbarmachung der Leistungen der heimischen Teilnehmer*innen.

Grundsätzlich können alle in Österreich wohnhaften Personen unter 19 Jahren als Einzelperson, in Teams oder im Rahmen einer Schulklasse einreichen.

Schaut man sich die Geschlechterverteilung unter den jährlich 15 ausgewählten Projekten an, scheint diese auf den ersten Blick ausgewogen zu sein. Das hat auch damit zu tun, dass die Jury einerseits ein Augenmerk auf die Altersverteilung legte, aber immer auch Projekte von jungen Frauen gefördert hat. Keine Frauenquote, aber bei gleicher Bewertung gab dies den Ausschlag. Leider liegt das Problem bei der Anzahl der Gesamteinreichungen, da es noch immer viel weniger Projekte von Mädchen und jungen Frauen gibt als von männlichen Jugendlichen.

Dass unter den 19 bisher vergebenen Goldenen Nicas fünf an Frauen gingen, zeigt auf bestechende Weise, welch Potential hinsichtlich Qualität und Innovation in den Teilnehmerinnen steckt.

2000 erhielt das selbstgeschriebene Programm HARVEY, das es ermöglicht, mittels Sprachausgabe über eine Selbstbau-Soundkarte auf einem Bierdeckel kleine Texte wiederzugeben, die Goldene Nica (Verena Riedl, Michaela Hermann).

2002 waren es die Vektorzeichnungen auf einem TI92 Taschenrechner von Karola Hummer, die die Jury überzeugten.

2008 gewann die poetische und wunderbare Animation ”Homesick“ von Nana Susanne Thurner.

2012 wurde die filmische Reportage über den Arabischen Frühling mit dem Titel ”State of Revolution“ von Agnes Aistleitner ausgezeichnet. Das Besondere an diesem Stück Zeitgeschichte ist, dass sie auf den Straßen und Märkten von Kairo und am Tahrir-Platz mit ihrer Kamera recherchierte.

2014 ging die Goldene Nica an „Femme Chanel – Emma Fenchel“, eine großartige found footage-Arbeit der Linzer Schülerin Sarah Oos, die aus Szenen verschiedener Filme mit der Schauspielerin Audrey Tautou einen neuen Film zusammensetzte.

Die anderen 14 Goldenen Nicas verteilen sich auf Maturaprojekte, männliche Einzeleinreicher, Schulprojekte und Arbeiten von kleineren, auch gemischten Teams. Eingereicht wurden und werden Grafiken, Filme, Animationen, Erfindungen, Ideenskizzen, Robotik, Hard-

und Software-Entwicklungen, elektronische Musik, Computer-Spiele, Installationen, interaktive Anwendungen, Apps und Websites sowie Community-Projekte.

Themenschwerpunkte der letzten Jahre waren Krieg, Asyl, Mobbing, Freundschaft, Schule, enttäuschte Liebe, soziale Anliegen und Projekte in technisch sehr spezifischen Bereichen. Ebenfalls zu finden sind theoretische Konzepte zur Verbesserung der Welt, mit sehr fantasievollen Ideen und Zukunftsvisionen. Beeindruckend ist die Vielfalt und einfallsreiche Umsetzung von Ideen zur leichteren Bewältigung von Alltagsproblemen.

Auffallend ist, dass die Einreicher*innen nicht zwischen Freizeit, Schule und persönlichem Interesse trennen. Die u19-Generation hat vielleicht nicht mehr die Garagen, in denen die Anfänge einer digitalen Welt gesetzt und Erfindungen erprobt wurden. Ihre Garagen sind Kinderzimmer, Computerklassen und öffentliche Orte mit Hotspots.

Was aber zählt, vom Kindesalter bis zum jungen Erwachsenen, ist die frühe und selbstverständliche Auseinandersetzung mit den vielseitigen Werkzeugen der Neuen Medien, das Entwickeln von Medienkompetenz, die sowohl technische Aspekte als auch ästhetisches und künstlerisches Gespür beinhalten sollte.

Vom „Alleskönner" zum teamorientierten „Spezialisten"

Wir wissen, dass unter den vielen Einreicher*innen sich auch einige befinden, die sich jedes Jahr erneut beteiligen, bis die Altersgrenze erreicht ist. Gerade anhand dieser Kontinuitäten sind Entwicklungen/Veränderungen in der New Media Community erkennbar. Einige der signifikanten Tendenzen bei u19 sind analog mit jenen in der „Erwachsenenwelt".

Die Arbeitsstrukturen ändern sich allmählich, der „Alleskönner" weicht immer mehr einer teamorientierten Zusammenarbeit von Spezialisten. Teamarbeiten, ob in der Freizeit oder in der Schule erstellt, bilden die Mehrzahl der Einreichungen, auch wenn die Jury tendenziell eher Einzelarbeiten ausgezeichnet hat.

Die Beherrschung einer bestimmten Technologie allein reicht nicht mehr aus, da hat sich der „Wow-Effekt" verflüchtigt. Zu begeistern vermag das Crossover, ein Mix aus Bekanntem und Unerwartetem.

Eine Strömung, die sich bei u19 von Anfang an durchgezogen hat, war das Herunterbrechen von Softwarelösungen für den eigenen Bedarf. Die Vereinfachung der Welt wurde zum zentralen Anliegen. Um die

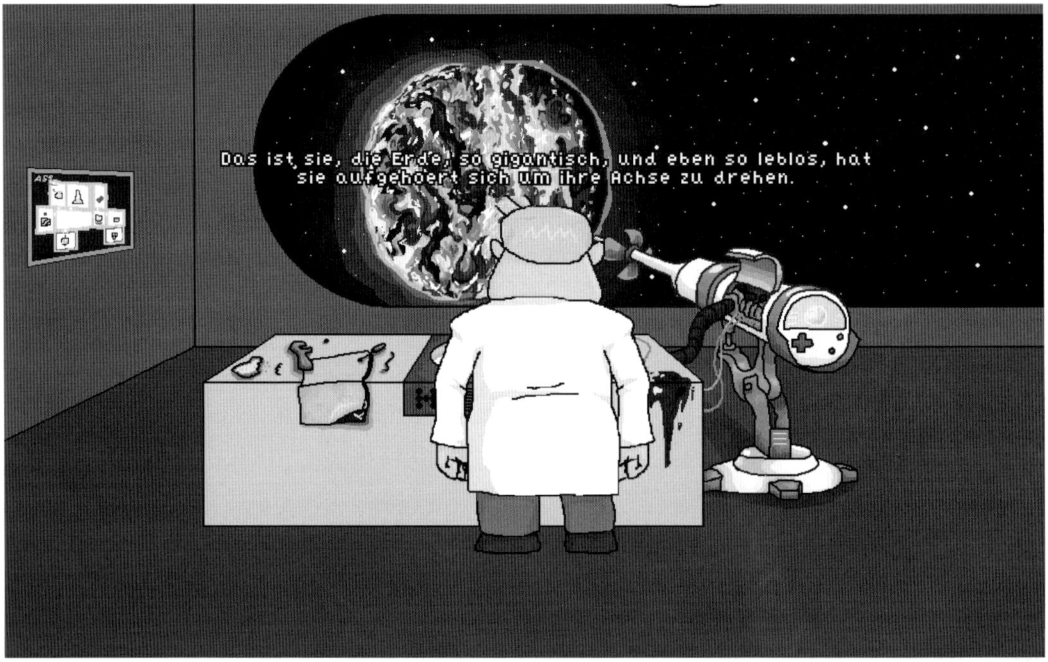

David Nimmervoll und Michael Traxler, *Geschwüre der Wissenschaft*, Anerkennung 2015

Bandbreite der Einreichungen zu veranschaulichen, möchte ich auf einige Beispiele näher eingehen:

Quasi ein Dauerbrenner sind neu interpretierte Spiele aus den 80er Jahren des 20. Jahrhunderts. Tron, Snake, Pacman etc. Für diese Mutationen werden die neuesten Techniken verwendet, um sie fürs Internet oder fürs Mobile Phone tauglich zu machen. Beispiel dafür ist die Goldene Nica 2004 für Thomas Winkler, der das Spiel Tron via GPS fürs Handy adaptierte. (GPS::Tron). Neu ist der Versuch, Realität (Einsatz des eigenen Körpers) und Virtualität (GPS) im Spiel verschmelzen zu lassen. Der Unterschied zum Klassiker: Die zwei Spieler steuern die Linie nicht per Tastendruck, sondern bestimmen die gezeichnete Spur ausschließlich durch ihre reale Position und Bewegung, etwa durch Gehen, Radfahren oder Inlineskaten. Diese Daten werden über GPS ermittelt. Die Benutzer müssen übrigens nicht geografisch nahe sein, es funktioniert auch, wenn ein Europäer mit einem Australier spielen würde.

Den Bedarf an „anderen" Spielen, abseits von Kaufprodukten, erkennt man schon daran, dass bei u19 immer wieder Spiele mit hoher Komplexität eingereicht werden. Jene Gruppe von jungen Menschen, die sich nicht mit den Standardspielen der Industrie zufrieden geben und sich lieber ihre eigene Engine programmieren, um ihre eigene Fantasie auszuleben, wächst kontinuierlich. Beispiele dafür gibt es viele: 2007 wurde das Spiel "Flying Byte" mit der Open Source 3D Spieleengine CornerStone (140 Klassen und 90.0000 Codezeichen) ausgezeichnet und 2008 gab es eine Anerkennung für RollerCoaster 360, ein 3D Spiel für die XBox 360 programmiert.

2012 wurde Simon Stix für das Real-Time-Strategy-Game "Fragment Planet" eine Anerkennung zuerkannt. Das Endzeitspiel befasst sich mit Wegwerfmentalität und Verschwendung, was zur ökologischen Katastrophe führt. 2.500 Stunden wurden von ihm in die Entwicklung investiert.

Eine Anerkennung erhielten 2015 auch David Nimmervoll und Michael Traxler für ihr point & click Abenteuerspiel „Geschwüre der Wissenschaft", das mit viel schwarzem Humor sich mit die Rettung der Welt befasst.

Andere Beispiele zeigen, wie die digital natives ihre digital devices mit viel Kreativität benutzen. Die Goldene Nica von 2013 bewies, dass ein Drumset mehr kann als erwartet. Dominik Koller entwickelte das "Visual:Drumset", das auf Projection Mapping basiert. Mit Vibrationssensoren werden die Schläge abgenommen und an einen Computer weitergeleitet. Die verarbeiteten Daten werden in Form von Farben und Formen über einen Projektor mittels Projection Mapping auf ein Schlagzeug projiziert.

Eine weitere, eigene Szene innerhalb der u19-Einreichungen bilden die „Bastler". Eine Einreichung, stellvertretend für all die fantastischen Gebilde, ist der Fuse Killer (conspirat., Goldene Nica 1999). Ein archaisch anmutendes Etwas, zusammengebastelt aus einem ausrangierten Durchlauferhitzer, einem Stecker und einem adaptierten Innenleben, das genau das tat, was der Titel verhieß – es legte die Stromzufuhr lahm. Nicht nur die Jury saß im Dunkeln, sondern auch das ORF-Zentrum in Linz, wo damals die Jury tagte.

Eine andere „Bastelei" im Hightechbereich ist der automatisierte Drehfußballtisch. (Bulme Graz, Goldene Nica 2010) Warum kommt man auf die Idee, gegen einen Computer zu wuzzeln? Ganz einfach: Weil es bisweilen zuwenig Spieler gibt. So entwickelten die beiden Schüler Michael Moitzi und Stefan Polic eine gesamte Tischfußballmannschaft, die über mehrere Computer angesteuert wird. Kameras verfolgen den Ball auf der Spielfläche und eine Bildverarbeitung gibt die X- und Y- Koordinaten bekannt, damit der Ball mittels einer speicherprogrammierbaren Steuerung bewegt werden kann. Hightech-Produkte haben bei u19 immer wieder für Verblüffung gesorgt. Notech-Produkte waren eher selten unter den Top 15 zu finden. Aber es gibt sie. 2014 zeichnete die Jury eine Einreichung aus, von der wir zuerst mit Sicherheit annahmen, dass es das bereits längst geben muss. Gefehlt! Unsere Nachfragen bei der Bergrettung erbrachten, dass die „Ergonomische Seitenabstützung der Gebirgstrage" von Dominik Stachl eine echte Erfindung und bereits in der Testphase ist.

Das Neue an der Gebirgstrage ist, dass diese mit Radstangen ausgestattet wird, damit die Trage beim Transport von Verletzten nicht so den Berg runterrumpelt.

Dass sich die u19-Community zwischen Hightech, Lowtech und Notech bewegt, erkennt man schon daran, wie die Idee vermehrt und stärker entscheidend wird und nicht die Technik allein.

Das war zwar nicht immer so, aber die Einreichungen lassen vermuten, dass es hier eine neue Selbstverständlichkeit gegenüber den devices gibt. Waren Anfang bis Mitte der 90er Jahre die Einreichungen noch stark auf die Möglichkeiten, die die Technik hergab, fixiert, sind die Tools jetzt, was sie sind: Tools. Sie sind da, damit sie etwas verändern, um Neues mit ihnen in die Welt zu bringen, und sie sind weniger Statussymbole wie noch zu Beginn. Eine wichtige Gruppe innerhalb der Einreichungen stellen Arbeiten dar, die neue Technologien und Ideenreichtum mit sozialem Engagement verbinden.

Bereits 1998 wurde mit dem „Virtuellen Blindenstock" von Paul Pak ein Prototyp entwickelt, der blinden Menschen durch Vibrationen die Nähe von Hindernissen meldet. Jahre später setzten Schüler der HTL Klagenfurt gemeinsam mit dem Kärntner Blindenverband die VOIP-Wiki, ein System zur sprachlichen Wiedergabe von Informationen, die auf einem Wiki basieren, um und erhielten dafür die Goldene Nica 2007.

Immer wieder aufs Neue beeindruckend ist die fantasievolle Auseinandersetzung mit Herausforderungen des Erwachsenwerdens, die kritische Reflexion über das Lebensumfeld oder die skurril verpackte Medienkritik . Ein Proponent dafür ist Markus Sucher mit "Rennacs Studies". Ein Scanner wird auf einem Computerbildschirm befestigt, auf dem ein Film läuft. Mit der Scanapplikation erhält man ein Bild mit Fragmenten des Filmes. Jedes so entstandene Bild birgt eine eigene Rhythmik, eine eigene Sprache, Dramaturgie und Farbkomposition in sich (Goldene Nica 2005).

Auch 2008 findet sich unter den Auszeichnungen ein Beispiel für eine solche spielerische Auseinandersetzung: uterus = raum = universum von Susanne Legerer. Die Überlagerung des Ultraschallbildes des eigenen Uterus durch Bilder des Hubble-Telescope zeigt frappante

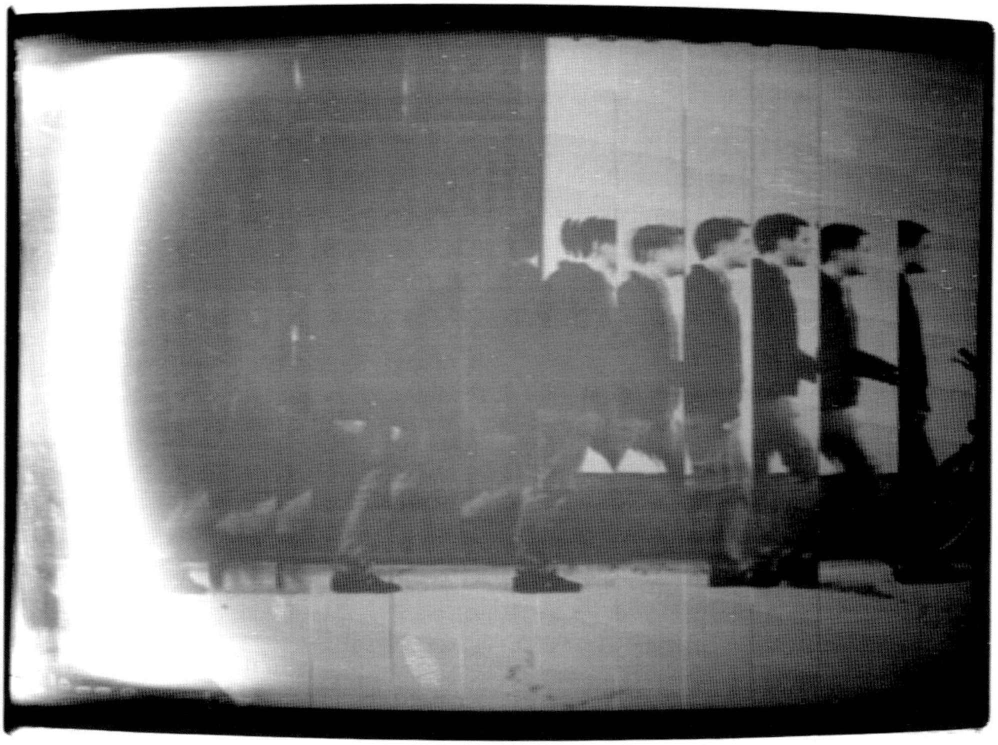

Markus Sucher, *Rennacs Studies*, Goldene Nica 2005

Analogien zwischen diesem Mikrokosmos und dem Universum. Mit der Animation ”Hollow“ hinterfragten 2013 Verena Claudia Engleder und Nadine Mauhart kritisch eine potentielle Zukunftsvision, die den Menschen durch Hologramme ersetzen könnte.

Sonja Aberl (siehe auch Interview) setzt sich in ihrer Videoarbeit ”Are you worth it?“ (Auszeichnung 2015) mit dem Selbstwertgefühl junger Frauen im Kontext von Gruppenzwang und Schönheitsindustrie auseinander.

Digital Canvas – oder als die Bilder eine Seele erhielten

Wenn es eine Gattung gibt, die bei u19 zumindest mengenmäßig den Schwerpunkt bildet, sind es Animationen. Bereits die erste Goldene Nica 1998 ging an die „Stummfilm-Animation „Titanic“ (Die anonymen Titanicer), die es schaffte, in witziger, kompakter Form die Geschichte der Titanic zu erzählen. Seither sind sieben Goldene Nicas sowie neun Auszeichnungen an die Sparte Animation gegangen.

Einige möchte ich nennen: „FlugundFall“ von Nikolai Maderthoner (Auszeichnung 2011), der in sequentieller, teils abstrakter Auflösung die Flugbahn eines Kleinflugzeuges bis zum Absturz darstellt.

Mit „Abenteuer Arbeitsweg“ der Krmpf Krmpf Studios startete der Erfolg der Lego/Stop Motion Animationen. In einem knapp zehnminütigen Film über die Gefahren, die einem auf dem Arbeitsweg begegnen, gelang es dem Filmteam nicht nur, eine runde Geschichte zu erzählen, sondern sie schafften es auch, den Film „filmisch“ wirken zu lassen: Unteransichten, Aufsichten, unterschiedliche Geschwindigkeiten der Fahrzeuge in einer Einstellung, Close-ups und Totale. Für damals 14-Jährige eine reife Leistung und daher die Goldene Nica 2006. (siehe auch Interview)

2016 wird erneut eine Legoanimation mit Stop Motion-Technik mit einer Auszeichnung prämiert. Das Thema ist die „Flucht“, der Weg übers Meer, die Ankunft, die Ungewissheit und die freundliche Aufnahme in Österreich animiert vom 13-jährigen Dimitri Teufl. Sehenswert ist auch die mit verschiedenen Grafikprogrammen erstellte lyrische Animation von Bernhard Riedl (2011, Gewinner u14), der kleine, besorgte Baumbewohner sich um ihren Baum kümmern lässt. Mit Tarek Khalifa und Manuel Fallmann hatten wir über einige Jahre ausgesprochene Talente unter den Einreichern. Beiden ist es gelungen,

Dominik Stachl
Ergonomische Seitenabstützung der Gebirgstrage,
Anerkennung 2014

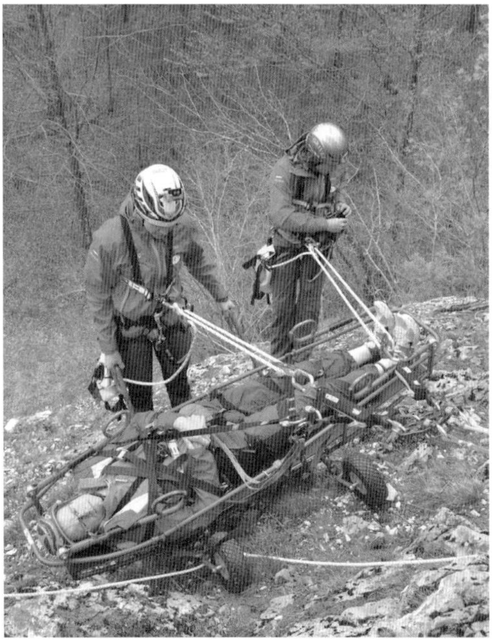

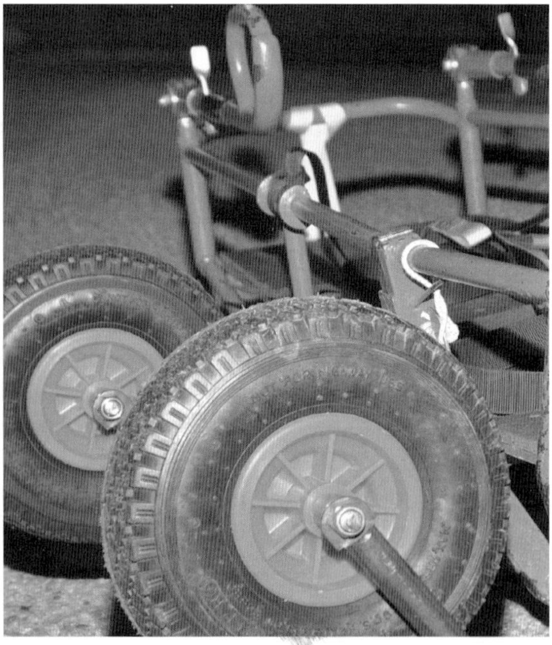

eine ganz individuelle Handschrift bei ihren Animationen zu erzeugen, und sie wurden auch mehrmals ausgezeichnet. Mit „O Fortuna" aus 2002 ist Manuel Fallmann eine zeitlose Animation geglückt, die auch 2016 frisch und überraschend wirkt.

Young Animation

Weil die Richtlinien des Prix Ars Electronica vorsehen, dass maximal nur 15 prämierte Projekte als Ergebnis vorliegen sollten, habe ich 2006 die Animationsschiene „Young Animation" entwickelt.

Jedes Jahr zum Festival wird diese Auswahl an Animationen zusätzlich zur u19 Ausstellung gezeigt. Diese Tochter von u19 ist seit 2006 auch international ausgerichtet und zeigt Arbeiten von befreundeten Jugendfestivals aus der Schweiz (Bug n`Play, Migros Kulturprozente, Zürich), Deutschland (mB21 Medienkulturzentrum, Dresden) und Ungarn (c3 Center for Culture&Communication Foundation, Budapest).

Von freestyle computing zu create your world

In jedem Vorhaben, das auf eine längere Dauer angelegt ist, gibt es Momente, in denen man innehält und nachschaut, ob die Konzeption aufgegangen ist und welche neuen Weichen zu stellen sind.

Mit der Neupositionierung von u19 von freestyle computing zu create your world wurde einem in den letzten Jahren verstärkt einsetzenden Trend hin zum sozialen Engagement sowie zur stärkeren Auseinandersetzung mit der eigenen Umwelt Rechnung getragen. Die Ansage selber ist simpel: Mach was aus deiner Welt, in der du lebst, gestalte sie so, dass sie für dich interessanter und lebenswerter wird!
Auf die Fragen, die sich die Jury 2011 stellte, als das neue Motto ausgegeben wurde, sollten nicht simple Antworten gefunden werden:

Was heißt "create your world", vor allem im Kontext des Prix Ars Electronica? Ist es ein erweitertes, breiter angelegtes „Jugend forscht", geht es um die künstlerischen Ausdrucksformen, mit deren Hilfe die Welt verändert werden könnte oder ist es die Plattform für das Unangepasste, das sonst keinen Weg in die Öffentlichkeit finden kann? Soll das, was ausgezeichnet wird, medienpädagogischen Kriterien entsprechen? Dürfen Urheberrechte vernachlässigt werden zugunsten einer neuen coolen Arbeit? Was ist wichtig in der Umsetzung? Die technische Exzellenz? Die visionäre Idee? Der soziale Ansatz? Die handwerkliche Perfektion? Oder die poetische Handschrift? Denn für das alles steht u19. Auf diese Fragen gibt es keine eindeutigen, eindimensionalen Antworten, denn die Gewichtung und die Ausrichtung werden erst im gemeinsamen Gespräch unter den Juror*innen eruiert. Jahr für Jahr neu.

Im Gegensatz zu den anderen Kategorien des Prix Ars Electronica hat es u19 mit der besonderen Situation zu tun, dass Teilnehmer*innen sozusagen davonwachsen. Aber trotz oder gerade wegen des jugendlichen Alters der Einreicher*innen hat sich u19 im Kanon der Elite der Medienkünstler*innen ein beeindruckendes Standing erworben, eben weil die Arbeiten der unter 19-Jährigen outstanding sind. Und sie sind es deshalb, weil sie nicht den Anspruch erheben, Kunst zu sein, auch wenn sie es in ihren unterschiedlichen Ausformungen in einem hohen Maße sind. War es zuerst der freche Umgang mit den Medien – freestyle computing – so ist es aktuell die Sicht auf die Welt – create your world –, die im Fokus der Jury steht.

Mein Fazit ist: u19 ist das Spiegelbild einer jungen medienverwöhnten Gesellschaft, die die Chance nützt, sich ihre eigenen Räume zu bauen, Räume, die kreative Menschen brauchen, um sich weiter zu entwickeln.

Interviews

Beim Symposion VIS-A-VIS waren als Ko-Referenten zwei Gewinner*innen bei u19 dabei: Alexander Niederklapfer und Sonja Aberl. Sie schildern ihre Sicht auf den Wettbewerb.

Amann: Ihr verkörpert die Geschichte von u19: Alexander wurde mit der Goldenen Nica für seinen Beitrag „Abenteuer Arbeitsweg“ bei u19 freestyle computing ausgezeichnet, Sonja erhielt eine Auszeichung für “Are you worth it?“ einige Jahre später, als die Kategorie zu u19 create your world weiterentwickelt wurde. Was ist für euch das Einmalige an u19?

Sonja: Die Vielfalt und vor allem die Freiheit, die der Wettbewerb mit sich bringt. Jede_r Teilnehmer_in hat die Möglichkeit, sich genau mit der Thematik zu beschäftigen, welche für sie oder ihn wichtig ist. Zusätzlich gibt es keine Einschränkung bezüglich Medium, alles ist erlaubt. Da ist es kein Wunder, dass jedes Jahr so viele außergewöhnliche Arbeiten eingeschickt werden.

Alexander: Die große Chance von u19 liegt darin, die eigene Idee präsentieren zu können, und zwar nicht nur den eigenen Eltern und Bekannten, sondern einem großen – und im Rahmen der Ars Electronica auch internationalen – Publikum. Zu der Zeit als u19 gegründet worden ist, war der Computer noch für viele Neuland; vor allem den Computer als kreatives Werkzeug für die Verwirklichung von Ideen zu nutzen, war noch nicht so etabliert, wie er es heute ist. Das Tolle an u19 war dann, Kinder und Jugendliche genau dazu anzuregen: ihre eigenen Ideen am Computer medienkünstlerisch umzusetzen, den Computer also möglichst ungewohnt zu nutzen – freestyle computing eben. Das ist eine tolle Chance, und ich denke, die Ergebnisse der Wettbewerbe sprechen für sich.

Amann: Alexander, du hast gemeinsam mit Freunden die Animation „Abenteuer Arbeitsweg" über Monate hinweg erstellt. Ihr wart damals gerade mal 14 Jahre alt. Wie schafft man diese konsequente Zusammenarbeit und wie gelingt es, gemeinsam ein Drehbuch zu schreiben und dieses dann im Zuge der Dreharbeiten auch noch einzuhalten und sich nicht mit neuen Ideen zu verzetteln?

Alexander: Unsere Konsequenz haben wir sicherlich aus der guten Gemeinschaft geschöpft. Als wir begonnen haben, waren die Jüngsten (Magdalena und ich) 12 Jahre, Ehrentraud und David jeweils ein Jahr älter – wir kannten uns aber alle bereits von frühester Kindheit an. Das Spannende war, eine solche Idee gemeinsam umzusetzen – alleine hätte es sicherlich niemand von uns geschafft, so etwas auf die Beine zu stellen. War jemand von uns etwas unmotiviert, gab es dennoch drei andere, die mit vollem Elan weitermachten und das Projekt voranbrachten. Das erfordert natürlich auch eine gewisse Konsequenz in der Organisation – aber an der hatten wir besondere Freude. Alles war geplant, Besprechungen wurden in Protokollen festgehalten, Aufgaben haben wir untereinander verteilt. Wir haben uns sehr ernst genommen und wollten möglichst „professionell" auftreten. Ein großes Glück war, dass unsere Eltern das auch mitgetragen haben.

Das Drehbuch haben David und ich gemeinsam geschrieben, wir waren auch Initiatoren des Projekts. Auf die Animation dann hatten sich Ehrentraud und Magdalena spezialisiert, während David seine Kenntnisse im Bereich Kamera ausspielen konnte und ich als Regisseur versucht habe, das Gesamtkonzept zu wahren. Und so ist es auch noch heute, dass die Aufgaben gut verteilt sind, jede/r seine/ihre Stärken einbringen kann und gemeinsam dann etwas Großes entstehen kann. Da passiert es kaum, dass wir uns in etwas verzetteln, immerhin hat jede/r von uns eine klare Rolle und somit einen klaren Auftrag. Wichtige künstlerische Entscheidungen treffen wir aber nach einer gemeinsamen Diskussion alle zusammen, damit das Projekt wirklich von uns allen getragen ist.

Amann: Warum habt ihr euch für das im ersten Blick nicht ganz so attraktiv erscheinenende Thema eines Arbeitsweges entschieden, wo doch Abenteuer eher in anderen Bereichen angesiedelt sind?

Alexander: Das war der persönlichen Vorliebe für Technik von David und mir geschuldet. Wir wollten ein Thema finden, in dessen Rahmen wir möglichst viel von unseren – vor allem technisch orientierten – Legobauten zeigen können. Die Idee war, dass der Protagonist, Herr Kalkauer, auf seinem Arbeitsweg möglichst viele verschiedene Verkehrsmittel nutzt, sodass wir Züge und Straßenverkehr sowie alles Mögliche andere einbauen können. Geplant war auch, dass er in einem Stahlwerk arbeiten soll – das war auch eigentlich der Ausgangspunkt für den ganzen Film, so eine Werkshalle bauen und filmen zu können. Das hat dann leider nicht geklappt, weil wir da dann doch etwas zu groß gedacht hatten – aber alle anderen Ideen dazu blieben, und so kommt es, dass wir uns erst im zweiten Film „IOCC – Die Polizei im Rennen gegen die Zeit“ mit actionreicheren Dingen beschäftigt haben.

Amann: ”Are you worth it?“ ist kein Wohlfühlfilm, er ist ein unbequemer Film und mit seiner Themensetzung enorm wichtig. Der Druck der Schönheitsindustrie auf junge Frauen, das Dazugehörenwollen, die Unsicherheit mit dem eigenen Körper umzugehen, Ängste – all das sprichst du in deinem Film an. Was gab dir den Anstoß, diesen thematisch schwierigen Film zu drehen? Beschreibt er ein aktuelles Lebensgefühl junger Frauen?

Sonja: Leider ja! Meiner Meinung nach entsteht durch den ständigen Einfluss der Medien ein enormer Druck. Junge Frauen bekommen ständig Schönheitsideale vorgeführt, ob im TV, Internet oder in Zeitschriften. Es ist dabei fast unmöglich, diesem Einfluss zu entkommen und sich eine eigene Meinung zum Begriff „Schönheit” zu machen. Gerade weil dieses Thema so aktuell und präsent ist, wollte ich mich damit beschäftigen und aus einem anderen Blickwinkel betrachten. Ich hoffe, ich kann mit “Are you worth it?” Menschen zum Nachdenken anregen.

Amann: Dein Film setzt sich nicht nur mit dem Selbstwertgefühl auseinander, sondern du nimmst auch Versatzstücke aus der Werbung, die du in den Film einbaust und damit die Handlung zusätzlich verdichtest. Welche Voraussetzungen hattest du, um diesen technisch ansprechenden Film zu drehen? Vor welchen Herausforderungen bist du gestanden?

Sonja: Die Voraussetzungen waren beschränkt, ich konnte ein Schnittprogramm verwenden und hatte eine kleine Handkamera zur Verfügung. Aber ich denke, dass mir diese Einfachheit einen freien Blick auf das Projekt gegeben hat. Gerade weil ich mich nicht um aufwendige Kameraeinstellungen oder Effekte kümmern musste, konnte ich mich auf den Inhalt konzentrieren. Die größte Herausforderung war es, die Geschichte so zu erzählen, dass sie den Betrachter mitreißt. Glücklicherweise wurde ich von meinem Lehrer Robert Hinterleitner unterstützt, und zahlreiche Diskussionen zum Aufbau der Geschichte führten letztlich dazu, dass ich mit dem Endprodukt zufrieden war.

Amann: Hat eure Auszeichnung beim Prix Ars Electronica euch ermutigt weiterzumachen und eventuell den beruflichen Werdegang beeinflußt?

Alexander: Definitiv! Und das ist auch das, was mir an u19 besonders gut gefällt: Junge Leute bekommen eine Bühne für ihre Ideen – das stärkt! Wir hatten zwar durchaus vor, weiter Filme zu machen, der Gewinn der Goldenen Nica war aber definitiv ein großer zusätzlicher Motivationsschub – immerhin gibt es Leute, denen gefällt, was wir machen. So eine Anerkennung der eigenen Arbeit ist – gerade für junge Leute – extrem wichtig und sehr, sehr positiv. Und immerhin machen wir bis heute gemeinsam Filme – unser aktuellstes Projekt soll Ende 2016/Anfang 2017 Premiere haben.

Wir haben im Rahmen dieser Projekte viel gelernt, nicht nur was Filmisches betrifft, vor allem aber auch Selbstorganisation und Strukturierung von Vorgängen. Beruflich hat uns das allerdings eher weniger beeinflusst, David arbeitet an der Uni als Doktorand in der Physik, Alexander studiert Mathematik, Linguistik und bald Philosophie und Ehrentraud arbeitet im Bereich Informationselektronik an der Uni. Nur Magdalena hat als einzige eine künstlerische Laufbahn eingeschlagen, sie hat eine Ausbildung als Tänzerin gemacht, arbeitet jetzt als freie Künstlerin und unterrichtet in einer eigenen Tanzschule. Aber als Hobby verfolgen wir das Filmemachen immer noch mit dem gleichen Elan wie vorher.

Amann: Gibt es von eurer Seite Tipps für die nachkommende Generation?

Alexander: Unbedingt den eigenen Fähigkeiten vertrauen und seine Ideen zu verwirklichen versuchen! Bei den u19 Preisverleihungen auf der Ars Electronica sieht man jedes Jahr, was junge Leute können, welch kreative Ideen und Projekte da entstehen und wie professionell sie umgesetzt werden – man muss sich einfach trauen, so etwas anzugehen.

Sonja: Wettbewerbsunabhängig würde ich der kommenden Generation wünschen, dass sie sich etwas von den neuen Medien entfernt. Der permanente Umgang mit Handy, Tablet, PC und TV scheint uns zwar via Social Media zu verbinden, schlussendlich sind wir aber voneinander getrennt. Ich stehe dieser Entwicklung kritisch gegenüber, gerade weil ich den Einfluss jeden Tag spüre. In Bezug zum Prix Ars Electronica empfehle ich den zukünftigen Teilnehmer*innen, sich mit Themen zu beschäftigen, die ihnen persönlich wichtig sind, und sich bei der Umsetzung selbst keine Grenzen zu setzen. Die Freiheit, die der Wettbewerb bietet, darf und soll schließlich ausgenutzt werden.

Amann: Gibt es von euch Anregungen, Wünsche, wie sich u19 weiterentwickeln soll?

Alexander: Ich fand schon die Justierung von "freestyle computing" zu "create your world" fantastisch – es geht nicht mehr nur um rein computerbezogene Projekte. Der Computer wird immer alltäglicher, die Mittel, die früher nur wenigen Profis zugänglich waren, sind mittlerweile für viele verfügbar. Es wird also immer wichtiger, sich damit auseinanderzusetzen und mit den neuen Medien zu experimentieren, sie kritisch zu hinterfragen und sie für eine neue Welt nach eigenen Ideen einzusetzen. Wenn sich u19 weiter so um die jungen Leute kümmert, weiter eine so tolle Plattform bietet und auch immer weiter wächst, dann denke ich, dass damit ein äußerst positiver Beitrag für die Gesellschaft geleistet werden kann.

2 Storytelling und Erzählende Reflexion: Narrative in Medien, Kunst und Kultur

ANNA MARGIT ERBER

Der Literalität bzw. der Oralität von Geschichten wird zurzeit erhöhte Aufmerksamkeit in der Kunst entgegengebracht. In jüngster Zeit häufen sich Ausstellungen, die narrative Elemente in den Mittelpunkt stellen, wie zum Beispiel Stories - Erzählstrukturen in der zeitgenössischen Kunst im Haus der Kunst in München (2002), The Storytellers: Narratives in International Contemporary Art im Stenersenmuseet in Oslo (2012), StoryBook: Narrative in Contemporary Art im Madison Museum of Contemporary Art in Wisconsin (2015) oder Storylines: Contemporary Art at the Guggenheim im Guggenheim Museum in New York (2015). Zugleich kann man beobachten, wie das Personal Storytelling (autobiografisches Erzählen) und somit die eigenen Geschichten von Künstler*innen in das Schaffen von Kunstwerken mit einfließen.

Der mehrteilige Workshop Erzähltheorien widmete sich der Frage, auf welche Art und Weise Erzählungen in Materialien, Medien und Formaten eingesetzt werden können. Studierende der Mediengestaltung kamen zusammen, um in verschiedenen Bereichen des Storytellings Gestaltungsaspekte kennenzulernen. Der Einsatz von Erzählungen in der Kunst-, Kultur- und Mediengeschichte und diverse Gestaltungsaspekte gaben Aufschluss über historische Entwicklungen und aktuelle Tendenzen.

Die Workshopreihe gliederte sich in sechs Bereiche:

- Zeitgenössische Kunst
- Film, Video und Fernsehen
- Storyboard, Comic und Graphic Novel
- Bild, Collage und Fotografie
- Sprachmedien, Hörkunst und Hörspiel
- Interaktivität, Netzkultur und Transmedia Storytelling.

Die Studierenden experimentierten mit Geschichten in unterschiedlichen Medien, erarbeiteten Konzepte und erprobten Methoden des Erzählens. Sie trugen persönliche Statements zu Werken des Künstlers

Alfredo Jaar, phonetischer Poesie und Lautgedichten wie „Karawane“ (1917) von Hugo Ball, sowie das Hörspiel „Fünf Mann Menschen“ (1968) des Poeten Ernst Jandl und der Schriftstellerin Friederike Mayröcker vor.

Die Studierenden schrieben Essays und vermittelten fiktive und authentische Erzählungen in Kleingruppen durch selbstgestaltete Kamishibai (japanisches Papiertheater). Zum Abschluss des Workshops konnten sie ihre Ideen eigenständig oder in Kollaboration in einer künstlerischen Arbeit zum erzählenden Element machen. Persönliche Einstellungen zu ausgewählten Geschichten, das Zuhören, das Miterzählen und Wiederholen von Erzähltem, die Erzählfähigkeit sowie die Assoziation und Transformation von Stories brachte die Individualität der Studierenden zum Ausdruck.

Um die Vielfältigkeit des Storytellings aufzuzeigen, werden Erzählpraktiken von internationalen Künstler*innen vorgestellt und der Aufbau von Geschichten in diversen Medien, die im Workshop vermittelt worden sind, im nachfolgenden Text näher beschrieben.

Share, show and tell

Menschen teilen Geschichten, mit denen sie sich identifizieren können. Bei der oralen Tradition, dem Nacherzählen können Themen aus der eigenen Sichtweise und Biografie, der persönlichen Erfahrung und Erinnerung veranschaulicht werden. Die Personalisierung von Geschichten ist die individuelle Auseinandersetzung mit erlebten, erfundenen und weitererzählten Vorgängen.

Die Medienrealität - als Aufnahme und Darbietung der Außenwelt - ist eine Form der Montage und kann wie die persönliche Erinnerung verändert oder verfälscht wiedergegeben werden. Medienereignisse, die weltweit und zeitgleich von verschiedenen Sendern ausgestrahlt werden, können ein kollektives Erlebnis darstellen, das aber individuell weitererzählt wird. Durch die eigene physische Abwesenheit wird das Gesehene und/oder Gehörte zwar distanziert miterlebt, allerdings wird durch die Nähe der Kamera bzw. des Mikrofons der Anschein erweckt, mitten im Geschehen zu sein. Die Herausforderung beim Teilen von Medienereignissen besteht darin, dass diese Informationen als fiktionale Entwürfe und nicht als Beweise von den Rezipient*innen wahrgenommen werden müssen.

Durch die Übernahme und das Teilen von Medieninhalten (aus Kino, Fernsehen, Internet oder Rundfunk) ergänzen Rezipient*innen mithilfe eigenen Wissens oder Fantasien bereits vorhandene Geschichten. In Bezug auf Nachrichtenbeiträge hält der Kommunikationswissenschaftler Georg Ruhrmann fest: „Leser, Hörer und Zuschauer von Nachrichten rufen bei der Wiedergabe von Nachrichten nicht gespeicherte Kopien der gelesenen oder gesehenen Nachricht ab, sondern Konstruktionen ihres Alltagswissens, d. h. mit ihren Vorurteilen, Einstellungen und Meinungen usw. erstellte Konstruktionen." (Ruhrmann 1994: 246)

Ruhrmanns Schlussfolgerung, dass die Nachrichtenweitergabe durch Auslassen und Hinzufügungen gekennzeichnet ist, kann auf die von Annette Kuhn beschriebene Kinoerinnerung übertragen werden. Kuhn stellt zum Einem fest: „(…) dass die Erinnerungen der Informanten viel stärker um das soziale Ereignis kreisen als um die Filme" (Kuhn 2010: 117) und zum Anderen, dass Filmsequenzen mit Ereignissen aus dem eigenen Leben in Bezug gesetzt werden und als „Implantate" fungieren können. Die Reminiszenzen so Kuhn: „(…) werden herumerzählt, verhandelt, neu belebt oder gar nachträglich ausgeschmückt." (Kuhn 2010: 128)

Der kommunikative Vertrag, wie er von Francesco Casetti bezeichnet wird, besteht aus der Erkenntnis, dass zwischen Sender und Empfänger eine wechselseitige Beziehung - eine Interaktion - im Darstellen und Wahrnehmen besteht. Er drückt dies wie folgt aus: „Verständigung zielt darauf ab, einen kommunikativen Vertrag zu schaffen (oder auszuarbeiten), auf den sich das Handeln der Kommunikationsteilnehmer stützen kann und der auch die Möglichkeitsbedingungen und die Funktionen der Kommunikation abdeckt." (Casetti 2001: 161)

Beim filmischen Erzählen kann auf das Prinzip der 3-Akt-Struktur zurückgegriffen werden. So dient der erste Akt, der Eröffnungsteil, der Exposition (set-up), der zweite Akt umfasst die Konfrontation (confrontation) und der dritte befasst sich mit der Auflösung (resolution), jeweils getrennt durch einen dramatischen Wendepunkt (plot point) bzw. einem auslösenden Ereignis. (vgl. McKee 2009: 236 ff.) Selbst wenn ein solches Erzählmuster nicht angewendet wird, sind Elemente wie Zeit, Raum, Kausalität oder Personifikation in einer Erzählstruktur enthalten. Zur Filmerzählung gehört einerseits der Plot, er ist: „(...) die Auswahl von Ereignissen durch den Autor und ihre Gestaltung in der Zeit" (McKee 2009: 54) und andererseits die Diegese, die Welt, die sich ein/e Zuschauer*in anhand der Handlung konstruiert.

Das filmische Narrativ bildet nicht die konkret sichtbare Realität ab, sondern ist eine Interpretation der Wirklichkeit. Die Möglichkeit der Beurteilung von fiktionalen Elementen beruht fortwährend auf den Einstellungen, Vorannahmen und dem Wissen der Rezipient*innen.

Bestimmte Codes, die kulturell und medial bedingt sind, dienen dem Vorspielen von Authentizität. Filmemacher*innen können bewusst den Einsatz einer Handkamera (die verwackelte Bilder produziert) anwenden, damit ein dokumentarischer Eindruck (oder der Anschein einer Amateuraufnahme) vermittelt wird. Fiktionalität zeigt sich zudem im Vertuschen des Vermittlungsapparats, etwa durch natürliches Licht, das mittels Scheinwerfer erzeugt wird oder das Einspielen von Musik, um fehlende Originaltöne oder Tonmontagen zu kaschieren und Klänge diegetisch wirken zu lassen.

Die Filmwissenschaftlerin Margit Tröhler schreibt, dass die Gestaltung einer filmischen Authentizität, bei der öffentliche und private Geschichten ineinander verwoben sind, stets durch Entfiktionalisierung und Entnarrativierung der Bilderfolgen geprägt ist und als Collage sichtbar wird. (vgl. Tröhler 2004: 159) Sie vertritt folgende Meinung: „(...), so beruht dieser Status auf einer kommunikativen Relation: Zwischen dem Angebot der Produktionsinstanz und der Erwartungshaltung vonseiten der Rezeption etabliert sie eine kulturell bedingte pragmatische Ebene der Verständigung darüber, in welchem Verhältnis die Aussagen des Films (nicht die Bilder als solche) zur nichtfilmischen Wirklichkeit zu situieren sind." (Tröhler 2004: 153)

Medienmacher*innen inszenieren, arrangieren und kreieren autonome Eigenwelten und erzeugen damit Fiktionalität. Infotainmentformate oder Talkshows unterscheiden sich nicht von Spielfilmen, wenn von Scripted Reality die Rede ist, d. h. das Vortäuschen von realen Ereignissen in einem TV-Format. Beim fiktionalen Dokumentarfilm, der Mockumentary, wird gezielt versucht, durch Authentisierungsstrategien Aufmerksamkeit zu erlangen. Außerdem kann die Ausschmückung von Geschichten in der Nachstellung, Neuinszenierung oder Wiederholung (Reinactment oder Remake) als kreatives Mittel Anwendung finden.

Methoden wie diese verwendet der Videokünstler Omer Fast, um Geschichten zu transportieren. Die Storys, die stets in Form von Installationen im Ausstellungskontext präsentiert werden, sind eine Kombination aus persönlichen und fremden Erinnerungen bzw. Erlebnissen. Die Themen der Werke wechseln zwischen aktuellen und historischen, geschehenen und erfundenen Ereignissen. Filmische Konventionen und der Einsatz von bestimmten Settings in der Bildgestaltung, Kameraführung und Dramaturgie werden gezielt vom Künstler angewandt, um bestimmte Genres zu imitieren. Dies trägt dazu bei, eine emotionale Bindung zu den Betrachter*innen herzustellen und die Storys vertrauter erscheinen zu lassen. Omer Fast verwendet häufig unterschiedliche Erzählformen in einem Film, um konventionelle Sehgewohnheiten aufzubrechen. Das Dargestellte und Gehörte kann entweder miteinander interagieren oder es entstehen Brüche, wenn diese ins Verhältnis zueinander gesetzt werden.

Omer Fasts Werk Talk Show (2009, 1:05:00 min) ist ein Erfahrungsbericht einer verwitweten Ehefrau. Diese scheinbar authentische Geschichte erzählt die persönlichen Beziehungen zwischen drei Menschen: Einer US-amerikanischen Ehefrau, ihrem Mann und einer irakischen Übersetzerin. Die Zusammenhänge werden in Bezug zu Kriegsgeschehnissen im Irak gestellt: Der Journalist Steven trifft bei der Arbeit auf die Übersetzerin Noor, der er zur Flucht verhelfen will. Dies gelingt ihm nur, weil er sie zur Ehefrau nimmt. Die beiden heiraten, allerdings stirbt Steven und Noor gelingt nur durch die Hilfe Stevens' erster Frau die Rettung aus dem Kriegsgebiet. Die Erzählung wird als Talkshow inszeniert und durch Nachfragen einer Moderatorin bzw. eines Moderators unterstützt. Das Erzählte wird zum Rohmaterial für das Kinderspiel Stille Post. (vgl. Muhle 2013: 190) Omer Fast lässt das Gesprochene von unterschiedlichen Schauspieler*innen wiederholen. Mit jeder Wiedergabe und durch die wechselnden Darbietungen wird die Geschichte verwandelt. Talk Show wird zum fiktiven Erlebnisbericht, der bis zur Unkenntlichkeit verändert worden ist.

Die als Interview gestalteten Aufnahmen in Talk Show und die Naheinstellungen der Gesichter (talking heads) vermitteln den Zusehenden eine intime Beziehung zu den Abgebildeten, es soll ein Gefühl der Verbundenheit erzeugt werden. Gestaltungselemente wie Bildausschnitt und Kameraeinstellung haben auf die Wahrnehmung des Geschehens und die Wirkung des Abgebildeten Auswirkungen. Einstellungsgrößen können ein Gefühl der Nähe oder Distanz zum Abgebildeten schaffen.

Fernsehen und Internet können als Fenster in die Welt gelten, somit Themen als Fiktions- und Realitätsbereiche von Kindern, Jugendlichen und Erwachsenen mittels Zeichen, Symbole und Codes widerspiegeln. Für Mediennutzer*innen ist ersichtlich: „Der Bildschirm – verglichen mit dem Fenster oder sogar dem Auge - präsentiert sich jedoch nicht als eine Grenze zwischen verschiedenen, abgeschlossenen Wirklichkeitsbereichen, sondern lediglich als eine Binnengrenze innerhalb derselben Wirklichkeitsordnung der Alltagswelt.“ (Elsner/Gumbrecht/Müller/Spangenberg 1994: 184) Der Philosoph Byung-Chul Han äußert sich hierzu wie folgt: „Das digitale Medium bietet nicht nur Fenster zum passiven Schauen, sondern auch Türen, durch die wir die selbst hergestellten Informationen hinaustragen. Windows sind Fenster mit Türen, die ohne Zwischenräume und -instanzen mit anderen Windows kommunizieren." (Han 2013: 27) An anderer Stelle schreibt Han: „Die digitale Vernetzung begünstigt die symmetrische Kommunikation. Die Kommunikationsteilnehmer konsumieren die Informationen heute nicht einfach nur passiv, sondern generieren sie selbst aktiv. Keine eindeutige Hierarchie trennt den Sender vom Empfänger. Jeder ist Sender und Empfänger, Konsument und Produzent zugleich." (Han 2013: 10). Die Vernetzungslogik des Fernsehens als one to many hat sich im World Wide Web zu many to many gewandelt. (vgl. Winkler 2008: 27)

Smartphones gelten als Mittler und Sender zugleich. Han bezeichnet sie als ständig im Input-Output-Modus arbeitend. (vgl. Han 2013: 35) Smartphonekameras sind allsehende Argusaugen, sie werden zunehmend zum Stellvertreter der eigenen Betrachtung der Realität. Immer in Reichweite wird durch sie wahrgenommen, mit Apps vorab oder nach dem Auslösen analysiert und durch Bearbeitungsfunktionen ein gefiltertes Abbild der Realität aufgenommen. Zeit- und lebensnah können die Aufnahmen über Streaming- und Share-Funktionen in sozialen Netzwerken, auf Internetplattformen und Blogs weitergegeben werden.

User*innen dokumentieren, teilen und bewerten. Social-Media-Dienste dienen als Informations- und Kommunikationssysteme, über die Nutzer*innen weltweit vernetzt sind. Wie groß der Einflussbereich eines Users oder einer Userin in der Community ist, entscheidet die Anzahl an Freunden oder Followern und wird durch Funktionen wie dem Gefällt mir-Button, den Kommentaren und Repostings gesteigert. Die positive Bewertung und das Kommentieren ist ein Instrument des Leistungssubjekts (vgl. Han 2013: 35 und 2010: 21, 45), das der Positiv- und der Transparenzgellschaft (vgl. Han 2012: 16) angehört. Die Hyperinformation und -kommunikation (vgl. Han 2012: 68, 76) zeugt dabei vom Mangel an Wahrheit und Sein (vgl. Han 2012: 17) und generiert somit wiederum Fiktion. Das Wissen, das durch digitale Netzwerke, Datenbanken und audiovisuelle Informationssysteme vermittelt wird, wird vom Philosophen Michel Serres in Frage gestellt, er schreibt: „Das Kommunikationsnetz macht Anwesenheit unnötig; es hat kein Zentrum, Überwachung ist damit überholt." (Serres 1993: 58) Er führt weiter aus: „Die Welt der Informationen verdrängen die beobachtete Welt; die Dinge die wir gemein haben, weil wir sie sehen, räumen das Feld für die ausgetauschten Codes." (ebd.). Er schließt daraus, dass sich Verhalten, Erziehung und Moral der Gesellschaft und im Weiteren die Wissenschaft verändern wird. (vgl. Serres 1993: 59)

Personal Storytelling kann sich in Form von Mitteilungen, Diskussionen und Bewertungen manifestieren. Aspekte wie das Visual Storytelling treten in den Vordergrund. Narrative Fragmente werden über Infografiken, Text-Bild-Kombinationen oder Tutorial-Videos transportiert und erzeugen zugleich ein inszeniertes Abbild der User*innen. Die Selbstdarstellung führt zum Personal Branding und die Analyse aller digitalen Eindrücke verrät mehr über den Menschen, als ihm oder ihr bewusst ist. Wie es Serres in Bezug zur vernetzten Generation ausdrückt, ist damit der lebende Einzelne ein Code: „Eine unbestimmte Chiffre, entzifferbar, unentzifferbar, offen und verschlossen, sozial und schamhaft, zugänglich-unzugänglich, öffentlich und privat, intim, geheim, unbekannt, (...) und zugleich ausgestellt." (Serres 2013: 72) Im Internet ist Storytelling meist mit persönlichen Informationen verbunden. Webportale haben Datenverwendungsrichtlinien, die es ermöglichen, Benutzerdaten und Content weiterzugeben bzw. für kommerzielle Zwecke zu nutzen. Der Computerwissenschaftler Jaron Lanier sieht im Verhalten dieser „Sirenenserver" (vgl. Larnier 2014: 240) ein Risiko, da User*innen durch die meist kostenlose Nutzung von Onlinediensten freiwillig und ohne Kontrolle Daten und Informationen zur Verfügung stellen.

Visuelles Storytelling: Narrative in Bildern, Comics und in der Fotografie

Inszenierung von Identität ist nicht nur im Internet zu finden, sondern gilt seit jeher auch als Erzählelement im Film, Fernsehen, Theater, in der Fotografie und Kunst. Die physische Präsenz der Vortragenden spielt besonders im theatralischen Vortragen von Bildgeschichten, in der Rezitation, eine bedeutende Rolle.

Das Kamishibai ist eine japanische Erzählform, bei der ein/e Erzähler*in Geschichten, Mythen oder Märchen mündlich vorträgt und zur Veranschaulichung eigens dafür gestaltete Bilder in einem bühnenähnlichen Rahmen bzw. Schaukasten benützt. Diese Erzähler*innen ziehen mit ihren Kisten, oft auf Fahrrädern montiert, durch das Land um Geschichten an die Menschen weiterzugeben. Diese Tradition ist mit dem Benshi vergleichbar, eine/r Filmerzähler*in, der/die in der Stummfilmzeit Dialoge und Filminhalte vortrug. Dementsprechend sind Kinovorläufer wie das Schattenspiel und -theater, bei denen Geschichten durch Licht und Schatten aufgeführt und mit der Stimme eines/r Erzähler*in begleitet wurden, verwandte Erzählformen. In unterschiedlichen Kulturkreisen haben sich dazu verschiedene Ausdrücke entwickelt: in Indonesien Wayang Kulit, in der Türkei Karagöz oder in China píyingxì .

Das Spiel mit Schatten und Licht, wie schon im Höhlengleichnis von Platon beschrieben, fasziniert bis heute Künstler*innen. Der Bildhauer und Filmemacher Christian Boltanski, der sich in den 1970er Jahren der Narrativ Art (vgl. Rosenthal 2002: 9) zuwandte und seit den 1980er Jahren die Werkreihe Théâtre d'ombres gestaltete, verwendete u.a. Vanitas-Motive, die als Schattenfiguren den Zusehenden Interpretationsspielraum bieten, wie auch das Werk Shadowplay (2009), ein Schattenspiel mit dreidimensionalen Alltags- und Spielobjekten, das der Künstler Hans-Peter Feldmann präsentierte. In der Performance Le Voleur des Miroirs (2013) von Daniel Barrow wurden wiederum mithilfe der manuellen Animation bedruckte Folien auf einen Overheadprojektor bewegt und an der Wand farbige Szenen durch die Projektion sichtbar.

Bilder und Text in Medien oder in der Kunst prägen Vorstellungen: der Text als Erzählelement nimmt dabei eine zentrale Form in der Kommunikation ein. Die passenden Worte für Comics oder in der narrativen Fotografie zu finden, ist ein wichtiges Element, das oftmals vor dem Prozess der Mediengestaltung entschieden wird. Kreatives Schreiben ist für Bildgeschichten genau so wichtig wie der künstlerische Ausdruck im verwendeten Medium. Im Comic, in der sequenziellen Kunst, werden Bilder, Zeichen und Texte als gleichwertiger Informationsgeber angesehen. Comics wirken erst durch die Verwendung unterschiedlicher Gestaltungselemente lebendig. Das Panel (Einzelbild) im Comicstrip (Sequenz) kann durch die Outline (Umrisslinien) verschiedene ästhetische Elemente repräsentieren: Gerade Linien vermittelt die Gegenwart, wellige Linien dienen zur Symbolisierung eines Traums bzw. Flashbacks, gezackte Linien können für starke Emotionen stehen oder dienen der Darstellung von Geräuschen. Onomatopoesie wie ZAPP oder GRRR vermittelt die sprachliche Nachahmung eines Schallereignisses. Dialoge oder Gedanken wiederum werden in Sprech- und Denkblasen verortet. (vgl. Eisner 1985: 44)

Nach dem Comiczeichner Scott McCloud lassen sich Geschichten in Comic - wie im Film - durch eine Abfolge hintereinander gezeigter Einzelbilder als Ganzes erkennen (Induktion).

Die Übergänge der Panels werden von ihm in sechs Kategorien aufgeteilt:

- Von Augenblick zu Augenblick,
- Von Handlung zu Handlung,
- Von Gegenstand zu Gegenstand,

- Von Szene zu Szene,
- Von Gesichtspunkt zu Gesichtspunkt,
- Paralogie (vgl. McCloud 2001: 82).

Die symbolische Kohärenz im Einsatz von Bild und Text wird in "I am the Locus" (1975) der Künstlerin Adrian Piper sichtbar. Die Bildserie zeigt eine Street Performance der Künstlerin, in der Rolle eines männlichen Alter Ego mit Schnauzbart, Afro-Perücke und Sonnenbrille. Es sind Schwarzweiß-Fotografien, die mit Ölkreide übermalt und mit philosophischen und politischen Texten versehen sind. Seit den 1960er Jahren arbeitet Piper mit den Medien Performance, Foto und Video, um in Folge ein anderes Ich, das sie als The Mythic Being bezeichnet, zu kreieren. Die Grundidee der Performances war es, Vorurteile wie Fremdenfeindlichkeit, Rassismen und stereotype Geschlechterrollen in der Gesellschaft aufzugreifen und im öffentlichen Raum anzusprechen.

Das Werk "The Hypothesis Series" (1968–1970) war stark von der Philosophie des deutschen Aufklärers Immanuel Kant beeinflusst. Mit einer Fotokamera dokumentierte Piper Momente aus ihrem Leben, die sie bewusst in einem aufeinanderfolgenden Intervall aufgenommen hat. Die Selbstdarstellung in ihren Foto- und Videoarbeiten stärkte auch die Präsenz der Frau in der Conceptional Art. Die Fotografin Sophie Calle beschäftigt sich, wie Piper, seit den 1970er Jahren mit der Selbstinszenierung und dem Personal Storytelling. Die Serie Les Dormeurs (1979) zeigt Menschen beim Schlafen und nach dem Aufwachen in ihrem Bett. Wie in einer Versuchsanordnung beobachtet und notierte Calle die Einschlaf- und Aufwachphasen sowie die Verhaltensweisen der Person, um diese später als Kommentar mit den Fotografien zu präsentieren. In "The Shadow" (1981) und in "20 Years later" (2001) setzte sie sich selbst der Beobachtung aus und ließ ihre Mutter einen Privatdetektiv engagieren, der sie rund um die Uhr beobachtete und fotografierte. Die Bilder dienen der Künstlerin als Beweisstücke, die sie in Kombination mit Texten präsentiert. Sophie Calle thematisiert in ihren Werken Motive wie z. B. Öffentlichkeit und Privatheit, Selbst- und Fremdwahrnehmung oder Überwachung.

Als Storyteller gilt auch der Fotograf Duan Michals. Eines seiner Porträts trägt den Titel "Certain Words Must Be Said" (1976). Es zeigt zwei Frauen in einem Hotelzimmer, die voneinander abgewandt sind. Die darunter handgeschriebene Notiz lautet:

"Things had become impossible between them and nothing could be salvaged. Certain words must be said. And although each one had said the words a

hundred times to herself, they had never said them to each other out loud. So they began to hope someone would say the words for them. Perhaps a letter might arrive, or a telegram delivered that would say what needed to be said. Now they spent their days waiting. What else could they do?".

Duan Michals gibt dieser Momentaufnahme eine Stimme und lenkt die Betrachter*innen in ihren Interpretationen und Annahmen in eine bestimmte Richtung. Durch die Einbeziehung des Textes erhält die Fotografie eine Geschichte. Der Ausspruch „Ein Bild sagt mehr als tausend Worte" wird von Duan gezielt unterwandert, da für ihn der Einsatz von Text eine Auflösung der Begrenzung des Bildmediums darstellt.

Multimediale und transmediale Erzählungen

Jenny Holzer verwendet die Medien Text und Licht als Material zur Erzeugung eines multimedialen Erzählraums. Seit Ende der 1970er Jahre nutzt sie Aphorismen oder allgemein bekannte Statements für ihre Kunstwerke. Truisms (Floskeln) sind in Form von bildhauerischen Werken, in Medieninstallationen und als Interventionen im öffentlichen Raum entstanden. Textprojektionen auf Gebäuden dienen Holzer dazu, eine Geschichte in der Stadt mehrfach lesbar zu machen und somit den Raum zu beschriften. Ebenso nutzt sie für ihre Botschaften Werbemittel wie Anzeige- und Reklametafeln sowie Handzettel.

Mit der Wechselwirkung zwischen der Wahrnehmung einer Geschichte und der Interaktion der Leser*innen spielt die Arbeit "The Legible City" (1988-1991) des Medienkünstlers, Architekten und Bildhauers Jeffrey Shaw. In der Installation wird durch das Interagieren mit dem Fahrrad eine Story in den Grundrissen der Städte Manhattan, Amsterdam und Karlsruhe vermittelt. Benutzer*innen sehen auf der Leinwand Straßen in Form von 3-D Textblöcken, die als Repräsentanz für Hochhäuser gelten.

Eine ähnliche Form der Interaktion verwendete der Grafikdesigner und Filmemacher Stefan Sagmeister bei dem Werk "Actually doing the things I set out to do increases my overall level of satisfaction" in der Ausstellung "The Happy Show" im Museum für Angewandte Kunst in Wien (2015). Durch den Antrieb eines Fahrrads leuchteten an einer Wand aus verbundenen Neonröhren Buchstaben auf und brachten Redewendungen zum Vorschein.

In Shaws Medienarbeit T-Visionarium I & II (2003, 2008) konnten Zusehende interaktiv die Betrachtung von Fernsehsendungen steuern. Sie sahen (u. a. mit stereoskopischen Brillen und mithilfe eines Headtracking-Systems) Mitschnitte von internationalen Spielfilmen und Nachrichtensendungen, die auf eine 360°-Leinwand projiziert wurden. Um die fragmentarische Erzählweise in eine räumliche Darstellung zu übertragen, wurde eine Auswahlübersicht aus Thumbnails geboten. Aus einer Vielzahl von Videobeiträgen, die mit Suchparametern bzw. Metadaten in einer Datenbank hinterlegt waren, konnte das Publikum über ein Touchscreen bzw. eine Fernbedienung auswählen.

The Legible City und T-Visionarium können als Vorläufer von Virtual Reality-Produktionen gesehen werden. Die Interaktionsdimension wird über die Subjektive und durch die Möglichkeit die Story selbst zu gestalten vermittelt. Gleichermaßen wird ein Verständnis für das nichtlineare Erzählen geschaffen.

Es geht nicht mehr nur darum, was man als Einzelne_r auf der Leinwand sieht, sondern auch was sich in der Gruppe im Netz betrachten und produzieren lässt. The Worlds First Collaborative Sentence (1994) war eines der ersten Internetkunstwerke des Medienkünstlers Douglas Davis. Dabei handelte es sich um ein Schreibexperiment, das Internetnutzer*innen dazu brachte, einen endlosen Satz zu bilden, der ohne Punkt auszukommen hatte. Der Satz wurde mit einigen Worten begonnen und von tausenden Menschen weitergeführt. Im Projektverlauf wurden die Texte in mehr als 20 Kapitel unterteilt, diese bestanden aus unterschiedlichen Einträgen in verschiedenen Sprachen.

Beim Onlinekunstprojekt This Exquisite Forest (2012-2014) waren Nutzer*innen dazu angehalten, Geschichten in Form von Animationen im Webbrowser zu kreieren. Das Projekt wurde von den Medienkünstlern Chris Milk und Aaron Koblin in Kooperation mit dem Google Creative Lab und der Tate Modern für den Chrome-Browser und als Installationsaufbau für den Ausstellungsbereich entwickelt. "This Exquisite Forest“ ist eine Ansammlung von Animationen, die dem surrealistischen Spiel "Exquisite Corpse“ nachempfunden ist. Die Oberfläche in Form eines Waldes dient zur Erforschung der Erzählstruktur. Jeder Zweig und jedes Blatt eines Baumes stellt einen Teil der Story da. Durch die Vergrößerung (Zoom-in) wird jeweils ein Blatt sichtbar, das eine Anweisung über den Inhalt der gestalteten Bilder bzw. Animation beinhaltet.

User*innen konnten durch diese Auswahl einzelne Erzählstränge erkunden und somit mit dem zuvor Geschaffenen interagieren. Die Idee des Interfaces war es, dass unterschiedliche User*innen gleichzeitig und interaktiv in einem Interface Animationen gestalten konnten. Eine ähnliche Form der Interaktionsstruktur kreierten Milk und Kolbin in The Jonny Cash Project (2010). Das Projekt wurde als

Crowd-Art konzipiert, bei der von einer großen Menschenmenge ein Kunstwerk erzeugt wurde. User*innen konnten einzelne Bilder des Musikers Jonny Cash nachzeichnen, damit ein animiertes Musikvideo zum Song "Ain't No Grave" entstehen konnte.

Einer der ersten usergenerierten Spielfilme ist Entertainment Experience (2011-2012) der niederländischen Produktionsfirmen FCCE und Ziggo. Insgesamt 35.000 Menschen beteiligten sich an diesem Projekt und konzipierten dabei Drehbücher, wählten Schauspieler*innen für die Filmrollen aus, gestalteten die Filmmusik, Videotrailer und ein Computerspielkonzept. Begleitet wurde das Projekt durch 13 Fernsehsendungen. User*innen konnten per Telefon- und Onlinevotings die Gestaltung des Films beeinflussen und den Projektverlauf über ein Webportal und Social Media verfolgen bzw. Ideen zum Film austauschen.

Im Crossmedia und Transmedia Storytelling werden durch verschiedene Medien synergetische Effekte erzeugt. Es kann eine Konvergenz hergestellt werden, die Fernsehsendungen, Hörspiele, Theateraufführungen, Webseiten, Apps oder Spiele als Mittel der Erzählung nutzbar macht und somit die Interaktionsdimensionen der Nutzer*innen fordert. Im Folgenden sollen zwei Beispiele dies illustrieren: In der siebenteiligen Webserie Do Not Track (2015) konnten sich User*innen aktiv mit ihren eigenen Onlinedaten und Nutzerprofilen beteiligen, um sich über Themen wie Big Data, Tracking und Online-Überwachung auf einer interaktiven Website zu informieren.

Das Projekt wurde zu einer Web-Serie und im Fernsehen ausgestrahlt. Ein anderes Projekt war der multimediale Überwachungsabend SUPERNERDS. Diese Fernsehsendung war eine Mischung aus Theaterstück, Livemoderation und Interviews zum Thema „Digitale Überwachung und Datenschutz". Die Erzählweisen des Theaters, Fernsehens und der interaktiven Medien verschmolzen hier zu einem großen Ganzen und das Publikum konnte per Telefon- und Onlinevotings den Verlauf des Abends mitbestimmen.

Der Medienwissenschaftler Henry Jenkins definiert das Phänomen des Transmedialen Erzählens auf seinem Blog wie folgt: "By convergence, I mean the flow of content across multiple media platforms, the cooperation between multiple media industries, and the migratory behavior of media audiences who would go almost anywhere in search of the kinds of entertainment experiences they wanted." (Jenkins 2006: o.S.) Marie-Laure Ryan, eine Wissenschaftlerin auf dem Gebiet der Narratologie, ist der Meinung, dass transmediales Storytelling in unterschiedlichen Abstufungen zwischen zwei Polen agiert: Einerseits gibt es einen Schneeballeffekt von Storyworlds, der in Vorgeschichten (Prequels), Fortsetzungen (Sequels), Fan-Fiction und transmedialen Adaptionen sichtbar wird und andererseits kommerzielle Lizenzprodukte (Franchises), bei denen das Publikum dazu gebracht wird, verschiedene Medien zu konsumieren. (vgl. Ryan 2013: 89)

Narrative im VR-Zeitalter

Die Grenzen zwischen Realität und Virtualität verschwimmen in der virtuellen Realität, kurz VR. Technologische Entwicklungen wie smarte Kontaktlinsen oder Mensch-Maschine Interfaces wie implantierte Kamera- und Mediensysteme sind in naher Zukunft möglich, wie der Wissenschaftler Steve Mann mit dem Projekt eyeborg (2000) oder das Unternehmen Alphabet Inc. mit Google Contact Lens (2014) proklamierte. Heute werden Head-Mounted Displays (HMD) für Computer oder VR-Aufsätze für Smartphones angeboten . Medienmacher*innen und Wissenschaftler*innen nutzen VR-Systeme, um neue Dimensionen im Storytelling von Simulationen, Spiele oder Filme zu vermitteln.

Beim Projekt Seeing-I (2014-2017) will der Künstler Mark Farid, 28 Tage (24 Stunden, sieben Tage die Woche) ein VR-Headset tragen. Bei diesem sozialen Experiment - die Welt mit den Augen eines/er Anderen zu sehen und mit dessen/deren Ohren zu hören - möchte er der Frage nachgehen, inwieweit die kulturelle Identität und Persönlichkeit dem Individuum zugehörig ist. In der Egoperspektive (first-person-view) wird Farid einen Monat Lebenszeit - die Umgebung, Interaktionen, Handlungen und Gespräche - einer ihm fremden Person nachempfinden. Das stereoskopische Videomaterial der anderen Person wird mit einer Kamera-Brille produziert und live gestreamt. Diese Aufnahmen will Farid mithilfe des VR-Systems Oculus Rift und durch Kopfhörer wahrnehmen. Während der Versuchsanordnung wird er einen videoüberwachten Raum bewohnen, der mit Bett, Duschbereich und einer Toilette ausgestattet ist.

Der Künstler wird in dieser Zeit betreut, ein Team wird ihm Essen liefern, die Situation auf Video dokumentieren und jeden Tag soll er eine Stunde über das VR-System mit einem Psychologen sprechen können. In Seeing-I will sich Farid soweit auf das VR-Erlebnis einlassen, dass er die Aktivitäten des Subjekts nachahmt und dieses ihn damit kontrolliert: Wenn die andere Person isst oder geht, wird er das selbe machen.

Das Künstlerkollektiv BeAnotherLab erforscht mit VR-Systemen die Möglichkeit, neue Sichtweisen einzunehmen und somit Geschichten weiterzugeben. In Performances und interaktiven Projekten, wie z. B.

in "The Machine To Be Another", wird versucht, eine fremde Perspektive einnehmen zu lassen. Die Ich-Perspektive nimmt in der VR eine wichtige Rolle ein und soll zur Personalisierung beitragen. Projekte wie die Immigrant Stories, bei der die Geschichte des senegalesischen Tänzers Youssoupha Diop thematisiert wird oder Gender Swap, in dem sich eine Vorstellung von einem andersgeschlechtlichen Körper gemacht werden kann, aber auch in Embodied Narratives, bei der ein/e Rollstuhlfahrer*in die Sicht einer tanzenden Person erlebt, sollen das Einfühlungsvermögen stärken. Anders als im herkömmlichen Film oder bei der Betrachtung eines Videos, werden die Rezipient*innen direkt mit dem virtuell Abgebildeten konfrontiert. Social Virtual Reality könnte als neue Erzählform für Personal Storytelling verwendet werden. Mark Zuckerberg, der Gründer von Facebook, möchte Social-VR als Erweiterung in seiner Webplattform integrieren und somit User*innen die Möglichkeit bieten, VR-Content abzuspielen und diesen mit anderen zu teilen.

Die Medienkunst und Neue Medien, wie das Internet oder VR, bieten Spielräume für Mediengestalter*innen, erworbene Medienkompetenzen einzusetzen, um authentische oder fiktive Storywelten zu kreieren bzw. zu vermitteln. Aus den genannten Beispielen geht hervor, dass die Medienkonvergenz und Transfiktionalität wie auch das kollobarative Arbeiten zur Belebung der Wechselbeziehung zwischen Interaktionen und Wahrnehmung beitragen. Narrative bieten sich an, um Lebenssituationen und emotionale Zustände der Rezipient*innen anzusprechen und können auch nonverbal durch Visual Storytelling emotionalisieren.

Bibliografie:

Casetti, Francesco (2001). Filmgenres, Verständigungsvorgänge und kommunikativer Vertrag. In: Montage/AV 10, 2, Berlin: Gesellschaft für Theorie & Geschichte audiovisueller Kommunikation e.V. . S. 155–173.

Eisner, Will (1985). Comics and Sequential Art: Principles and Practices from the Legendary Cartoonist. Florida: Poorhousepress.

Elsner, Monika/Gumbrecht, Hans Ulrich/Müller, Thomas/Spangenberg, Peter M. (1994). Zur Kulturgeschichte der Medien. In: Merten, Klaus/Schmidt, J. Siegfried/Weischenberg, Siegfried (Hg.) Die Wirklichkeit der Medien. Eine Einführung in die Kommunikationswissenschaft: Opladen: Westdeutscher Verlag. S. 163–187.

Han, Byung-Chul (2013). Im Schwarm. Ansichten des Digitalen. Berlin: Matthes & Seitz Berlin.

Han, Byung-Chul (2012). Transparenzgesellschaft. Berlin: Matthes & Seitz Berlin.

Han, Byung-Chul (2010). Müdigkeitsgesellschaft. Berlin: Matthes & Seitz Berlin.

Kuhn, Annette (2010). Was tun mit der Kinoerinnerung?. In: Montage/AV 19, 1, Berlin: Gesellschaft für Theorie & Geschichte audiovisueller Kommunikation e.V. . S. 117–134.

Lanier, Jaron (2014). Wem gehört die Zukunft?. „Du bist nicht der Kunde der Internetkonzerne. Du bist ihr Produkt.". Hamburg: Hoffmann und Campe Verlag GmbH.

McCloud, Scott (2009). Comics richtig lesen. Hamburg: Carlsen Verlag 2001.

McKee, Robert: Story. Die Prinzipien des Drehbuchschreibens. Berlin: Alexander Verlag.

Muhle, Maria (2013). Erzählen und Nacherzählen. In: Franke, Melanie (Hg.): Erzählen und Wissen. Narrative Strategien in der zeitgenössischen Kunst. Wien: Verlag für moderne Kunst. S. 188–195.

Rosenthal, Stefanie (2002). Stories: Erzählstrukturen in der zeitgenössischen Kunst. München: Haus der Kunst.

Ryan, Marie-Laure (2013). Transmedia Storytelling und Transfiktionalität, In: Renner, Karl N. / von Hoff, Dagmar /Krings, Matthias (Hg.) Medien. Erzählen. Gesellschaft. Transmediales Erzählen im Zeitalter der Medienkonvergenz. Berlin: Walter De Gruyter GmbH.

Ruhrmann, Georg (1994). Konstruktion sozialer Wirklichkeit durch Nachrichtenrezipienten, In: Merten. Klaus/Schmidt, J. Siegfried/Weischenberg, Siegfried (Hg.) Die Wirklichkeit der Medien. Eine Einführung in die Kommunikationswissenschaft: Westdeutscher Verlag: Opladen. S. 246-256.

Serres, Michel (1993). Die fünf Sinne. Eine Philosophie der Gemenge und Gemische. Frankfurt am Main: Suhrkamp Verlag.

Serres, Michel (2013). Erfindet euch neu! Eine Liebeserklärung an die vernetzte Generation: Frankfurt am Main: Suhrkamp Verlag.

Tröhler, Margrit (2004). Filmische Authentizität. Mögliche Wirklichkeiten zwischen Fiktion und Dokumentation. In: Montage/AV 13,2, Berlin: Gesellschaft für Theorie & Geschichte audiovisueller Kommunikation e.V. . S. 149–169.

Winkler, Hartmut (2008). Basiswissen Medien. Frankfurt am Main: Fischer Taschenbuch Verlag.

3 You never change things by fighting the existing reality. To change something, build a new model that makes the existing model obsolete[1]

ELKE HACKL

Dieser Satz stammt von Richard Buckminster Fuller, einem Architekten, Konstrukteur und Visionär des 20.Jahrhunderts, der viele Modelle der Wirklichkeit kreierte, um Unvorstellbares fassbarer zu machen.

Seine Geschichte ist bezeichnend dafür, was möglich ist, wenn man hinter das große Ganze blickt und die Wertigkeiten der einzelnen Elemente beachtet.

Fuller galt mit 32 Jahren durch persönliche Schicksalsschläge als Gescheiterter, der sich in den folgenden Jahren durch die Beobachtung eines Ruders eines Ozeandampfers und der Erkenntnis der Macht der Steuerklappe, zu einer philosophischen Idee der Macht des Einzelnen inspirieren ließ und andererseits konkret versuchte, neue Ideen, Techniken und Technologien auf bestehende Problemfelder anzuwenden und diese zu verbessern. Sein Projekt "Dymaxion", ein Kunstwort basierend auf "dynamic maximum tension", sollte die Welt verbessern und enthielt neben der Entwicklung eines umweltfreundlichen Hauses aus Aluminium, eines energiesparenden Zukunftautos und einer Darstellung der Erde aus Polyedern, die jegliche Prinzipien einer Weltkarte auf den Kopf stellte, auch das Dymaxion Chronofile. Dies war eine Art von Tagebuchnotizen, in denen er alles dokumentierte, das ihn, die Gesellschaft und die Technik verband und zwar alle 15 Minuten.

Dieses „Labornotizbuch meines Lebens", so wie er es nannte, führte er über 60 Jahre bis zum plötzlichen Ende seines historischen Experiments, seinem Leben. Hätte es zu Lebzeiten die Möglichkeit des Internets gegeben, er hätte vermutlich das Bloggen erfunden.

Um meine Arbeit zu verdeutlichen, nehme ich Fullers Geschichte als Inspiration.

Als Pädagogin versuche ich ständig in praktischen Prozessen zu verstehen, was BildungsministerInnen meinen, wenn sie sagen, dass sie die Kinder und Jugendliche in den Mittelpunkt stellen wollen. Es

1 R. Buckminster Fuller

würde der derzeitigen Diskussion sehr helfen, wenn die Gesellschaft erfahren würde, von welchem Bildungsbegriff "top down" ausgegangen wird und was die Bildungsinstanz denn somit ist.

Wäre dies der oder die zu Schulende, so müsste sich alles daran orientieren, was für ihn oder sie direktes Lernen bedeutet, wie und wo dieses Lernen stattfindet.

Wir würden damit aber konkret konfrontiert werden, dass Schule als Institution versagen muss, da sie in ihrer normativen Form etwas vorgibt, was für das individuelle selbsttätige Sein hinderlich ist, nämlich die Objektivierung, Standardisierung und Zentralisierung von Wissen, ohne Möglichkeit der Partizipation und der Kritik.

Bildung ist ein komplexes System, in dem viele Parameter ausschlaggebend sind, ob es funktioniert: Der oder die zu Schulende, der sich verändern soll, der oder die Lehrende, der dabei führt und evaluiert, die Didaktik, die ihm dabei hilft und der Raum, der dafür eigens gebaut wurde.

Im 15., 16. Jahrhundert war das Zentrum dieses Raumes nicht die Lehrer*innen und nicht die Schüler*innen, sondern die „Lehrmittel und die Selbstlehrbücher", also der didaktische Aspekt, kein der Zentralperspektive unterworfener Lehrertisch, keine zentrale Tafel und keine nach ihr ausgerichtete Sitzordnung war das Konzept. Diese Dezentralisierung wurde durch die Übertragung der erkenntnistheoretischen Grundhaltung der Zentralperspektive auf den Schulraum der neuzeitlichen Erziehungslehre von Johann Amos Comenius beendet. Im Mittelpunkt stand nun der und die Lehrende. Erst durch die Reformpädagogik am Anfang des 20. Jahrhunderts wurde wieder darüber nachgedacht, mit welchen Konzepten man die Selbstorganisation und Selbstkontrolle der Kinder und Jugendlichen für ein neues Zeitalter initiieren und stärken kann und formte daraus ein neues Verständnis für Schulraum. Maria Montessori sah als ein Beispiel das Zentrum im Kind selbst und forderte dafür eben auch tatsächlichen Freiraum.

Heute sind wir verwirrt. Wir pendeln zwischen Phasen des Frontalunterrichts, in dem die Lehrperson der Fluchtpunkt aller Wahrnehmungsprozesse der Schüler*innen ist und Offenem Lernen, das das Kind und seine Bedürfnisse zum Zentrum macht, hin und her. Wir sind darauf konzentriert, es möglich zu machen, alle geforderten Kompetenzen zu fördern bis hin zu den neuen Grundfertigkeiten, die sie für das Zeitalter der dienstleistungsorientierten Wissensgesellschaft brauchen (vgl. Medien und Bildung 2011: 195, 196). Kein Wunder also, dass viele Didaktiker*innen und Pädagog*innen es schwierig bis unmöglich finden, diesen Forderungen nach ganzheitlichem Verständnis von Wesensbildung in Kombination mit Kompetenzbildung für eine Produktionsleistungsgesellschaft nachzukommen, und dafür veraltete Strategien anwenden sollen oder aktuelle Konzepte, die unausgereift wirken. In der Folge bleibt es jedem selbst überlassen und man hat den Eindruck, dass man selbst unterzugehen droht und dass es unerheblich ist, wer oder was im Zentrum steht, da man von dort aus den schlechtesten Blick auf das Ganze hat: Eine Welt, in der immer weitere Bereiche digitalisiert und von Big Data, Artificial Intelligence und Social Data Revolutionen geprägt wurde.

Im Laufe meiner Tätigkeit als Kunsterzieherin, Mediengestalterin und zeitweise Informatiklehrerin musste ich viele der pädagogischen Konzepte meiner Ausbildung überarbeiten oder verwerfen, denn ich musste erkennen, dass eine Auseinandersetzung mit einer „freien Kultur" in einem normativen, statischen Raum zu Konflikten führt und diese nur gelöst werden können, in dem ich mein Verständnis von Bildung und dem ihr zugedachten Raum hinterfrage und meine Rolle in diesem System neu interpretiere.

„Neue Medien" erschienen vor 10 Jahren eine Bereicherung für den Unterricht und für die soziokulturellen Interaktionen als Teil „der Gesellschaft", nicht nur von meiner Seite aus betrachtet. Es entwickelten sich auch neue Kompetenzen auf beiden Seiten, die durch Verknüpfung und Verschmelzung von althergebrachten mit neuen Fähigkeiten entstanden. Mediengestaltung als kreativer Artikulations- und Kommunikationsprozess war ein Kriterium für eine freie Kultur und Bedingung für die Aufrechterhaltung von dem, was wir Gesellschaft nennen. Ich möchte in der Folge klären, warum es notwendig ist, zu verstehen, dass wir verantwortlich sind, mit welchem reflexiv und intrinsisch motivierten Selbstverständnis sich Kinder und Jugendliche in Zukunft in den veränderten Modi der Gesellschaft bewegen, dass dies unbedingt eine Integration in die didaktischen Überlegungen braucht und dass eine Warnung vor einer digitalisierten Schule pastoral-intellektuell und überheblich ist.

Was wir von der Gesellschaft und ihrer Welt wissen, wissen wir fast ausschließlich durch die Massenmedien[2]

2 Niklas Luhmann, Die Realität der Massenmedien, 1995

Luhmann erklärt uns hier nicht ob dies gut oder schlecht sei, er beschreibt einen Fakt, der, ob wir nun wollen oder nicht, immer schon die Basis für das war, was wir mit Wissen umschreiben. Ich möchte an dieser Stelle erwähnen, dass Bildungsprozesse immer schon mit Medien verknüpft waren und diese bloße Simulationen der Wirklichkeit waren. Weiter gedacht, kann somit Bildung, als ein Moment der Wissensaneignung, im Kontext einer Wissensgesellschaft auch erst dann verstanden werden, wenn man den Einzelnen, die Gemeinschaften und ihre Verknüpfungen, die Medien, ihren Wirkungszusammenhang und ihre gesellschaftliche Nutzungsstruktur beachtet.

Einfacher formuliert ist also die Medialität einer Gesellschaft ein bestimmendes Moment für das, was sie bildet.

Diese anthropozentrisch verstandenen Prozesse von Medienmodellen verweisen auf die Nutzer*innen im Zusammenhalt einer Gesellschaft, die sich auf ein Verständnis der Wirklichkeit geeinigt haben.[3]

So wie die unterschiedlichen Medienmodelle auch sind diese Gesellschaften nicht abgeschlossen zu verstehen. Jede Gemeinschaft hat eine Schnittstelle mit anderen, bedingt sich durch oder stützt andere, aber sie nährt sich auch von der Distanzierung zu den wirtschaftlichen, politischen und soziokulturellen Bedürfnissen anderer. Genau diese Lebendigkeit, dieser Fluss von unterschiedlichen Sprachen (Codes) und Differenziertheit macht moderne Gesellschaften aus, deren Mitglieder sich ständig neuorientieren, identifizieren und interpretieren müssen, was als kultureller Prozess verstanden werden muss, der konstitutiv, also elementar, bestimmend oder fundamental für ein Kulturgedächtnis ist.

Kurz zusammengefasst ist also das, was wir als Gesellschaft bezeichnen, nichts anderes als eine Gruppe von Menschen, einer „community" ähnlich, die sich ihrer Verhaltens- und Kommunikationsregeln sicher, als Kultur versteht.

Um dies aufrecht zu erhalten, müssen alle Erkenntnisse nun an die Generationen danach weitergegeben werden können, um das Überleben zu sichern.

Der geborene Mensch, als leeres Gefäß verstanden, muss wahrnehmen und kopieren, um in eine Kultur hineinzuwachsen. Unser Sein ist eine Kombination von einer Reflexion von althergebrachtem Wissen und dessen Neuverknüpfung, wobei der Begriff des lebenslangen Lernens hier seinen Ursprung besitzt. Es war und ist für einen gesunden Menschen nicht möglich, nicht wahrzunehmen, nicht zu kommunizieren und nicht zu lernen.

Kinder und Jugendliche sind in diesen Welten, die die Generationen vor ihnen konstruiert haben, nicht verloren. Sie waren immer schon und sind konstruktive Teile von gesellschaftlichen Kulturen und

3 Thomas Bauer beschreibt, dass „in diesem Sinne Apparaturen, Organisationen, Institutionen, Massenmedien und andere in dieser Funktionalität erkennbare und so gebrauchte Zusammenhänge des Handelns nicht Medien (sind), sondern Medienmodelle, auf deren kommunikationsvermittelnden Gebrauch man sich verständigt." (Bauer 2008: 9)

werden auch durch ihre Wertemodelle und Identitätsmodelle, wie auch die Generationen vor ihnen, bestimmend sein. Einzig die Sprachen und die Habitate dieser, von ihnen entwickelten und angewandten Medienmodelle, also die Medialität der Gesellschaft, haben sich verändert, beziehungsweise erweitert.

Absurderweise finden sich, vor allem im Bereich Bildung, aber immer mehr Stimmen, die sich gegen die „Digitalisierung der Welt", im Besonderen die Medialität der Schule, aussprechen und davor warnen. Als wäre dies etwas, was man abwehren kann, wie ein Bakterium, das lähmt oder krank macht. Diese Vorstellung ist aber absurd. Bildung ist ein abhängiger Prozess, er ist nur im Kontext von Gemeinschaft funktionstüchtig.

Der Wandel zur mediatisierten Gesellschaft bringt neue Parameter mit sich. Es ist also unumgänglich den Bildungsbegriff noch einmal unter diesen Aspekten zu betrachten.

Klassisch versteht man darunter das Lern- und Lehrziel, das fremdbestimmt geführt oder selbstinitiiert sein kann. (Timo Meisel, 2011: 205) Bildung ist aber, wie schon erwähnt, auch an Medien und Räume gebunden und somit auch an jemanden, der diese zur Verfügung stellt. Hier wird klar, dass es notwendigerweise einen kritischen Blick braucht, da die Intention, mit der, von wem ausgehend und zu wem hingerichtet dies geschieht, hinterfragt werden muss.

Ich möchte im ersten Schritt das eingangs erwähnte Statement, Schüler*innen als Mittelpunkt der Bildung zu sehen, untersuchen.

Dies stellt im ersten Moment die Frage nach der Selbstkompetenz, die in neuerer Interpretation von Schule evaluiert werden muss. Hier gibt es Zweifel, ob und wie dies selbstgesteuert in einem ihn unterwerfenden System stattfinden und von Beurteilenden wahrgenommen werden kann.

Denn eine Kompetenz ist nur in ihrer Performanz sichtbar, also auch nur sie evaluierbar. Würde dies auch bildungstheoretisch formuliert werden, dann wäre der Unterricht völlig anders abzuhalten. Jegliche praktische performative Anwendung des Gelernten hätte ihren Raum und eine zeitliche Berechtigung und müsste in den Unterricht eingebaut werden. Medienkompetenz würde ganz anders verstanden werden und Kolleg*innen müssten dies anbieten können. Die Rolle der Bildung, beziehungsweise der Verknüpfung des Gelernten mit gesellschaftspolitischen, soziokulturellen und wirtschaftlichen Aspekten würde sodann viel wichtiger werden, da sie auch dadurch initiiert werden kann. Das Formulieren ihrer Gedanken und Erkenntnisse durch Präsentation auf offenen und informellen Plattformen würde einen diskursfähigen Raum schaffen. Denn es geht nicht nur darum, dass Kinder und Jugendliche lernen, Fragen richtig zu beantworten, sondern dass sie in einem Diskurs ihre Erkenntnisse erläutern, sichtbar und hörbar machen sollen. Wir sollten verstehen, dass sie heute schon online in der Partizipativen Kultur diese Kompetenzen durch Performanz anwenden und dabei durch "response“ der Anderen aktiv die Bedeutsamkeit ihres Handelns erfahren.

Ein weiterer Aspekt der Bildung ist, dass einerseits soziokulturelle und gesellschaftspolitische problemkonstruierende Änderungen sie bedingen, andererseits dies aber auch Kritik an dem System bedeuten kann.

Hier muss sich unser Verständnis von Bildung selbst hinterfragen, denn sie ist eine Norm, die ohne Selbstkritik ethische Grundlagen verankert, um eine Veränderung herbeizuführen. Dies ist nun genau der Prozess, der Schule legitimiert und dem Bildungsbegriff in ein abgeschlossenes elitäres System zwingt, das den Aspekt der „synthetischen Höherentwicklung“ ins Spiel bringt. (Lüders, 2004: 54)

Das ist aber ein sehr überheblicher Gedanke, der meiner Meinung nach in der heutigen Zeit keine Berechtigung mehr hat, wie ich in den folgenden Abschnitten erläutern möchte.

Zusammengefasst ist somit das Subjekt als Initiator von Bildung nicht erste Instanz, sondern der Prozess, der als diskursive oder nondiskursive Praxis beschrieben werden kann. Kommunikation ist die grundlegende Technik und Schule das normative System, das Raum und Rahmen gibt. Nun muss sich diese aber den Vorwurf gefallen lassen, das nicht anbieten zu können: Sie konstruiert nämlich einen normativen, gültigen Wahrheitsbegriff und setzt beim Subjekt einerseits den Willen zur Unterwerfung und andererseits die Fähigkeit zur Kritik voraus.[4]

Bildung ist eben kein abgeschlossenes System. Sie basiert auf der Idee von Verhaltensänderung und eben auch auf Kommunikationsstrategien im gesellschaftspolitischen und soziokulturellen Kontext, die Interaktion bedeuten und somit Wirklichkeit konstruieren. Der Mensch bildet sich, wie schon eingangs erwähnt, nicht durch einzelne Medienanwendungen sondern durch die Verbindungen und der Interaktion der unterschiedlichen Medienmodelle, also durch seine Medialität.

Deshalb ist Bildung transmedial zu betrachten. Jede Beschreibung eines Inhalts ist, egal worauf man es bezieht, nur eine Simulation. Der Unterschied zwischen Wissen und Kennen wird im Kontext der Massenmedien, aber auch im Schlagschatten von jeglicher Lehrmit-

4 Jenny Lüders erzeugt in ihrer Arbeit durch heuristische Dimensionierung nach Foucault ein bildungstheoretisches Konzept und eine kritische Betrachtung des derzeitigen Verständnisses von Bildung, das die Problemstellung sehr klar definiert.

tel offensichtlich: Wir vermitteln derzeit ein Wissen um und kaum Phänomene selbst. Der mediatisierte Mensch beschreibt sich viel effizienter durch soziale Artikulationsprozesse in "communities", in denen er Bilder, Texte, Kommentare und Postings veröffentlicht. Es ist ein realer Umstand, dass unsere Welt transmedial erzählt, simuliert und wahrgenommen wird. Wenn wir nun verstehen wollen, wie diese Technologien dies möglich machen, wer dahinter steckt und wie viel davon der Manipulation dient, dann ist es unumgänglich, Transmedialität als ein heutiges Phänomen der Medialität anzuerkennen und nicht zu versuchen, einzelne Medienmerkmale und ihre Nutzungsstruktur zu analysieren.[5]

Derzeitige, EU-weite Forschungen der Mediennutzungsstrukturen von Kindern und Jugendlichen im Kontext von Gesellschaftshierarchien, wie EUkidsonline, zeigen ein verzerrtes Bild, da sie nicht die Medialität hinterfragen, beziehungsweise die transmedialen Kommunikationsnetzwerke untersuchen, sondern die Häufigkeit von Internetnutzung, die Risiken, wie auch die Eröffnung von Möglichkeiten. Die Mediatisierung vielfältiger Bereiche des Agierens und Reagierens wird auf ein kleines Spektrum des Internets gebündelt und zusammengefasst, wobei soziokulturelle und gesellschaftspolitische Kontexte nicht beaobachtet werden.

Immer dramatischere Zukunftszenarien einer unfähig gewordenen Gesellschaft werden veröffentlicht, wobei sie eben nur einen linear-kausalen Zusammenhang kreieren.

Der Verlust der Fähigkeit der Handschrift, des sinnentnehmenden Lesens, sowie der Komplexität der Sprache und der Ernsthaftigkeit des Unterrichts, als Gegensatz von "Edutainment", wie auch der Rechte an den eigenen Daten sind laut der Kritiker*innen die Auswirkungen einer digitalisierten Bildung, vorausgesetzt dass es diese gibt.

Es bedarf einer Betrachtung und Überprüfung dieser Argumente, wobei dies nur an der Oberfläche bleiben kann, da es den Rahmen sprengen würde.[6]

5 Hepp stellt die „Forderung nach konsequent transmedialem Verständnis der Artikulation sozialer Phänomene" (Fraas, Meier und Pentzold 2013: 9)

6 Josef Kraus, Präsident des deutschen Lehrerverbandes warnt in einem Standard-Interview vor „Kollateralschäden einer durchdigitalisierten Schule".

Argument 1-4: Schreiben, Lesen, Sprechen

Schreib- und Lesekompetenz wird in der Vor- und Primarstufe entwickelt, gefördert und verinnerlicht. Hier werden viele unterschiedliche pädagogische Konzepte angewendet, die alle eines gemeinsam haben: sie funktionieren mit Medien. In unzähligen Publikationen wird die Historie der Medienpädagogik behandelt und soll hier nicht wiederholt werden, deshalb nur kurz zwei Beispiele: Zu Beginn des 20. Jahrhunderts, parallel zur Entwicklung der Reformpädagogik veröffentlichte Heinrich Wolgast „Das Elend unserer Jugendliteratur“ (1899). Er warnte vor der trivialen, auf Unterhaltung fokussierte Massenliteratur, die die Sprache verformen würde und führte somit zu einer „guten“ Literatur, wie „Kinegens Kinderbücher“ von Helene Scheu-Riesz. Das hierarchisch motivierte Regulativ änderte somit von Außen das System Schule hinsichtlich einer normativen Wahrheit durch eine normative Ethik. Ebenso erging es der Cinematografie, die durch phantastische Scheinwelten aggressives Verhalten fördern würde. Der Grundstein für kontrollierte Unterrichtsfilme war gelegt.

Bis heute erscheint es notwendig, die Jugend vor dem zu schützen, was real ist und nur mit kontrollierten regulierten Lehrmitteln eine Verhaltensänderung zu initiieren. Dass diese Medien aber immer schon eine bloße Simulation der Wirklichkeit waren und sie bisher keinerlei Kritikfähigkeit beweisen mussten, da sie aus einem geschlossenen System für ein geschlossenes System kreiiert wurden, bleibt unbeachtet. In der sachlogischen Folge bedeutet dies, dass auch die „digitalisierten Medien“ zu kontrollierten Lehrmitteln gewandelt werden müssen, um ein Elend zu vermeiden.

Da dies aber ausserhalb der Kompetenz der Machthierarchie liegt, bleibt nur die Verbannung. Simulation non grata sozusagen.

Argument 5: Datenschutz

Der vermeintlich sorglose Umgang mit „Schüler*innendaten“ im Internet ist ein oft verwendetes Argument in Diskussionen rund um die Thematik ”Safer Internet“. Der Begriff alleine ist das, was es schwierig macht, denn Schülerdaten sind nicht nur Daten von Schutzbefohlenen und Minderjährigen, also somit alle personenbezogene Daten, wie Name, Alter, Geschlecht, Anschrift, Email-Adresse oder Religionbekenntnis. Diese sind nur mit Erlaubnis der Erziehungsberechtigten von Dritten zu verwenden. In Österreich regelt das Datenschutzgesetz 2000 und das Bildungsdokumentationsgesetz (BilDokG) im speziellen den Umgang mit personenbezogener Schülerdaten, denn „nach der Terminologie des Datenschutzgesetzes 2000 (DSG 2000) versteht man unter dem Verwenden von Daten (§ 4 Abs. 8) das gesamte Spektrum der Datenhandhabung. Das Verarbeiten gehört ebenso dazu wie die Übermittlung. Das Verarbeiten von Daten beschränkt sich wiederum nicht nur auf das Speichern, Verknüpfen oder Verändern. Der Begriff Verarbeitung beinhaltet auch das Erfassen, Aufbewahren, Ordnen, Vergleichen, Vervielfältigen oder Abfragen (§ 4 Z 9).“[7] Ob analog oder digital verwendet ist für den Gesetzgeber nicht von Belang, wobei im Kontext „Schule“ das BilDokG klar festhält, dass es an der Dienstelle und an Pädagog*innen ist, sicherzustellen, dass nur Befugte Zugriff auf digitalisierte Daten haben und hier kein Übergriff stattfinden kann.

Denn wie oben erwähnt, beschreiben „Schüler*innendaten" auch alle registrierten Fakten des Individuums innerhalb des Bildungsweges. Deshalb werden diese Daten an Schuleinrichtungen nur in geschützten Datenbanken (seit dem Schuljahr 2014/15 SOKRATES BUND) verwendet und verarbeitet. Noteneintragungen, Kompensationsprüfungen, Anträge auf Klausel oder Repetieren, Fehlstunden usw. sind also nur von den Bevollmächtigten (Schulleiter*innen und dafür berechtigte Bedienstete am Schulstandort) einzusehen und nach zwei Jahren ab dem Schulabgang zu löschen. Es ist also schlichtweg falsch, zu behaupten, dass in Österreich (wie in Europa) nicht klar ist, was mit Schüler*innendaten passiert.

Hinsichtlich Webseiten, die Schulen eine Online-Präsenz bieten und den Standort bewerben sollen, ist nichts einzuwenden, solange sie nicht den Schutz der Privatsphäre der Minderjährigen verletzen.

Wenn Erziehungberechtigte ihr Einverständnis geben, ein Foto, auf dem ihr Kind im schulischen Kontext gezeigt wird, zu veröffentlichen, so ist die Art des Mediums im Besonderen unwichtig. Natürlich wird im Vorfeld darauf hingewiesen werden müssen, ob das Bild in einer Zeitung oder auf der Schulhomepage zu sehen sein wird, wobei für die Erlaubnis zur Veröffentlichung dies aber keinen Einfluss hat.

Weitere Aspekte der Argumentationen sind, dass „Google" und Co. Daten im Moment der Nutzung speichern. Es liegt an den Nutzer*innen, wie sie mit diesen zuzuordnenden Daten wie IP-Adresse, Standort, Gerätebezeichnung und somit möglicherweise Cloud-Daten, Email-Adressen und erweitert Kontaktdaten usw. umgehen.

Landläufig wird gesagt, dass hier der volljährige Benutzer, die Benutzerin verantwortlich sei, solange die Website in ihren AGBs klar macht, welche Daten sie zu welchem Zweck speichert, wobei Minderjährige den selben Schutz in allen Bereichen der Privatsphäre geniessen, wie Erwachsene. So transparent gesetzlich geregelt ist dies leider nicht.

Aber Michaela Markus schreibt über die Problematik, ob und unter welchen Bedingungen „Minderjährige über das Internet rechtswirksame Geschäfte abschliessen können", denn dies „obliegt der allgemeinen Rechtsgeschäftslehre des Privatrechts". (Markus 2011: 10,13)

Weiters ist im DSG 2000 auch nicht geklärt, „ob sogar unmündige Minderjährige eine derartige Zustimmungenklärung abgeben können." (vgl. Markus 2011)

Sie kommt in ihrer Arbeit zu dem Ergebnis, dass ab dem Alter von 14 Jahren und einer ausreichenden Einsichts- und Urteilsfähigkeit

7 https://www.bmbf.gv.at/ministerium/rs/2004_07.html (Stand: September 2016)

Minderjährige sehr wohl ihre „rechtswirksame datenschutzrechtliche Zustimmung zur Verwendung nicht sensibler personenbezogener Daten" geben können und dass dies „nicht durch eine Erklärung des gesetzlichen Vertreters ersetzt werden" kann. Diese ist nur zusätzlich bei sensiblen personenbezogenen Daten einzuholen.

Verglichen mit Childrens Online Privacy Protection Act (coppa) der USA aus dem Jahre 1998 oder die Erweiterung Childrens Online Privacy Protection Rule (coppr) erkennt man die Parallelen: Es wird gefordert, dass Betreiber*innen von kinderbezogenen Webseiten das Einverständnis der Erziehungsberechtigten von unter 13-Jährigen abfragen und den Datensätzen beilegen, bzw. im Falle einer Aufforderung auch diese Datensammlung löschen müssen. Umgesetzt und überwacht wird dieses Gesetz von der FTC, der Federal Trade Comission, der US-Handelsaufsicht.

Genz (2004) macht klar, dass die USA gerade hinsichtlich privater Finanz- und Kreditdaten sehr sensibel reagieren und folglich coppa ein erweiterter Vorstoß ist, was den Schutz der „informationellen Privatsphäre" betrifft, also ein „Recht auf privacy i.e.S. im Ganzen", aber eben nur für unter 13-Jährige und nur für Webseiten, die explizit Kinder ansprechen.

Dieser Umstand führte zu großer Verwirrung, wobei die FTC durch coppr klar definiert hat, welche Fakten zutreffen müssen, sodass eine Internetseite „zielgerichtet Kinder ansprechen" will. (Genz 2004: 71)

Wir steuern nicht auf einen Untergang unserer Bildungskapsel zu, wenn wir eben verstehen, dass die Instanz nicht der zu Schulende und seine Position in dem Gefüge ist, sondern die Kommunikations- und Artikulationsprozesse in denen er sich befindet.

Die Gesellschaft und ihre Interaktion mit sich und anderen ist ihr physikalisches Transportmedium. Dies ist wiederum kein Einzelphänomen, sondern eine Replik, eine Wiederholung von transmedialen Kommunikationsstrukturen, die schon dagewesen oder neugedacht das Formieren, was wir Kultur nennen.

Die Lösung des Problems „Kulturgefährdung" kann aber nicht sein, von Außen eine Korrektur, eine Regulation zu steuern, denn diese führt nur zu einer Disfunktion und nicht zu einer Richtungsänderung.

Leider ist aber die geforderte Handlung zur Lösung eben ein Verbot von dem Gebrauch von Smartphones im architektonischen Raum, Verbannung von Smartboards an deren Wänden und Kappen der Leitung zu WLAN-Router. Dadurch entfaltet sich die Hoffnung auf einen positiven Effekt des Verhaltens. Für digital literates, oder founders ist dies eine fragwürdige Strategie. Recherchiert man die Entwicklung der Mediendidaktik im Vergleich zur Entwicklung der Medien und deren Anwendungen bestätigt sich ein Verdacht: In den Entscheidungsgremien des österreichischen Schulsystems ist die Bewahrpädagogik nie wirklich überarbeitet worden. Selbst die handlungsorientierte Medienpädagogik und mit ihr der Begriff der Medienkompetenz fasst nur in einem Grundsatzerlass Fuß, der zwar nachhaltig durch eine Abteilung am Leben gehalten wird, jedoch kaum Relevanz in der neuen Lehrer*innenausbildung hat.

Während bei den kritischen Stimmen der Medienpädagogik vor allem das Web 3.0 als digitales System mit Risken und Gefahren verstanden wird, kommen bei den Kritiker*innen in der Fachdidaktik die gefährlichen Handhabungen und daraus resultierenden minimalisierten Kompetenzen ins Spiel.

Versteht man meine kurze Analyse der Einwände richtig, dann wird klar, dass sie sich mit einer digitalen Welt auseinandersetzen, die es schon nicht mehr gibt, wenn es sie überhaupt jemals gab.

Mediengeschichtlich passierte der Übergang zwischen Empfänger*in Konsument*in und Creator*in unspezifisch und die daraus resultierenden Verschmelzungen der Medienmerkmale machen es der Mediendidaktik schwierig, klare Zuweisung zu treffen, welches einzelne Element welche Funktion hat, also in seiner Nutzung Gefahren birgt.

Während die Modalitäten der Wahrnehmung klar trennbar in auditiv, visuell und kinästhetisch blieben, die Medien in kalt und heiss kategorisierbar waren und ihre Merkmale sich ihrer Funktion zuordnen ließen, trennte sich das elektronische Medium von seiner Verortung, von seinem Habitat und wurde beliebig für den medialisierten Menschen. Nutzungsstrukturen und Handhabung sind nun verbunden mit der Fähigkeit der Konstruktion und Kreation: die Macht des Einzelnen wird immer offensichtlicher, da er die Richtung entscheidend beeinflussen kann.

Es ist unbestreitbar, dass eine gewisse Übertreibung einer Handlung schädlich sein kann, unabhängig welches Medium hier Anwendung findet. Ebenso wissen wir, dass der Konsum eines Unterhaltungsmediums belohnende Effekte für die Seele haben kann und gerade Kinder und Jugendliche hierfür „gefährdet" erscheinen.

Linear-kausal betrachtet bieten diese Umstände ein hohes Potenzial an Schädigung, wenn man denn davon ausgeht, dass diese Handlungen alle in einem geschlossenen System stattfinden und sie selbst unfähig zu einer reflexiven Regulation sind. Erfahrungen zeigen aber, dass viele Nutzungsstrukturen an aktive, wie zum Beispiel künstlerisch-kreative

Prozesse gekoppelt sind, die im ersten Moment, im Blick von oben herab, unsichtbar sind. Da aber kein System als geschlossen betrachtet werden kann, so wie Luhman und Foucault dies postulieren, ist das, was gesehen werden muss, der Diskurs und das ihm unterworfene Regelsystem für deren Teilnahme, Mitgestaltung und Mitwirkung.

Jugendliche "media creator", auch als Mitgestalter einer Kultur der Partizipation haben, laut Jenkins (2006), bestimmte Merkmale in Ihrer Medienhandhabung, nämlich die, der Grenzgänger/ -übertreter und des Umgangs mit Erfolg "off the charts". Einerseits ist dies eine zeitlose Beschreibung einer jugendlichen Gesellschaft mittendrin zwischen dem Bedürfnis nach Individualismus und der Notwendigkeit der Bestätigung über einer Verortung innerhalb einer, zumeist selbstgewählten, Gemeinschaft. Andererseits sagt ein alter Grundsatz der Kreativität, den jede/r Mediendesigner*in irgendwann in seiner Ausbildung hört, "to break the rules, you have to know them". Sieht man davon ab, dass dieser Satz von der Werbung vereinnahmt wurde, führen mich beide Ansätze, doch zu der Annahme, dass der Wunsch und die Notwendigkeit der kreativen Gestaltung und ihrer Präsentation vor einer Gemeinschaft immer schon mit dem Wissen um und dem Kennen/Können von der Handlung verknüpft waren.

Der Zugang oder die Blockade zu all dem Wissen und den Kompetenzen wird häufig als der Grund für die so oft zitierte digitale Kluft genannt. Wieso es zu dieser kommt, ist eine Frage, die unterschiedlichste Aspekte beleuchtet und von vielen Disziplinen beantwortet wird. Jenkins selbst nennt diese nicht in direktem Zusammenhang, jedoch spannt er an anderer Stelle eine Brücke, nämlich bei der Beschreibung der "participatory culture" hinsichtlich der Thematik der Gleichgesinnten, die darauf vertrauen, dass ihre Leistung, ihr Beitrag, bedeutsam ist und es kümmert, was andere darüber denken. Diese Beschreibung erinnert an das diskursfähige Subjekt nach Habermas, wobei Jenkins weitere Fähigkeiten umschreibt, wie die Fähigkeit sich intrinsisch zu motivieren, weiterzubilden, zu informieren, diese Fakten zusammenzuführen, sie darzustellen und weiterzugeben.

Diese Kompetenzorientierung ist verknüpft mit dem Bedürfnis nach Individualismus und mit dem Wunsch, sich in einer Gesellschaft Gehör und Sichtbarkeit zu verschaffen. Dies ist in der Welt der digitalen Verknüpfungen, also dem informellen Wissensaustausch durch niedrigschwelliger Zugangsmöglichkeit zu den Mitteln künstlerischen Ausdrucks und zivilem Engagement einfacher denn je, wobei diese Partizipationskultur nach Jenkins mit einem Element erweitert wird, nämlich dem Prinzip der Wissensweitergabe von erfahrenen zu unerfahrenen Beteiligten. Habermas stellt für die Existenz eines idealen Diskurses aber klare Regeln fest, wie zum Beispiel das Agieren auf Augenhöhe und die Absenz von jeglicher hierarchischer Struktur, wobei nun klar wird, wie schwer dies an den strukturellen Raum Schule übertragen werden kann.

Es liegt also nicht nur an der Schnelllebigkeit der Medien und deren Technologien, sondern auch an der gleichzeitigen Starrheit des Bildungssystems, die es schwierig machen, diese durch die Mediatisierung der Welt aufgetauchten Problemfelder im Bereich „Schule" mit Hilfe neuer Ideen aufzulösen.

Eine von mir als konvergente Form des Unterrichts ausprobierte Möglichkeit ist, Medienbildungsräume zu aktivieren, wobei Raum nicht architektonisch und Medien nicht elektronisch verstanden werden wollen.[8] Wenn beide Dimensionen als Raum verstanden werden, so führt dies zum Begriff Möglichkeitsraum, in dem diese virtuellen Räume innerhalb einer realen Konstruktion begehbar, erlebbar und wirksam werden.

Die Ängste vor dieser sehr hypothetischen Formulierung einer Netzwerkgesellschaft mit Rückbesinnung auf Castell verlieren ihre Bedrohung, wenn man, wie in den Projekten, die ich leiten durfte, diese Möglichkeitsräume als Orte informeller Interaktionen und Handlungen versteht. Jank (2012: 7) beschreibt dies als Lernräume, deren systemischen Rahmenbedingungen vor allem durch „die Fähigkeit zur strukturellen Veränderung", der Anpassung bestimmt ist, da das Prozesshafte im Vordergrund steht.

Das System „Schule" ist mittelbar mit diesen Begriffen konfrontiert und scheint doch nur punktuell fähig, die Konsequenzen wahrzunehmen. Deshalb lässt sich folgender Schluss nahelegen: Die meisten medienpädagogischen Konzepte sind unzulänglich für die derzeitige Masse und sind für das System kontraproduktiv.

Ich habe innerhalb einer schulinternen Lehrer*innenfortbildung erleben können, wie wenig zugänglich derzeitige hierarchische Strukturen sind. Vorneweg waren vor allem fehlender Wille zur Transparenz des eigenen didaktischen Werkzeugs und zur Reflexion der Kolleg*innen Schuld, dass neue Strategien nicht angehört wurden.

Der Grund hierfür ist eben auch, dass derzeit das vorliegende Thema in hohem Maße emotional diskutiert wird, da viele Momente der Mediennutzungsstrukturen unzugänglich geworden sind, folglich eine Form der bewahrpädagogischen Kontrolle nicht mehr möglich ist. Dieser Umstand erzeugt Unbehagen, da es im Konflikt zu dem steht, was wir in der Pädagogik gelernt haben: Medienkompetenz setzt

8 Diese „Medienbildungsräume" sind, so wie Timo Meisel beschreibt, aber eben nicht konzentrisch erfassbar. Man kann sich ihnen nicht von allen Seiten aus gleich intensiv nähern und sie streben auch nicht per se das selbe Ziel an. Dies macht die Untersuchung dieser Räume auch so komplex.

Vermittlung voraus, was bedeutet, dass nichts ohne Didaktik geht. Die didaktische Medienverwendung scheint jedoch obsolet. Eine Plattform, die es mir ermöglicht, Lehrfilme auszuborgen, um ein bestimmtes Thema lebendiger zu vermitteln, hat kaum mehr eine Bedeutung in der Unterrichtsplanung, da die interaktiven Errungenschaften von Medienplattformen im Web 3.0, wie Mediatheken, Youtube etc. in der Erweiterung von z.B. Podcasting, Livestreaming oder Video- on-Demand verknüpft mit Blogs, crossmediale Erzählstrukturen und multimodale Möglichkeiten bieten.

Die Wertigkeit, die beim Begriff der "digital immigrants" mitschwingt, verhindert, dass Pädagog*innen offen und selbstlernorganisiert an der Welt der Medienmodelle partizipieren. Dabei ist, wie schon erwähnt, Bildung immer schon an Medien gebunden gewesen und musste diesbezüglich flexibel sein, war aber zumeist durch die Formulierung der „Höherentwicklung" arrogant. Dabei bedeutet der Umstand, nicht in die digitale Welt geworfen worden zu sein, also das bewusste Erkennen und Aneignen einer Medialität, dass vielfältige Kompetenzen reflexiv erarbeitet werden konnten. Diese Distanz, oder anders gesagt, Form der anders entstandenen Medialität verhilft mir als Pädagogin, bestimmte Medienmodelle weitsichtiger, globaler und selbstbestimmter zu verstehen, wie zum Beispiel das Internet als partizipative Kulturform.

Viele Medienverwendungen sind konvergent, lassen es also auch zu, ignoriert zu werden. Die Konsumption zum Beispiel von Fernsehserien kann, wenn denn gewollt, für das Verständnis mit Kommunikation Gleichgesinnter auf Internetplattformen erweitert werden, muss aber nicht. Selbstverantwortung als Kompetenz für Wissensaneignung ist angeblich das höchste Ziel der Bildung, wird aber, wenn es mit bildungspolitisch nonkonformen Inhalten verknüpft ist, nicht akzeptiert. Populärkultur ist im deutschsprachigen Raum immer schon mit kulturpessimistischer Haltung betrachtet worden.

Es geht aber nicht mehr darum, zu erläutern, wie uns Pädagog*innen dieser Kulturpessimismus dazu gezwungen hat, bewahrpädagogisch zu agieren, wenn es um Neuerungen innerhalb der Massenmedien geht. Das, was wir als Massenmedien kennen, existiert nur mehr bedingt. Hinzugekommen ist ein Medium von einer Masse, die durch Rezensionen und Reviews eine Durchschnittsmeinung abgibt.[9] 1906 wollte Francis Galton anhand von einem Wettbewerb, das Gewicht eines Ochsen zu schätzen, durch die statistische Auswertung von 800 Schätzungen beweisen, dass die Masse dumm sei. Diese war bespickt mit Experten wie auch Unwissenden. Während der Einzelne fast

9 Kunden vertrauen anderen Kunden, also deren Rezensionen mehr, als Empfehlungen von PR-Agenturen, da die Meinung von Vielen und deren Mittelwert der Wirklichkeit näher kommt, also manipulative Meinungsbildung geringer ist (Andreas Weigend, ehemaliger Chefentwickler von Amazon)

immer weit daneben lag, ergab der Mittelwert der Schätzungen das fast tatsächliche Gewicht des Ochsen.[10]

Hier folgt die Kritik: Die Masse als Wirklichkeitskonstrukteur ist natürlich immer von den Gruppenzugehörigen und ihrer Intelligenz abhängig. Selbst Habermas musste mit seiner idealisierenden und inspirierenden Idee der deliberativen Demokratie anerkennen, dass dies nur bedingt Sinn macht. Aber davon ausgehend, dass im politischen Zusammenhang die Diskurstheorie oder die Entwicklung eines diskursiven Kulturraumes Cultural Hub nach Jank andere Bedingungen benötigt als im Kontext von Bildung, kann man feststellen, dass dieses Sytem sich als „informelle Öffentlichkeit" versteht, „welche prozessual verändernde Netzwerke initiiert, die sich dann zu machtvollen Bewegungen zusammenschließen können." (Jank 2012: 11)

In einem anderen Zusammenhang kommt diese Form der „Kollektiven Intelligenz" oder „Schwarmintellegenz" als eine Möglichkeit vor, den einzelnen als Neuron zu begreifen, die vor allem systemtheoretisch eine lange Tradition hat. Dies wird auch in der Didaktik als Modell verstanden und bei Jean-Pol Martin 2008 zu einem Gesamtkonzept verarbeitet.

All diesen Theorien ist eines gemein: Sie gehen davon aus, dass eine Gemeinschaft existiert, die für sich selbst und den anderen agiert.

Dies steht in eklatantem Widerspruch zu dem, was der heutigen Generation unterstellt wird. Es gibt eine Anzahl von Bezeichnungen, die beschreiben sollen, welche egozentrischen Merkmale diese Jugend hat. "Digital Natives" meint die Eingeborenen der virtuellen Welt, „Generation Ego" erklärt uns ihre Werte, "Generation Selfie" gibt uns Einblick in die Selbstinszenierung u.v.a.m., wobei alle zumeist ihre Mediennutzung beschreiben und kein Begriff ihre Medialität in einer Partizipativen Kultur.

In unzähligen Projekten beweisen die in den Archiven abgelegten Einreichungen der Wettbewerbe media literacy award und u19 des Prix Ars Electronica, dass diese Kinder und Jugendlichen in solchen Medienbildungsräumen diskursiv-partizipatorische Fähigkeiten und Handlungen selbstgesteuert, intrinsisch motiviert anwenden wollen, denn „das diskursfähige Subjekt ist hermeneutisch klug und kontextsensibel". (Jank 2012: 4)

Dass dies aber eben auch diskursfähige Räume vorraussetzt, ist nur logisch und diese Medienbildungsräume, initiert im Netz, im architektonischen Schulgebäude und außerhalb in den Laboren des AEC oder von *Otelo* statisch oder mobil zeigen, wie möglich Lernen und Lehren innerhalb einer informellen Gesellschaft ist und auch Bildungsinstitutionen dabei ihrer Rolle der Verhaltensveränderung gerecht werden müssen. Denn wer aus der Position der Lehrkraft Bewohner*in dieser informellen Möglichkeitsräume ist, muss einer Neuformulierung der Lehrer*innenidentität offen gegenüber stehen. Transparenz, offene Türen und Loslösung von der hierarchischen Struktur der „Höherentwicklung" haben mich zum Beispiel das Prinzip des Mentorships ausprobieren lassen: Ich nehme mich in diesem Augenblick nicht mehr als Lehrende und die Kinder und Jugendlichen nicht mehr als zu Schulende wahr, sondern stelle eine Frage und beobachte den Weg der Beantwortung. Im Vorfeld sind natürlich alle technischen, systemischen und wissenskonstruierenden Grundlagen und Voraussetzungen abzuklären beziehungsweise aufzubauen, was eine strukturierte Planung und Einführung notwendig macht. Weiters ist das Ziel von Anbeginn an transparent, klar formuliert, aber offen, wobei der Prozess im Vordergrund bleiben muss, da nur in ihm Kompetenzen offensichtlich werden.

Als ein kurzes Beispiel dafür dient das Projekt „Ortsplatz Reloaded", das vor allem durch die schulübergreifende Planung und den reellen Bezug besticht.

Dabei konnten acht Studierende der Studienrichtung Mediengestaltung mit fast 80 Schüler*innen dieses Prinzip ausprobieren. Die einleitende Frage an die Schüler*innen war, wie ihr Ortsplatz, ihr Möglichkeitsraum, aussehen würde, wenn sie die Expert*innenrolle inne hätten, wobei Realbezug ist, dass in ihrem Heimatort in den nächsten Jahren viel Geld investiert werden wird, um diesen Wohn-, Begegnungs- und Wirtschaftsraum neu zu gestalten.

Hier formt sich eine spielerische Möglichkeit der Deliberation und politischen Partizipation. Ein Moment des Mentorship-Prinzips, nämlich der Beobachterbegriff, führt dazu, dass die Sprache der Kinder und Jugendlichen, ihre Kommunikationsstruktur und Erzählwelt unverändert bleibt. Vieles erscheint dadurch witzig, humorvoll, überzeichnet, sarkastisch, irreal, unmöglich, verträumt oder so dahingesagt, aber im Kern zeigen sie uns, wie wichtig es ist, damit zu rechnen, dass Kinder und Jugendliche den selben Raum nutzen wie wir, ob architektonisch, strukturell oder digital.

Als Brücke dazwischen dienen die Werke, auch in haptischer Form, denn die Arbeiten der Module „Raum/Fotografie/Manipulation" führen unter anderem via analoger Grußpostkarten mit QR-Code zum digitalen Archiv "Audio" und "Animation" auf Youtube.

Es sind vielfältige Kompetenzen bezüglich der Medialität, der Selbstorganisation und -wirksamkeit, Inhalt und Methode, Informa-

10 Hier wird klar, dass „die durch das Internet global vernetzten Menschen wie ein Superorganismus funktionieren, dessen Fähigkeiten über die des Einzelnen in der Gemeinschaft hinausgehen. Erst die Masse macht das System so effizient."

tion, Sprache, Gestaltung entwickelt, verinnerlicht, vertieft und erweitert worden, wie auch Ausdrucksfähigkeit, strukturelle und inhaltliche Präsentations- und Medienkompetenz gefordert und gefördert worden, ohne die Schüler*innen und die Lehrkräfte mit digitalen Medienmodellen zu gefährden.

In der Partizipativen Kultur des digitalen Raums, Internet, Web 3.0 oder Cyberspace, befinden sich unzählige Momente der kreativen Mediengestaltung, die selbstverständlich von den Kindern und Jugendlichen gebraucht werden, um einerseits transmedial von sich oder anderen Phänomenen zu erzählen oder wahrzunehmen.

Dass dies mehr als eine Simulation ist, verdanke ich den Medienbildungsräumen. So hacken meine Schüler*innen einen Roboter, verbauen und programmieren Arduino oder Raspberry Pi, kreieren eine CGI für ein Game oder ein Modell für den 3D-Druck im AEC oder an der Kunstuniversität, stellen die Arbeiten online, formulieren das Projekt für einen Wettbewerb und reflektieren dann auf ihrem Blog über Sinnhaftigkeit, Realbezug und Lernpotential.

Es wäre falsch, die Möglichkeiten der Teilnahme, der Mitgestaltung, eben der Deliberation der Partizipativen Kultur zu ignorieren und sie aus überheblichen Gründen dem Bildungsbereich und unseren Kindern und Jugendlichen vorzuenthalten.

Bibliografie:

Bauer, Thomas A. (2008). Kultur der Medialität in Medien und Kultur, Medienimpulse, Heft Nr.65, Wien S.9-12.

Meisel, Timo (2011). Eine Mustersprache, in Medien&Bildung, Wiesbaden, 203-219.

Lüders, Jenny (2004). Bildung im Diskurs. Bildungstheoretische Anschlüsse an Michel Foucault; in Nach Foucault, Wiesbaden, S.50-69).

Fraas, Claudia; Meier, Stefan; Pentzold, Christian (Hg.) (2013). Online-Diskurse. Theorien und Metho den transmedialer Online-Diskursforschung, Köln.

Foucault, Michel (1987). Von der Subversion des Wissens, Frankfurt.

Kraus, Josef (2016). http://derstandard.at/2000032836506/Lehrervertreter-Ein-Handyverbot-in-der-Schule-ist-sinnvoll.

Markus, Michaela (2011). Die Geschäftsfähigkeit Minderjähriger im Datenschutz am Beispiel der Zustimmungserklärung gem §4Z14DSG, Dissertation, Universität Wien.

Genz, Alexander (2004). Datenschutz in Europa und den USA, Dissertation, Universität Giessen.

Luhmann, Niklas (2004). Die Realität der Massenmedien. (3. Aufl.) Wiesbaden.

Hepp, Andreas (2001). Netzwerke, Kultur und Medientechnologien.
In: Hartmann, Mären; Jeffrey Wimmer (Hg): Digitale Medientechnologien. Wiesbaden (VS), b S. 53-74.

Jank, Sabine (2012). CulturalHub - Kultureinrichtungen als Experimentierfeld einer Kultur der Partizipation. Berlin.

Jenkins, Henry (2009). Confronting the Challenges of Participatory Culture. Media Education for the 21st Century. Massachusetts.

HABERMAS, Jürgen (1995). Theorie des kommunikativen Handelns. Zur Kritik der funktionalistischen Vernunft. Band 2. 1. Auflage. Frankfurt am Main: Suhrkamp.

4 Fotos für die Sinne: Überlegungen zu einer grundlegenden Veränderung im Markt der fotografischen Bilder

LEOPOLD KISLINGER

Einleitung

Im Winter und Frühling 2016 tauchten auf Plakaten Fotos auf, die aus der Masse der Werbefotos hervorsprangen. Sie waren Teil von Kampagnen der Coca-Cola-Company und der Hornbach Gruppe.

Im Jänner 2016 hatte die Coca-Cola Company ihre neue globale Werbekampagne mit dem Titel "Taste the Feeling." (Moye 2016) vorgestellt. Es ging in ihr um "the experience of drinking an ice-cold Coca-Cola" (Moye 2016). Im betreffenden Kontext ist "experience" am besten mit „Erlebnis" zu übersetzen. (Schmitt 1999: 60)

Die Kampagne wurde von einem internationalen Netzwerk von Agenturen entwickelt und umfasst TV-Spots, Fotos, Material für digitale Kanäle und Druck sowie Musik (Moye 2016).

Die Hornbach Gruppe, die Bau- und Gartenmärkte betreibt, präsentierte im Frühling 2016 die europaweite Kampagne mit dem Titel „Du lebst. Erinnerst Du Dich?" („Heimat, Berlin" 2016). Sie wurde von der Agentur „Heimat Berlin" produziert und sollte „eine haptische Erlebnisreise" vermitteln: „Material trifft auf Haut. Leben auf Lebewesen [...], emotional, unverfälscht und ein bisschen schmerzhaft. Um die Menschen zu erinnern: Du lebst." („Heimat, Berlin" 2016)

Der vorliegende Beitrag bezieht sich ausschließlich auf die Fotos bzw. Plakate der beiden Kampagnen, nicht jedoch auf die Videos oder Texte. Ein besonderes gemeinsames Merkmal der Fotos der beiden Kampagnen besteht darin, dass in ihnen durchgehend Wahrnehmungen des Tast- und Hautsinns, des Stellungs-, Bewegungs- und Kraftsinns sowie des Wärme- und Kältesinns zur Darstellung gebracht worden sind. Alle diese Sinne gehören zur Modalität des so genannten somatosensorischen Wahrnehmens, das zusätzlich noch die Wahrnehmung von Schmerz und von mechanischen und chemischen Signalen aus dem Körperinneren vermittelt. Es soll hier nachgezeichnet werden, auf welche besondere Weise mit der Herstellung der Coca-Cola- und

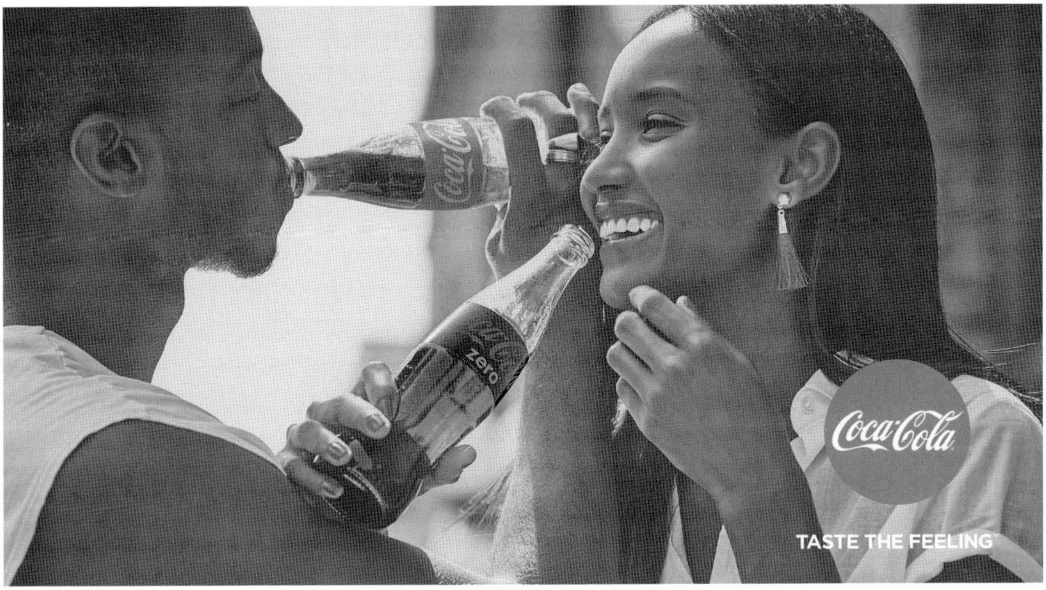

"Taste the feeling out of home" - Coca Cola

Hornbach-Fotos ein neuer beschritten worden ist. Es wird gefragt, ob und wie der Anblick fotografischer Abbildungen, in denen die Information nur in visuellen Reizen vorliegt, überhaupt multisensorische Verarbeitungsprozesse auslösen kann. Und es wird von verschiedenen Ereignissen berichtet, die auf einen grundlegenden Umbruch im Markt der fotografischen Bilder (Paries 2015) schließen lassen.

Letztlich geht es um grundlegende Möglichkeiten, durch die Herstellung und Verwendung von Bildern spezifische Aufgaben zu lösen, das heißt um einen Inhalt, der sich auf verschiedene medienpädagogische Handlungsfelder beziehen lässt.

"Taste the Feeling"

Die Fotos der Coca-Cola-Kampagne stammen von den Modefotografen Guy Aroch und Nacho Ricci und zeigen "authentic, unscripted moments in a contemporary way." (Moye 2016)

Die Coca-Cola-Company zeigte auf ihrer Website 17 Beispiele der über 100 Farbfotos, die für die Kampagne ausgewählt wurden (http://www.coca-colacompany.com/immersive-galleries/_taste-the-feeling-out-of-home-ads/). Auf allen diesen Fotos sind Menschen abgebildet, auf vielen Fotos nur eine Person, auf manchen zwei, selten mehr. Die Bildausschnitte sind eng gesetzt, so dass von der zentralen Person nur

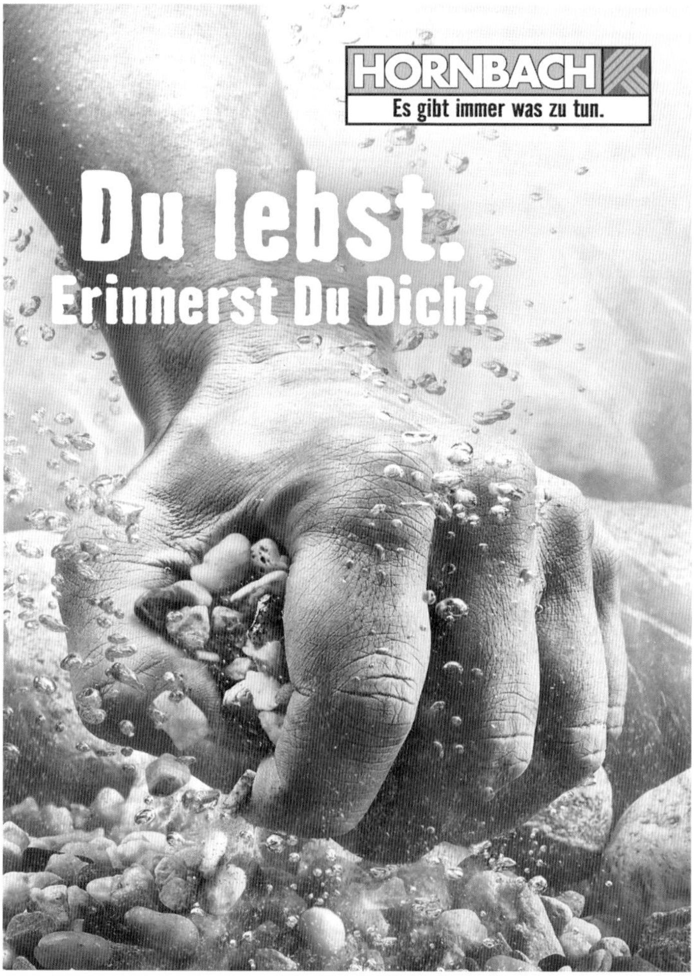

Ein Motiv der Frühling-2016-Kampagne von Hornbach. Agentur: „Heimat Berlin".

Kopf und Schultern zu sehen sind, manchmal etwas mehr. Alle auf den Fotos abgebildeten Menschen tun etwas, bei dem immer, an zentraler Stelle, eine Coca-Cola-Glasflasche vorkommt. Die charakteristische nasskalte Flasche wird ergriffen, gehalten, getragen, an den Mund geführt und zwischen den Lippen gehalten; ein Strohhalm wird im Mund gehalten; es wird gesaugt und geschluckt, es wird der Flascheninhalt verspritzt, und es werden Körperpositionen eingenommen, die Aktivitäten des Stellungs-, Bewegungs- und Kraftsinns sowie des Gleichgewichtssinns implizieren.

Die abgebildeten Situationen legen den Schluss nahe, dass es sich um Freizeitszenen handelt. Fast alle Fotos lassen aufgrund der Bildinhalte – Bikinis, Trägerleibchen, T-Shirts, generell leichte Kleidung und viel unbedeckte Haut – auf eine warme bis heiße Lufttemperatur schließen. Auch die Farbfotos, die bei der Hornbach-Kampagne verwendet werden, arbeiten mit engen Bildausschnitten. Auch hier befinden sich an zentraler Stelle Hände, die etwas tun (http://hornbach-holding.de/de/media/mediacenter/mediacenter.html). Das Greifen, Anpacken und Spüren wird bei den Hornbach-Fotos von Männerhänden dargestellt. Und die Fotos sind rauer und „schmutziger" als die Fotos der Coca-Cola-Kampagne. Die Fotos der Coca-Cola-Kampagne zielen darauf ab, "to reflect both the functional and emotional aspects of the Coca-Cola experience". (Moye 2016) Mit den „funktionellen Aspekten" ist vermutlich die sensorische und motorische Seite der Erfahrung bezeichnet, eine kalte, feuchte Glasflasche in die Hand zu nehmen oder zu halten, an den Lippen zu spüren und aus ihr eine kalte, süße, kohlensäurehältige Limonade mit spezifischem Geschmack zu trinken, um den Durst zu löschen.

Die „emotionalen Aspekte" des Erlebnisses, ein Coca-Cola zu trinken, hängen mit dem Umstand zusammen, dass Menschen den eigenen Besitz und die eigene Verwendung von Coca-Cola mit bestimmten Werten verbinden. In der neurowissenschaftlich ausgerichteten Forschung wird eine enge Verbindung zwischen Emotionen und Werten angenommen. (Damasio 2010: 46 ff, 71f; Panksepp 1998/2005: 5, 14) Werte liegen den Emotionen zugrunde, sie entsprechen einer Wichtigkeit für das Leben, das Überleben und die Qualität des Lebens, und werden als Gefühle wahrgenommen. „Werte" ("values") werden bei der Vorstellung der Kampagne auch explizit angesprochen. Sie beziehen sich darauf, dass ein Mensch, wenn er Coca-Cola trinkt, das Vergnügen am vertrauten Geschmack spürt und fühlt, wie er auf einfache Art und Weise das Alltägliche, das er gerade tut, zu etwas Besonderem macht. (Moye 2016)

Das Bestreben, durch Bilder emotionale Botschaften zu vermitteln, ist seit langer Zeit selbstverständliches Ziel von Werbung (Felser 2015: 89 ff; Illouz 2006: 22 ff, 30ff; Kroeber-Riel 1996: 12, 155 ff). Das Besondere an den „Taste the Feeling"-Fotos – wie auch an den Hornbach-Fotos – liegt in einem neueren Ziel, nämlich durch Fotos multisensorische – und besonders somatosensorische – Wahrnehmungsprozesse auszulösen, "to bring the brand closer to the people". (Moye 2016)

Die Coca-Cola- und die Hornbach-Fotos weisen charakteristische Merkmale des Experiential Marketing und des Sensory Branding auf, das heißt Merkmale einer neuen Ausrichtung des Marketing, die in den späten 1990er Jahren eingeführt wurde. Experiential Marketing, Erlebnis-Marketing, verfolge, so seine Verfechter, einen ganz anderen

Zugang als das "traditional marketing". (Schmitt 1999: 12) Das traditionelle Marketing richte den Fokus auf die Kommunikation von Informationen über die besonderen Eigenschaften und den besonderen Nutzen der Angebote (Pine und Gilmore 1998, Schmitt 1999), und zwar auf der Grundlage der Annahme, dass Menschen letztlich rationale Akteurinnen und Akteure sind, die ihr Konsumverhalten auf der Grundlage der kommunizierten Informationen ausrichten. (Schmitt 1999: 13)

Im Gegensatz dazu ziele Experiential Marketing darauf ab, durch das Design und die Kommunikation von Produkten intensive Reize unterschiedlicher Modalitäten zu vermitteln, Reize, die sich an der Haut und im Körper fühlen, die sich hören, riechen und schmecken lassen. (Lindstrom 2005: 7; Pine und Gilmore 1998: 97; Schmitt 1999: 12) Die Verarbeitung dieser Reize, so die Annahme, werde von den Menschen mit bestimmten Bedürfnissen verbunden, mit Wünschen und Emotionen, die die Menschen in der Folge mit der Marke verbinden, was sie letztlich an die Marke binde. (Lindstrom 2005: 5, 104 f, 107 f)

Zwei Arten von Fotos

Fotos sind statische, stumme Bilder. Kann der Anblick eines Fotos überhaupt multisensorische Erlebnisse vermitteln? Tatsächlich gibt es in den Neurowissenschaften keinen Konsens darin, wie die Information, die in einem Foto abgebildet ist, von Menschen wahrgenommen und verarbeitet wird – denn es gibt generell keinen Konsens darin, welche Produkte durch visuelles Wahrnehmen, Erinnern und Vorstellen im Hirn überhaupt erzeugt werden. (Barsalou 2008, Kosslyn 1994, Pylyshyn 1973, Pylyshyn 2002, Wilson 2002)

Im Wesentlichen stehen sich zwei Auffassungen gegenüber. Nach der einen wird der visuelle Input, der von einem wirklichen oder abgebildeten Objekt kommt, auf höheren Ebenen des visuellen Systems in abstrakte Symbole transformiert, die ähnlich verarbeitet werden wie sprachliche Begriffe, so dass ein Foto eine Art „Beschreibung" darstellt. (Pylyshyn 1973: 1; Fodor 1975: 174–194) Ein Mensch sieht zum Beispiel die Abbildung eines mit Bier gefüllten Glases, auf dem sich Wassertropfen befinden, erkennt die Bedeutung des Reizes und assoziiert sie mit Erfahrungen, tut also etwas, das dem Lesen der Worte „ein Glas kaltes Bier" ähnlich ist.

Der anderen Auffassung nach wird der Anblick eines wirklichen oder abgebildeten Objekts auch auf höheren Ebenen des visuellen Systems perzeptuell verarbeitet, und zwar, potenziell, als multimodal – sensorisch, motorisch und emotional – wahrgenommenes Bild.

(Barsalou 2008, Kosslyn 1994, Wilson 2002) Zahlreiche experimentelle Forschungsbefunde legen die Annahme nahe, dass fotografische Abbildungen, je nach ihren spezifischen Eigenschaften, beide Arten des visuellen Wahrnehmens vermitteln können. (Chao und Martin 2000, Koch 2004, Kourtzi und Kanwisher 2000, Proverbio et al. 2009)

Durch unterschiedliche Arten des Fotografierens können demnach zwei Arten von Fotos mit jeweils spezifischen Wirkungen geschaffen werden: zum einen Fotos, die sinnliches Erleben vermitteln; zum anderen Fotos fürs Erkennen, die bestimmte Prozesse des Identifizierens und Verstehens von Bedeutung vermitteln.

Der Umstand, dass Fotos ein multisensorisches und motorisches Erleben vermitteln können, hängt mit einer Eigenschaft des Hirns zusammen, dass es in ihm nämlich eine reiche Verbindung des visuellen Systems mit Strukturen gibt, die Gedächtnisinhalte, motorische Funktionen, Emotionen und Gefühle verarbeiten. (Damasio 2010, Koch 2004, Panksepp 1998/2005, Rizzolatti und Sinigaglia 2006)

Das visuelle System hat für die schnelle, nicht-bewusste Identifizierung der Bedeutungen eines Reizes vermutlich bereits auf frühen Ebenen Zugriff auf Strukturen, in denen multisensorische, motorische und emotionale Erfahrungen repräsentiert sind. (Bullier 2001, Rizzolatti und Sinigaglia 2006, Vuilleumier 2005) Die visuelle Verarbeitung eines Reizes der Außenwelt kann zur Aktivierung von solchen repräsentierten Erfahrungen führen, das heißt tatsächlich zu Aktivierungen, die bestimmten wirklichen Handlungen und Zuständen entsprechen, die aber effektiv zu diesem Zeitpunkt nicht ausgeführt werden. (Barsalou 2008, Damasio 2010, Rizzolatti und Sinigaglia 2006) Das menschliche Hirn besitzt also die Fähigkeit, mentale Simulationen (Barsalou 2008, Damasio 2010, Decety 1996, Jeannerod 2001, Rizzolatti und Sinigaglia 2006) zu erzeugen.

Sieht also ein Mensch auf einem Plakat eines der ”Taste the Feeling“-Fotos, kann es im Zuge der Verarbeitung des abgebildeten Inhalts im Hirn zur Entstehung mentaler Simulationen kommen: Der Mensch nimmt in seiner Vorstellung wahr (Decety 1996: 87; Jeannerod 2001: S103), wie er eine nasse, kalte Glasflasche ergreift, hält, an den Mund führt und aus ihr eine süße, prickelnde Flüssigkeit trinkt, er spürt die Berührung eines anderen Menschen an seiner Haut oder die Wärme der Sonne usw. – obwohl er in Wirklichkeit gerade allein in seinem Auto sitzt, seine Hände am Lenkrad hat und darauf wartet, dass die Ampel auf Grün schaltet.

Fotos fürs Erkennen werden im Hirn auf grundlegend andere Art verarbeitet. Das Objekt, das auf ihnen abgebildet ist – z. B. Putin, der

Eiffelturm, ein Sonnenuntergang über dem Meer – repräsentiert den betreffenden Inhalt auf ähnliche Weise wie ein geschriebenes Wort. Das Foto eines bekannten Objekts kann aufgrund von dessen sichtbar abgebildeten invarianten Charakteristika (Milner und Goodale 2006: 41f; Zeki 1999: 5) von einem Menschen, der es sieht, einfach und schnell wie ein Wort rezipiert werden, das dieses Objekt bezeichnet. (Pulvermüller 1996: 17, 80; Vandenberghe et al. 1996: 254)

Ein Foto kann auf diese Weise auch komplexere Bedeutungen mitteilen, wenn in ihm mehrere bedeutungsvolle Inhalte abgebildet sind. Wo es bei der Sprache Wörter sind, die sequenziell verarbeitet werden, werden die in dem Foto vorkommenden bedeutungsvollen Objekte wie beim Lesen eines Satzes eines nach dem anderen abgearbeitet. (Barsalou 1999: 579) Natürlich sind Fotos fürs Erkennen als visuell wahrnehmbare Objekte doch auch „Versinnlichungen von Ideen." (Frank 1989: 100) Insgesamt aber löst ihr Anblick vor allem eine Verarbeitung von konzeptuellen Bedeutungen aus: ein Denken und Vorstellen, bei dem sich visuelle und sprachliche Prozesse stark überschneiden.

Naturgemäß entspricht die Zweiteilung von Fotos in Fotos fürs Erkennen und Fotos, die sinnliches Erleben vermitteln, einem theoretischen Modell. Tatsächlich kommen, wenn ein Mensch ein Foto sieht, aufgrund seiner kulturellen Prädisposition immer beide Arten der visuellen Verarbeitung zur Anwendung. Aus diesem Grund entspricht das vorgeschlagene theoretische Modell einer Skala. An dem einen Ende dieser Skala stehen Fotos, die ausschließlich unmittelbar sinnlich verarbeitet werden. An dem anderen Ende der Skala stehen Fotos, die ausschließlich amodal und sprach-ähnlich verarbeitet werden. Die unterschiedlichen Positionen auf der Skala geben dann Auskunft über die jeweilige Stärke der beiden Wirkweisen, die das Foto hervorrufen kann.

Sowohl die Coca-Cola-Fotos als auch die Hornbach-Fotos entsprechen auf dieser Skala Positionen, die näher beim unmittelbar sinnlichen Ende liegen als am sprach-ähnlichen Ende, wenn auch noch keineswegs nahe an diesem Ende der Skala.

Werte, die Fotos haben können

Fotos mit den Eigenschaften der Coca-Cola- und Hornbach-Fotos sind in der Werbefotografie selten. Generell wird sensorisches Branding noch selten praktiziert (Lindstrom 2005: 211) – was erstaunlich ist. Immerhin hat intensives subjektives Erleben als besonderer Wert in der Neuzeit schon mit der frühen Romantik einen fulminanten Aufstieg begonnen und mit der breiten Akzeptanz von Sigmund Freuds Theorie im 20. Jh. allgemeine Bedeutung gewonnen. (Berlin 1999, Frank 1989, Illouz 2006, Jütte 2000) Das Wahrnehmen mit allen Sinnen ist im letzten halben Jahrhundert überaus populär geworden und wird mit intensivem, authentischem Leben, Genuss und Gesundheit verbunden. (Jütte 2000: 9–16) Warum tauchen in der angewandten Fotografie dennoch nur selten Fotos auf, die auf eine Art und Weise gemacht sind, dass sie intensives multisensorisches Erleben vermitteln können?

Ein nahe liegender Grund besteht darin, dass solche Fotos äußerst schwierig herzustellen sind. Es ist sehr einfach, mithilfe der traditionellen, sprachbasierten Methode ein Foto für, zum Beispiel, ein Plakat für ein Versicherungsunternehmen zu machen. Zu einem Foto eines alten Menschen, der gesund, wohlhabend und zufrieden erscheint, wird der Name des Unternehmens und die Worte Sicherheit, Vertrauen usw. hinzugefügt. Wie aber könnte ein Produkt eines Versicherungsunternehmens in die Abbildung einer Handlung oder Interaktion übersetzt werden, die ein intensives multisensorisches Erleben genau dieses Produktes vermitteln könnte und zugleich eng mit den Werten verbunden wäre, die das Unternehmen repräsentieren will?

Ein weiterer Grund dafür, dass Fotos, die intensives multisensorischen Erleben vermitteln, selten produziert werden, besteht vermutlich in dem erstaunlich allgemeinen Konsens, der in Bezug auf den kulturellen Wert von Fotos herrscht: Die Größe des künstlerischen und kulturellen Wertes eines Fotos ist direkt proportional zu dem Grad, in dem das Foto als Ergebnis eines Erkenntnisprozesses gedeutet werden kann, und zur Größe seines Vermögens, etwas erkennen und verstehen zu lassen.

Dieser Konsens wird in der Auswahl der Fotos sichtbar, die in auflagenstarken, international publizierten Überblicksbänden zur zeitgenössischen künstlerischen Fotografie präsentiert werden. (Bajac et al. 2015, Campany 2005, Cotton 2014, Demos 2006, Grosenick und Seelig 2007, Jaeger 2007) Und dieser Konsens erweist sich entsprechend auch in den Rankings diverser global agierenden Agenturen, die den Erfolg von Künstlerinnen und Künstlern bewerten. (Artprice.com 2014, Artfacts.net 2014)

Artprice.com etwa wertet die Auktionsergebnisse von fünfhunderttausend Künstlerinnenn und Künstlern aus der ganzen Welt aus (Artprice.com 2014). Unter den Top-Dreihundert finden sich folgende Künstlerinnen und Künstler, die vorwiegend mit Fotografie arbeiten: Cindy Sherman (Rang 24), Andreas Gursky (39), Hiroshi Sugimoto

(86), Thomas Struth (88), Sherrie Levine (165), Thomas Ruff (199) und Jeff Wall (296). Sie alle vertreten einen konzeptuellen Zugang zur Fotografie. Der Konsens in Bezug auf den Wert von Fotos erstreckt sich weit über den Bereich der Kunst hinaus. So sagt die traditionsreiche Organisation "World Press Photo" im Jahr 2015 auf ihrer Website von sich selbst: "We exist to inspire understanding of the world through quality photojournalism". (http://www.worldpressphoto.org/) Besonders hoch angesehen ist in der zeitgenössischen Fotografie das Bestreben, das politische Wesen sozialer Gruppierungen aufzuzeigen. (Campany 2005: 110, 134, 150, 168, 190; Costello und Iversen 2010: 1ff) Die Erkenntnis, die zur Herstellung eines Fotos führt bzw. durch ein Foto vermittelt wird, muss nicht notwendig durch Nachdenken und rationales Schlussfolgern erlangt worden sein.

Sie kann auch durch die Sinne oder durch Intuition gewonnen worden sein. Immer aber bezieht sie sich auf das Wissen um die spezifischen Merkmale, die das Wesen des Gegenstands ausmachen. Die kulturell wertgeschätzten Fotos machen hinter oder über den wandelbaren Erscheinungen der Welt das wahre Wesen von etwas oder jemand sichtbar.

Dieser breite kulturelle Konsens trägt vermutlich entscheidend zu dem Umstand bei, dass die Werbefotografie auch da, wo sie „sinnliche" Bilder schafft, fast immer mit sprachnahen Fotos fürs Erkennen arbeitet. Sie bietet fotografische Abbildungen von Objekten dar, die voraussichtlich mit sinnlicher Bedeutung verbunden werden: das erotische Modell, Geschlechtsmerkmale, das lachende Kind, das Auto auf verwischtem Grund und so fort. Das Besondere an den Coca-Cola- und Hornbach-Fotos besteht darin, dass sie die sinnliche Wirkung eben nicht über ein solches Kommunizieren von konzeptuellen Bedeutungen erzielen, sondern dadurch, dass sie Handlungen und die Arbeit der Körpersinne zur Darstellung bringen. Die Fotos beider Kampagnen bezahlen die unmittelbare multisensorische Wirkung mit einem Verzicht: Sie vermitteln ein direktes, pragmatisches, körperliches Begreifen (Gibson 1979/2015, Rizzolatti und Sinigaglia 2006) und verzichten dafür auf die Vermittlung von Bedeutung.

Dieser Verzicht verlangte von der Coca-Cola-Company einen höheren Preis als von der Hornbach-Gruppe. Die Marke Coca-Cola konnte in früheren Kampagnen durch die konzeptuelle Werbefotografie beliebig mit symbolischer Bedeutung aufgeladen werden. Der Kommentar der Coca-Cola-Company zur Vorstellung der neuen Kampagne lässt aber darauf schließen, dass eben dieser Zugang gescheitert war – und dass es gerade dieses Scheitern war, das Coca-Cola den

Verzicht auf Bedeutung in der neuen Kampagne erlaubt hat. Marcos de Quinto, Hauptverantwortlicher für das Marketing der Coca-Cola Company (Moye 2016), sagte anlässlich der Präsentation der Kampagne bei einem Media Event in Paris: "We've found over time that the more we position Coca-Cola as an icon, the smaller we become [...] The bigness of Coca-Cola resides in the fact that it's a simple pleasure – so the humbler we are, the bigger we are." (Moye 2016) Die Kampagne solle die Menschen wieder daran erinnern, warum sie Coca-Cola mögen, und das hänge eben einfach mit dem Erlebnis zusammen, ein Coca-Cola zu trinken.

Schluss

Im vorliegenden Text wurden grundlegende Arten und Wirkungen von Fotos diskutiert, um die besonderen Werte von zwei aktuellen Werbekampagnen verstehen und erklären zu können.

Fotos, die ein intensives multimodales Erleben vermitteln können, haben für die Werbung einen hohen Wert. Fotos, die mentale Simulationen vom Trinken bei Durst, vom Essen bei Hunger oder von angenehmen sozialen Interaktionen, Berührung, Nähe, Bindung und Sicherheit, vermitteln, können auf schnellem Weg motivationale Systeme (Bradley und Lang 2007, Shizgal und Hyman 2013) aktivieren, die sich auf Lebensqualität und Wohlbefinden beziehen.

Führt der Anblick eines bestimmten Fotos, mit dem für ein Produkt geworben wird, wiederholt dazu, dass angenehme mentale Simulationen gebildet werden, kann es zu nachhaltigem assoziativem Lernen (Schacter und Wagner 2013: 145ff) kommen, im Zuge dessen ein Mensch lernt, auf den Anblick des (abgebildeten) Produkts mit der Antizipation eines angenehmen Erlebnisses zu reagieren. (Shizgal und Hyman 2013: 110) Das kann dazu führen, dass Menschen bestimmte Handlungen ausführen bzw. unterlassen, beispielsweise ein Coca-Cola trinken und nicht Wasser, oder einen Hammer bei Hornbach kaufen.

Die von Coca-Cola veröffentlichte Information zur "Taste the Feeling"-Kampagne stellt ein aufschlussreiches Selbstzeugnis des Unternehmens dar – und einen Glücksfall für die Medienbildung. Dieses Selbstzeugnis berichtet von den Zielen, die durch den Einsatz fotografischer Medienprodukte erreicht werden sollen. Es erzählt auch von den Konflikten, die das Erreichen dieser Ziele behindern.

Der vorliegende Beitrag unternimmt eine Bearbeitung eines Mediengegenstands, die wesentlich auf neurowissenschaftlichen und -psychologischen Befunden aufbaut. Die Neurowissenschaft hat in den vergangenen dreißig Jahren ein faszinierendes Wissen geschaffen, das es lohnt, für die Produktion, die Verwendung, die Analyse und die Lehre von Medieninhalten zu nutzen.

Bibliografie:

Artfacts.net (2014). Top 100 Künstler Ranking. http://www.artfacts.net/index.php?pageType=ranking&paragraph=4&living=1&lang=2, Abruf am 11.5.2014.

Artprice.com (2014). Der Markt für zeitgenössische Kunst 2014: Der Artprice Jahresbericht. 24.10.2014. Quelle: http://imgpublic.artprice.com/pdf/artprice-contemporary-2013-2014-en.pdf, Abruf am 4.12.2014.

BAJAC, Quentin; GALLUN, Lucy; MARCOCI, Roxana; HERMANSON MEISTER, Sarah (Hg.) (2015). Photography at MoMA: 1960 to Now. New York, NY, USA: The Museum of Modern Art.

BARSALOU, Lawrence W. (1999). Perceptual symbol systems. Behavioral and Brain Sciences, 22: 577–609. doi: 10.1017/S0140525X99532147.

BARSALOU, Lawrence W. (2008). Grounded cognition. Annual Review of Psychology, 59: 617–645. doi: 10.1146/annurev.psych.59.103006.093639.

BERLIN, Isaiah (1999). The Roots of Romanticism. Edited by Henry Hardy. Princeton, NJ, USA, u.a.: Princeton University Press.

BRADLEY, Margaret M.; LANG, Peter J. (2007). The International Affective Picture System (IAPS) in the Study of Emotion and Attention. In: Coan, James A.; Allen, John (Hg.) (2007). Handbook of Emotion Elicitation and Assessment. New York, NY, USA: Oxford University Press, S. 29–46.

BULLIER, Jean (2001). Integrated model of visual processing. Brain Research Reviews, 36 (2): 96–107. doi:10.1016/S0165-0173(01)00085-6.

CAMPANY, David (2005). Kunst und Fotografie. Übers. von M. Wiesel und A. Schmidt. Berlin: Phaidon.

CHAO, Linda L.; MARTIN, Alex (2000). Representation of manipulable man-made objects in the dorsal stream. NeuroImage, 12 (4): 478–484. doi:10.1006/nimg.2000.0635.

COSTELLO, Diarmuid; IVERSEN, Margaret (Hg.) (2010). Photography after conceptual art. Chichester, UK: Wiley-Blackwell.

COTTON, Charlotte (2014). The Phtotograph as Contemporary Art. Third Edition. London, UK: Thames and Hudson Ltd.

DAMASIO, Antonio R. (2010). Self Comes to Mind. Constructing the Conscious Brain. London, U.K.: William Heinemann.

DECETY, Jean (1996). Do imagined and executed actions share the same neural substrate?. Cognitive Brain Research, 3 (2): 87–93. doi:10.1016/0926-6410(95)00033-X.

DEMOS, TJ (Hg.) (2006). Vitamin Ph, New Perspectives in Photography. London: Phaidon.

FELSER, Georg (2015). Werbe- und Konsumentenpsychologie. 4. Auflage. Berlin u. a.: Springer.

FODOR, Jerry (1975). The language of thought. Cambridge, MA: Harvard University Press.

FRANK, Manfred (1989). Einführung in die frühromantische Ästhetik. Vorlesungen. Frankfurt/Main: Suhrkamp.

GIBSON, James J. (2015). The Ecological Approach to Visual Perception. Classic Edition. New York, NY, USA u. a.: Psychology Press (Originalausgabe Boston: Houghton Mifflin 1979).

GROSENICK, Uta; SEELIG, Thomas (Hg.) (2007). Photo Art, Fotografie im 21. Jahrhundert. Köln: DuMont.

„Heimat, Berlin" (2016). „Du lebst. Erinnerst Du Dich?" Hornbach, Frühling-2016-Kampagne. http://www.heimat-berlin.com/arbeiten/kunden/Hornbach, Abruf am 27.4.2016.

Hornbach, Media-Department (2016). http://hornbach-holding.de/de/media/media_department.html, Abruf am 27.4.2016.

ILLOUZ, Eva (2006). Gefühle in Zeiten des Kapitalismus. Übers. von Martin Hartmann. Frankfurt/Main: Suhrkamp.

JAEGER, Anne-Celine (2007). Image Makers, Image Takers, The Essential Guide to Photography by Those in the Know. London: Thames & Hudson.

JEANNEROD, Marc (2001). Neural simulation of action: a unifying mechanism for motor cognition. NeuroImage, 14 (1): S103–S109. doi:10.1006/nimg.2001.0832.

JÜTTE, Robert (2000). Geschichte der Sinne: von der Antike bis zum Cyberspace. München: Beck.

KANDEL, Eric R.; SCHWARTZ, James H.; JESSELL, Thomas M.; SIEGELBAUM, Steven A.; HUDSPETH, A. J. (Hg.) (2013). Principles of Neural Science, Fifth Edition. New York, USA, u.a.: McGraw-Hill Education.

KOCH, Christof (2004). The Quest for Consciousness, A Neurobiological Approach. Englewood, CO, USA: Roberts & Company.

KOSSLYN, Stephen M. (1994). Image and Brain: The Resolution of the Imagery Debate. Cambridge, MA, USA: MIT Press.

KOURTZI, Zoe; KANWISHER, Nancy (2000). Activation in human MT/MST by static images with implied motion. Journal of Cognitive Neuroscience, 12 (1): 48–55. doi:10.1162/08989290051137594.

KROEBER-RIEL, Werner (1996). Bildkommunikation, Imagerystrategien für die Werbung. München: Franz Vahlen.

LINDSTROM, Martin (2005). Brand Sense: How to Build Powerful Brands Through Touch, Taste, Smell, Sight and Sound. London, UK: Kogan Page Ltd.

MILNER, A. David; GOODALE, Melvyn A. (2006). The Visual Brain in Action. Second Edition. New York, NY, USA: Oxford University Press (reprinted 2010).

MOYE, Jay (2016). 'One Brand' Strategy, New Global Campaign Unite Coca-Cola Trademark. 19.1.2016. http://www.coca-colacompany.com/tastethefeeling/, Abruf am 27.4.2016.

PANKSEPP, Jaak (2005). Affective Neuroscience: The Foundations of Human and Animal Emotions. N.Y., USA: Oxford University Press (Erstveröfentlichung 1998).

PARIES, Sabina (2015). Die Fotoflutverwalter. Photonews, 2/15, 27. Jg.: 24–25.

PROVERBIO, Alice M.; RIVA, Federica; ZANI, Alberto (2009). Observation of Static Pictures of Dynamic Actions Enhances the Activity of Movement-Related Brain Areas. PLoS One, 4 (5): e5389. doi: 10.1371/journal.pone.0005389.

PULVERMÜLLER, Friedemann (1996). Neurobiologie der Sprache: Gehirntheoretische Überlegungen und empirische Befunde zur Sprachverarbeitung. Habilitationsschrift, Univ. Tübingen, 1994. Lengerich u. a.: Pabst.

PYLYSHYN, Zenon W. (1973) What the Mind's Eye Tells the Mind's Brain: A Critique of Mental Imagery. Psychological Bulletin, Bd. 80, Nr. 1, S. 1–24.

PYLYSHYN, Zenon W. (2002). Mental Imagery: In Search of a Theory. Behavioral and Brain Sciences, Bd. 25, Nr. 2, S. 157–182. doi: 10.1017/S0140525X02000043.

RIZZOLATTI, Giacomo; SINIGAGLIA, Corrado (2006). So quel che fai, Il cervello che agisce e i neuroni specchio. Milano: Raffaelo Cortina Editore.

SCHACTER, Daniel L.; WAGNER, Anthony D. (2013). Learning and Memory; in: Kandel et al. 2013; S. 1441–1460.

SCHMITT, Bernd H. (1999). Experiential Marketing: How to Get Customers to Sense, Feel, Think, Act and Relate to Your Company and Brands. New York, NY, USA: The Free Press.

SHIZGAL, Peter B.; HYMAN, Steven E. (2013). Homeostasis, Motivation, and Addictive States; in: Kandel et al. 2013, S. 1095–1115.

VANDENBERGHE, Rik; PRICE, C.; WISE R.; JOSEPHS, O.; FRACKOWIAK, R. S. (1996). Functional anatomy of a common semantic system for words and pictures. Nature, 383 (6597): 254–256. doi: 10.1038/383254a0.

VUILLEUMIER, Patrik (2005). How brains beware: neural mechanisms of emotional attention. Trends in Cognitive Sciences, 9 (12): 585–594. doi:10.1016/j.tics.2005.10.011.

WILSON, Margaret (2002). Six views of embodied cognition. Psychonomic Bulletin & Review, 9 (4): 625–636. doi: 10.3758/BF03196322.

ZEKI, Semir (1999). Inner Vision, An Exploration of Art and the Brain. Oxford, UK u. a.: Oxford University Press.

5 Branded Selves. Inszenierung von Reichtum und Prestige auf Instagram

RAMÓN REICHERT

I share, therefore I am.
Sherry Turkle, The Documented Life, 2013

Einleitung

Die Ökonomisierung des Social Networking und die Kommerzialisierung des Teilens in der Share Economy haben den Stellenwert und den Umgang mit Bildern im Netz weitreichend verändert. Die Einsicht, dass auf den Aufmerksamkeitsmärkten der Online-Kommunikation audiovisuellen Inhalten eine wachsende kommunikative und ökonomische Bedeutung zukommt, wurde bereits in der Ära des Web 1.0 formuliert. (Goldhaber 1997) Der Aufstieg der Sozialen Medien Facebook (2004), YouTube (2005), Twitter (2006) und Instagram (2010) wurde begleitet von Visionen einer partizipatorischen, herrschaftsfreien Vernetzung. Heute befinden wir uns in einer postpartizipatorischen Umbruchphase und können die Ausbildung von Professionalisierungstendenzen und Klassenstrukturen auf Community-Portalen beobachten. Eine neue Repräsentationskultur des sozialen Aufstiegs und der Macht des Geldes ist entstanden, die sich von den Visionen eines alternativen Wirtschaftssystems des kostenfreien Gemeinguts und der ehrenamtlichen Zusammenarbeit distanziert. Vor diesem Hintergrund bildet der Ausgangspunkt meiner Überlegungen die Annahme, dass Bilder bei der medialen Vermittlung von sozialem Status einen großen Stellenwert einnehmen. Auch in der vernetzten Gesellschaft der Gegenwart bestimmen materielle Werte den sozialen Status, erfahren mediale Inszenierungen von monetärem Reichtum und sozialem Prestige eine hohe Aufmerksamkeit. Welche Kommunikationsfunktionen übernehmen Bilder in Online-Communities, wenn sie als Mittel für die Repräsentation von Sozialprestige eingesetzt werden?

Der Online-Dienst Instagram, der Elemente des Mikrobloggings und der Fotoplattform verbindet, ist gegenwärtig eine der beliebtesten Portale für die digitale Bildkommunikation. (Hjorth 2007: 227-238; Mette Sandbye/Jonas Larsen 2013) Pro Minute werden annäherungsweise 60.000 Fotos und Videos hochgeladen, die mit Filtern, Hashtags und einem kurzen Beschreibungstext versehen werden können. (vgl. Live-Zähler der aktuell hochgeladenen Fotos: http://www.internetlivestats.com/one-second/#instagram-band, zuletzt aufgerufen am 8.8.2016)

Mit seiner leichten Bedienbarkeit und der Reduktion auf die Postingformate Foto und Video hat Instagram im Juni 2016 mehr als 500 Millionen Follower auf seiner Plattform versammelt. (vgl. Instagram, Press News, http://blog.instagram.com/post/146255204757/160621-news, zuletzt aufgerufen am 8.8.2016) Diese prägende Wirkung von Medien auf Inhalte wird von Lorenz Engell mit dem Begriff des medialen Dispositivs umschrieben. Mit dem Begriff des Dispositivs umschreibt er die „Strukturen möglicher Handlungen und Verhaltensweisen, die ein Medium nahelegt oder gar erzwingt." (Engell: 2000: 282)

Im Unterschied zu zahlreichen Webstudien, die ihre Aufmerksamkeit auf die Demokratisierung der Schnappschussästhetik auf Online-Plattformen richten, beschäftigt sich dieser Aufsatz mit der Bildinszenierung von sozialem Status und kulturellem Prestige. In Bezugnahme auf ein konkretes Gegenstandsfeld wird Instagram als mediales Dispositiv von Lebensstilen und Identitätsskripten untersucht. Es wird gefragt, auf welche Weise jugendliche Selbstdarstellungen auf der Foto-Sharing-App Instagram sich mehr oder weniger bewusst von Angehörigen anderer Gruppierungen und ihren Umgangsformen und Geschmacksvorlieben abgrenzen.

Bevor wir uns konkret mit einzelnen Fallbeispielen auseinandersetzen, scheint es sinnvoll, (1) den Stellenwert des Bildes und des Hashtagging in der Online-Kommunikation herauszuarbeiten, (2) die visuelle Inszenierung von Status und Prestige methodologisch zu verorten, (3) um in einem weiteren Schritt Prozesse der sozialen Differenzierung auf Instagram aufzuzeigen. In diesem Zusammenhang wird zunächst eine Theorieperspektive erarbeitet, die es ermöglichen soll, die prägende Wirkung von Instagram auf soziale Inhalte zu beschreiben, welche die Konstruktion und Distribution von Inhalten zur Alltagsorganisation, zu individuellen Handlungsspielräumen und Lebensentwürfen ermöglicht. Diese prägende Wirkung von Medien auf Inhalte wird von Engell mit dem Begriff des medialen Dispositivs umschrieben. Mit dem Begriff des Dispositivs umschreibt er die „Strukturen möglicher Handlungen und Verhaltensweisen, die ein Medium nahelegt oder gar erzwingt." (Engell 2000: 282) In einem weiteren Schritt kann die Foto-Sharing-App Instagram als technisch-mediales Management-Tool zur Herstellung von sozialer Vertikalität und Asymmetrie problematisiert werden.

Bildmedien und Hashtagging als kommunikative Handlungen

Die breite Popularität und die hohe Verbreitungsdichte der mobilen Aufnahme- und Verbreitungsmedien von Smartphone und Sozialen Medien sind maßgeblich dafür verantwortlich, dass sich die medialen Formen und Strategien der audiovisuellen Dokumentation eng mit Praktiken der Alltagskultur verzahnen konnten. Die Mediengeschichte der zeitbasierten Bildmedien – von der Erfindung der Camera Obscura bis zur massenhaften Verbreitung der Action Cam – zeigt, dass das Leben, der Alltag und das Selbst immer wieder aufs Neue von Medien erfasst, geformt und verändert wird. (Doy 2004)

Medien erschöpfen sich nicht nur in ihrem Gebrauch, sondern werden Teil der eigenen Lebensführung, verändern Identitätsentwürfe und soziale Beziehungen, durchdringen weite Bereiche des privaten Alltags. Sie durchdringen die sozialen, medialen und diskursiven Felder und erlauben „kapillare Machtausübungen" (Foucault 1983: 171) bis in die elementarsten Handlungssituationen und intimsten Bereiche des Lebens. Den Medien dieser neuartigen Vermessung des Alltagslebens, das sind die audiovisuellen Medien Fotografie, Film, Video, wurde lange Zeit der Anspruch der Dokumentation von Objektivität, Neutralität und Faktizität zugeschrieben. (Daston/Galison 1992: 81-128) Sie wurden als Medien dokumentarischer Strategien angesehen und zur Authentifizierung und Evidenzverstärkung der Erfahrungswelt des Einzelnen eingesetzt.

Die Verbreitung der mobilen Amateurkameras, Instant-Kameras und der Digitalkamera am Ende des 20. Jahrhunderts sorgte dafür, dass immer mehr banale Dinge und Situationen des Alltags fotografiert wurden. (van Dijck 2008: 58) Die Schnappschussfotografie formte die Bildkultur der Gegenwart und stieg zum "eye of the century" (Aigner 2004) auf. Eine als „spontan" und „intuitiv" titulierte Schnappschussfotografie wurde mit referentieller Autorität aufgeladen und diente oft zur Legitimation von Lebensnähe und Wirklichkeitsbezug. (Starl 1995) Der Aufstieg des Web 2.0 war eng mit der Aufwertung authentischer Medienerfahrung und der Schnappschussästhetik verknüpft, weil sich Online-Plattformen wie YouTube oder MySpace hauptsächlich als Produktionsorte von Amateurästhetik verstanden und sich vom professionellen Erscheinungsbild traditioneller Medien abgrenzen wollten. (Reichert 2008) Mit der umstandslosen Bedienung und ihrer hohen Integrationsfähigkeit in den Alltag können die mobilen Smartphone-Kameras große Mengen von Bildern aufnehmen und in

Echtzeit auf Community-Portalen teilen. Mit seiner semiprofessionellen Filtersoftware veredelt Instagram die technisch-mediale Konstellation der Low-Tech-Ästhetik und schafft damit einen neuen digitalen Mittelstand, die Personen, Gegenstände und Sujets vor der Kamera, sondern auch die Bildgestaltung und die taxonomische Bildsortierung mittels Hashtags als Distinktionserwerb versteht, der darin besteht, sich selbst aufzuwerten und sich von anderen abzugrenzen.

Die enge Verflechtung von Smartphone und Sozialen Medien hat diese Praxis der Schnappschussfotografie aber um eine entscheidende Dimension erweitert. Denn sie hat dazu geführt, dass die Handyfotografie als ein soziales Metamedium eingesetzt werden konnte. Versehen mit Technologien der Vernetzung konnte sich der Stellenwert von Fotografien und Videos maßgeblich ändern: "Our new relationship is less about witness, evidence and document and much more about experience, sharing and streaming.“ (Mayes 2012) Heute werden die mit automatischer Pixeltechnologie und optischer Bildstabilisierung aufgenommenen Handyfotos in erster Linie als "communicative tools“ (Brook 2013) eingesetzt. Wer heute sein Smartphone als fotografischen Apparat benutzt, sieht sich mit neuen Erwartungshaltungen und Rollenmodellen konfrontiert, die aus dem Umstand entstehen, dass Fotos heute auf Online-Plattformen in Echtzeit sozial geteilt werden können: "We think about how we will share something, and whom we will share it with, as we consume it." (Konnikova 2013) Indem Aspekte des Social Sharing in die Aufnahme, Auswahl und Bearbeitung der Fotomotive einfließen, haben sich die Rollenverhältnisse der Bildmedien und ihr Bezug zur Dokumentation des Lebens des Einzelnen maßgeblich verändert.

Um die Anschlusskommunikation sozial geteilter Bilder zu optimieren, zielt das Hashtagging (das ist die Verschlagwortung des audiovisuellen Materials) auf eine publikumswirksame Kontextualisierung des Bildmaterials: „Was html-links für das statische Web, sind #Hashtags (+ @persönlicher Adressierung) für Social Media – erst sie verbinden die Postings zu einem Ganzen, machen social sozial.“ (Janowitz 2016) Mit den Hashtags wird die öffentliche Kommunikation und Wahrnehmung in Echtzeit kodiert und in Speichermedien archiviert. Das Hashtagging erlaubt nicht nur die Kodierung von audiovisuellem Material, sondern verspricht als „Gradmesser des öffentlichen Interesses“ (Ebd.) einen Zugriff auf das kollektive Gedächtnis digitaler Kommunikationsgemeinschaften. Ursprünglich wurden Schlagworte nach dem #-Symbol in der Twitter-Nutzung eingeführt, um die Kontextsuche von einzelnen Tweets zu verbessern.

Die freie Verschlagwortung von Inhalten im Internet mittels Hashtagging stellt eines der eindringlichsten Verfahren der anonymen Kollaboration dar, die Merholz als "metadata for the masses" (Merholz 2004) und Surowiecki als "the wisdom of crowds" (Surowiecki 2004) bezeichnet. Mit dieser Merkmalsbestimmung bezeichnet er auch eine Multiplizierung einer kollektiven Mediennutzung von digitalen Speichern und Netzwerken, welche die Archive und Sammlungen des Wissens in dynamische Aggregatzustände verwandelt, die sich mit jeder neuen Benutzung verändern und anders anordnen. Der Neologismus "Folksonomies" bezeichnet das Phänomen einer neuartigen digitalen Kulturtechnik: die ‚freie' Verschlagwortung von Inhalten im Internet. "Folksonomies" stellen eine populäre Wissenspraxis dar, die in kulturelle Prozesse eingreift und Wissensanordnungen transformiert. Eine anonyme und dynamische Kollaboration bei der Erstellung von Inhalten sorgt dafür, dass sich die Anzahl der Einträge kontinuierlich vervielfältigt und die Vergleichbarkeit der verschiedenen Einträge permanent erhöht. Diese kollektive Inhaltserschließung eines Dokumentinhalts nennt Vander Wal "Broad Folksonomy" (Vander Wal 2007) und bezeichnet damit die Praxis vieler verschiedener Nutzer/innen, ein Dokument mit frei gewählten Tags zu versehen. Folksonomies können folglich als Speicherort kollektiver und kollaborativer Bedeutungsproduktion angesehen werden.

Auf Instagram ist es möglich, die Fotos und Videos mit Hashtags zu versehen, um Suchvorgänge zu erleichtern und Zugehörigkeiten zu Bilderkategorien ihrer Communities herzustellen. Das Hashtagging verweist auf eine vielschichtige Praxis der Markierung von Bildinhalten. Mit ihrer taktischen Verwendung von Schlagworten versuchen Nutzerinnen und Nutzer ihr Imagedesign zu optimieren, "especially using the most popular hashtags on Instagram, can lead to a flood of new likes and followers." (Titlow 2012) Arrivierte Hashtags verfügen über einen sozialen Aufmerksamkeitswert und bieten eine gute Möglichkeit, das öffentliche Interesse an die hochgeladenen Bilder zu knüpfen. Mit den Hashtags wird also versucht, die öffentliche Rezeption auf eine bestimmte Weise zu lenken und sich bestimmte Gruppen näher zu erschließen. Mit Hashtags wie #instafamous, #instarich, #luxurylife, #luxurylifestyle u.v.a.m. können allgemeine Adressierungsformen etabliert werden; mit Luxury Brands #instarolex, #instaprada oder #instavuitton konnotierte Hashtags (vgl. http://www.therichest.com/luxury/10-luxury-brands-dominating-instagram/, zuletzt aufgerufen am 8.8.2016) vermitteln Markenbewusstsein und Markenaffinität, mit jugendsprachlichen Hasthags wie #fail, #yolo oder #spoilern können gruppenspezifische Adressierungen eingeleitet werden. Die Praxis des Hashtagging zeigt auf, dass sich in der digitalen Moderne die Möglichkeiten der Anschlusskommunikation wesentlich erweitert haben und kosoziale Environments geschaffen haben, die mit Hilfe der technischen Infrastruktur sozialer Medien neue Praktiken digitaler Vergemeinschaftung geschaffen haben. (Kozinets 2015: 23-52)

Soziale Netzwerke wie Instagram bieten eine maßgebliche Orientierung für die jugendliche Identitätsarbeit und sind in den letzten Jahren zu bedeutenden Plattformen der Selbstdarstellung aufgestiegen. In diesem Zusammenhang stellt sich die Frage, welchen Stellenwert Reichtumsinszenierungen für jugendliche Nutzergruppen aufweisen und auf welche Weise diese versuchen, mit Hilfe von Bildinszenierungen und Hashtagging Zugehörigkeiten zur medialen Inszenierung von Reichtum und sozialem Prestige auszubilden. In diesem Zusammenhang können bereits mit selektiven Sondierungen des jugendlichen Hashtagging Verschiebungen in den biografischen Kernnarrationen festgestellt werden (Highfield/Leaver 2014), wenn in Betracht gezogen wird, dass sich das Food Styling und die Food Photography bei Kindern und Jugendlichen zu einem populären Vergnügen entwickelt hat: "In the era of Instagram, food photography has reached an apex with restaurants, chefs, bloggers, influencers, and foodies utilizing the platform to share photos of their meals." (9 Instagram-Worthy Food-Styling Tips From a Pro 2016)

Die Ästhetisierung des Essens und seine Einbettung in lebensweltliche Kontexte individueller Selbsterfahrungen kann als Indiz dafür genommen werden, dass die Suche nach Distinktionsvorteilen eine feststehende Orientierungsgröße der jugendlichen Identitätsarbeit darstellt. (McDonnell 2016: 239-265) In der alltäglichen Identitätsarbeit von Jugendlichen ist die Bestätigung von außen und die Anerkennung von anderen ein wichtiger Bestandteil. Auf Instagram werden diese Bausteine von Lebensgestaltung und Handlungsfähigkeit erprobt, indem sie der Anerkennung durch andere, das ist soziale Kontrolle in P2P-Netzwerken, unterworfen wird. In diesem Sinne fungiert Instagram als eine Plattform des Erwerbs von distinktiven Merkmalen. Die Tatsache, dass sich das Profil von Lifestyle, Prestige und Status nicht ausschließlich aus eigenen Kräften aus sich selbst heraus und über ihre subjektiven Selbstdeutungen konstituieren kann, wird von Charles Taylor thematisiert, der die soziale Prägung und den dialogischen Charakter der individuellen Identitätskonstruktion betont: „Die Entdeckung der eigenen Identität heißt nicht, dass ich als isoliertes Wesen sie entschlüssele, sondern gemeint ist, dass ich sie durch den teils offen geführten, teils verinnerlichten Dialog mit anderen aushandele (...). Meine eigene Identität ist entscheidend abhängig von meinen dialogischen Beziehungen zu anderen." (Taylor 1996: 54) Dementsprechend setzt die individuelle Identitätsentwicklung die Anerkennung der anderen mittels ihrer normativ-evaluativen Überzeugungen, Normen und Bewertungen voraus. Genres, die früher der sozialen Welt der Erwachsenen vorbehalten waren, wie etwa die fotografische Dokumentation des guten Lebens, die um das Essen, das Design, die Freizeitaktivitäten und Konsumobjekte kreisten, erobern auf Instagram auch jugendliche Modelle alltäglicher Identitätsarbeit. Dementsprechend rücken Fragen der richtigen Konsumgestaltung heute früher in den Fokus prospektiver Identitätsentwürfe von Jugendlichen, die ihre Inszenierungen der Wohlstands- und Konsumästhetik dafür einsetzen, um von anderen anerkannt und positiv bewertet zu werden.

Identität kann hier als ein individuelles Rahmenkonzept verstanden werden, innerhalb dessen Individuen ihre Erfahrungen interpretieren und die dabei in Gang gesetzte Selbstreflexion die Basis für die Identitätsarbeit bildet. Im Rahmen dieser Identitätsarbeit „versucht das Subjekt, situativ stimmige Passungen zwischen inneren und äußeren Erfahrungen zu erzählen und unterschiedliche Teilidentitäten zu verknüpfen." (Keupp 1999: 60) Im Unterschied zur Ontologie der Identitätsfindung haben konstruktivistische Ansätze ihren Ausgangspunkt in der Identitätserfindung und behaupten, dass eine gelungene Identitätsfindung auf einem narrativen Projekt beruhe. Konstruktivistische Subjekttheorien setzen also einen narrativen Rahmen voraus, der auch als normative Anforderung an das Subjekt zu verstehen ist: Es soll sich selbst verstehen, sich anderen mitteilen und so seinen narrativen Faden in das Gesamtgewebe einer Kultur, die auch eine Erzählung ist, verflechten. Das Erzählen über sich selbst ist mehr als bloß ein Akt der partikulären Selbstbehauptung: Wer heute nicht mehr bereitwillig von sich erzählen möchte, gilt in einer sich ausweitenden Bekenntniskultur als asoziales Subjekt. (Burkart 2006: 18)

Bildkontrolle und Blickregime auf Instagram

Der Online-Dienst Instagram ist einer der populärsten Online-Plattformen der digitalen Gegenwart. Er kombiniert Elemente des Mikrobloggings und der audiovisuellen Kommunikation und ermöglicht Nutzern die rasche und einfache Aufnahme und Verbreitung der Momentaufnahmen ihres Lebens mit Hilfe einer simplifizierten Filtersoftware: "Filters instantly transform a picture taken today into a faded

1970s Polaroid or grainy 1950s black-and-white snapshot. Photos taken using the Instagram app are square, like Kodak Instamatic and Polaroid photos, rather than rectangular, the latter the result of the 16:9 ratio used by most mobile cameras." (Marwick 2015: 144) Instagram wurde 2010 von Kevin Systrom und Mike Krieger in San Francisco entwickelt und am 6. Oktober des gleichen Jahres im App Store als Anwendung veröffentlicht. (Instagram/About us 2016) In den folgenden Jahren konnte sich die Anwendung als eines der am raschesten wachsenden Netzwerke etablieren und gilt heute als die populärste Plattform der digitalen Bildkommunikation.

Bereits im Dezember 2010 konnte Instagram eine Million registrierte Benutzer verbuchen und etwas mehr als fünf Jahre später wuchs die Mitgliederanzahl auf über 500 Millionen registrierte Nutzer an. (Blog Instagram 2016) Ein weiterer Beleg für die populäre Nutzung von Instagram ist die Anzahl der hochgeladenen Fotos. Im Jahr 2016 werden durchschnittlich mehr als 40.000 Fotos und Videos und damit täglich annähernd 60 Millionen Beiträge hochgeladen. (Internet Live Statistics 2016) Der rasche Erfolg von Instagram kann auf die etablierte Rolle der Bildmedien in der mobilen Kommunikation zurückgeführt werden. (Tomoyuki 2005: 41-60) Bilder und Videos gelten als eine maßgebende soziale Währung mobiler und sozial vernetzter Mediennutzer. (Rainie/Brenner/Purcell 2012) Wie ökonomisches Kapital lassen sich heute Bilder und Videos mittels der Community-Bildung akkumulieren und bilden die neuen Machtregeln im Social Net. Die maßgeblichen Treiber des Datenverkehrs sind Bildmedien. Sie etablieren neue Formen von digitaler Visibilität und Wahrnehmungsverlust, sie ermöglichen die Herausbildung digitaler Aufmerksamkeitszentren und sie schaffen neue Möglichkeiten, gesellschaftlichen Einfluss und politische Wirksamkeit herzustellen.

Fotos auf Instagram sind Bilder, die sozial geteilt werden. Der Umstand, dass es sich um Bilder der Veröffentlichung handelt, beeinflusst die Produktion, die Selektion und die Zirkulation der Bilder. Mit ihren öffentlich sichtbar gemachten Bildern versuchen Nutzer das Bild, das andere von ihnen haben (sollen), zu kontrollieren und zu steuern. Mit der von Instagram angebotenen Filtersoftware können Nutzer ihren Fotografien einen bestimmten Stil verleihen und ihr ästhetisches Erscheinungsbild steuern. Mit Hilfe von unterschiedlichen Bearbeitungsinstrumenten werden Nutzer als Manager ihrer eigenen Informationskontrolle adressiert, wenn sie Inhalte und Privacy-Einstellungen bearbeiten können. Zusätzlich erhalten die Nutzer Möglichkeiten, ihre hochgeladenen Fotos mit Metakommentaren zu versehen, um die Bilder ästhetisch und narrativ aufzuwerten: "Instagram has given people greater control over the live stories they construct online. Altough filters are not required for posting a photo on Instagram, people can use filters to slightly alter reality, thereby visually communicating to their friends and followers a certain tone or a feeling that is, in itself, a reflection of who they are." (Best 2015: 63) Dieser in empirischen Studien herausgearbeitete Kontrollaspekt birgt allerdings die Gefahr eines vereinheitlichenden Technikoptimismus, wenn nicht im Gegenzug die Frage aufgeworfen wird, inwiefern die digitalen Technologien der Herstellung, Auswertung, Bearbeitung und Verbreitung von Bildern Formen der Selbsterfahrung und der Selbstthematisierung verändern. Eine zu enge Sicht auf die Kontrollmöglichkeiten der Bildkommunikation suggeriert, dass die beteiligten Subjekte ihre Selbstbilder vollständig unter Kontrolle haben. Im Folgenden möchte ich näher auf diese Frage der Kontrolle des eigenen Selbstbildes eingehen, zum einen, weil Instagram die Bildkontrolle als eine Werbebotschaft und ein Mission Statement kommuniziert, zum anderen, weil die Darstellung und Veröffentlichung des eigenen Selbstbildes (Stichwort: "Selfie") zu einer der Schlüsselfragen der digitalen Bildkommunikation der Gegenwart aufgestiegen ist. Eine Studie des Pew Internet and American Life Project hat erhoben, dass mehr als 90 Prozent der Teenager, die Facebook nutzen, private Selbstporträts hochladen. (Madden et.al. 2013)

Die Bilder, die Subjekte von sich selbst anfertigen und in sozialen Netzwerken veröffentlichen, unterliegen immer bestimmten Regeln und Normerwartungen, die im bildkulturellen Feld herrschen. Die mit den digitalen Aufzeichnungs-, Speicherungs-, Verbreitungs- und Kommunikationsmedien entstandene Möglichkeit, ästhetische Formen der kollektiven Selbstinszenierung massenhaft zu erschließen, kann mit Kaja Silverman als ein digitales Bildrepositorium aufgefasst werden: „Der Bildschirm oder das kulturelle Bildrepertoire ist jedem von uns eigen – ganz ähnlich wie die Sprache. Also folgt unsere Wahrnehmung eines anderen Menschen oder eines Objekts zwangsläufig bestimmten Darstellungsparametern, deren Anzahl zwar hoch, aber letzlich doch begrenzt ist.

Mit dem Begriff ‚Bildschirm' bezeichne ich die ganze Bandbreite der zu einem bestimmten Zeitpunkt verfügbaren Darstellungsparameter; diejenigen unter ihnen, die sich fast zwangsläufig aufdrängen, nenne ich das ‚Vor-Gesehene'." (Silverman 1997: 58) Damit meint Silverman kollektive Wahrnehmungsmuster, die das Körperbild prägen: die Produktion und Reproduktion dieses kollektiv verbindlichen Blickregimes verläuft aber nicht nach dem Muster top-down, sondern verlangt von den Subjekten die andauernde Bereitschaft, sich an der Herstellung der Körper- und Selbstbilder aktiv zu beteiligen. Die sozialen Medien im Internet haben Beteiligungsformen und -chancen vervielfältigt und existieren nur dann, wenn (möglichst) viele Nutzerinnen und Nutzer bereitwillig ihre Inhalte als Zeichen gesellschaftlicher Anerkennung und sozialer Machtdemonstration hochladen. Auch wenn soziale Medien die Formen der gesellschaftlichen Anerkennung und der sozialen Macht auf ihre Weise formalisieren und regeln, kann das Ansehen, die Begünstigung und die Geltung von Dingen, Stil und Verhalten sozialer Distinktion nur dann erfolgreich eingesetzt werden, wenn diese Elemente vor dem Hintergrund eines gemeinsam geteilten Repertoires von Darstellungsparametern in Szene gesetzt werden.

Der Distinktionsvorteil von bestimmten Instagram-Profilen bewegt sich also stets innerhalb eines kulturellen Musters, das von einem Kollektiv als überlegen anerkannt wird. Diese Indikatoren sozialer Distinktion sind vielschichtig und können mit exklusiven Konsum- oder Bildungsgütern konnotiert sein. Neben der sozialen Welt der Dinge, denen Merkmalsfähigkeit zugeschrieben wird, werden auf Instagram soziale Distinktionen auch in Eigenschaften gesucht, die dem eigenen Körper inhärieren. Das privilegierte Suchbild individualisierter Distinktion stellt das Porträt und das Gesichtsbild dar.

Wenn man das Gesicht als historisches Aufzeichnungs-, Speicher- und Verbreitungsmedium von Erkennungsmerkmalen, Identifizierungsprozeduren und Vermessungstechniken ansieht, dann kann es folgerichtig nicht mehr als unvermittelter Ausdruck von persönlicher Einzigartigkeit und individueller Nähe angesehen werden: „War für die Anthropologie seit Kant das Gesicht zentrales Erkennungs- und Identifizierungsmerkmal der Welt- und Menschenkenntnis bis hin zu rassistischen und kriminalanthropologischen Aus- und Eingrenzungen, so legitimierten sich diese fotografischen Geometrisierungen, Vermessungen und Normalisierungen des Gesichts trotz der Maskierung durch Natur." (Käuser 2013: 31) Wenn das Gesicht folglich als eine historisch produzierte und sozial konstruierte Kommunikationskultur geltend gemacht wird, dann kann es nicht mehr ‚unschuldig' für eine ahistorische und anthropologisch gültige Konstante einer Face-to-Face-Interaktion einstehen.

Die Kulturtheoretiker Ulrich Raulff und Thomas Macho haben demgegenüber eingewandt, dass für diese Annahme sowohl historische als auch ethnologische Beweise fehlen, um eine anthropologische Konstante überzeugend in Aussicht stellen zu können. (Macho 1996:

87-108; Raulff 1984: 46-58) In Anlehnung an die hier zitierten Theorien zur ‚facialen' Gesellschaft vermag die Präsenz von Gesichtsbildern in der digitalen Gegenwartsgesellschaft auf spezifische Medientechniken zurückgeführt werden, die eine konjunkturelle Entwicklung des Porträts überhaupt erst ermöglicht haben. So kann die Entstehung der facialen Gesellschaft auf die Verbreitung der Massenmedien zurückgeführt werden — von der Rotationspresse des 19. Jahrhunderts bis zu den "Retweet"-Ketten als Verbreitungsmechanismus für Selbstbilder.

Diese These korreliert nicht nur mit Positionen der Medienpragmatik, die mediale Konstruktionsprozesse des Sozialen untersucht, sondern auch mit maßgeblichen Positionen der Bildkulturwissenschaft, die eine grundsätzliche Performativität des Visuellen verhandeln und die gemeinsame Ansicht teilen, dass in einer performativen Gegenwartskultur das Visuelle in der Inszenierung und Wahrnehmung des Subjekts eine immer stärkere Rolle spielt.

William J.T. Mitchell weist in seiner vielzitierten Bildkulturtheorie "Showing Seeing. A Critique of Visual Culture" darauf hin, dass sich Visuelles nicht auf Bilder beschränken lässt, sondern auch die performativen Prozesse des Darstellens und des Sehens mit einbezieht. (Mitchell 2002: 231-250) In seinem Essay „Das andere Porträt" spürt auch Jean Luc Nancy dieser Logik der Vergegenwärtigung nach, indem er den Charakterzug des Porträts, trait, als einen Zug, tracé, deutet, der für das konstruierende und medial vermittelnde Extrahieren des Wesenzugs, sein Herausziehen aus dem Modell einsteht: „Das Porträt ist (…) eine Figuration im (…) aktiven Sinne ihrer Erschaffung, der Modellierung (fingo, fictum) und Inszenierung einer ‚Figur' im Sinne einer ‚Rolle' oder ‚Person', aber auch des ‚Symbols', des ‚Ausdrucks', der hervorstechenden Form'."(Nancy 2015: 18)

Vor diesem Hintergrund erweist sich die Geschichte des Gesichts als eine Geschichte seiner medialen Ermöglichung und gesellschaftlichen Kodierung, die sich in den unterschiedlichen Darstellungen des Gesichts widerspiegeln. In diesem Sinne firmiert das auf Instagram mediatisierte Gesicht als ein gemeinsamer Schauplatz von Strategien der Subjektivierung, die um den Erwerb und die Ausverhandlung bestimmter Distinktionsvorteile ringen. Die entscheidende Frage ist: welche Inhalte eignen sich mehr oder weniger für die multimediale Inszenierung von sozialem Prestige und Autorität? Vor diesem Hintergrund soll in enger Anlehnung an die Theorie der sozialen Unterscheidung von Pierre Bourdieu der Frage nachgegangen werden, wie Distinktion medial konstruiert und im sozialen Aneignungsprozess auf Online-Plattformen reproduziert wird.

Distinktion und soziales Kapital

In Anlehnung an die theoretischen Überlegungen Pierre Bourdieus, der in seiner großangelegten Sozialstudie La distinction (Die feinen Unterschiede) die konkreten Ausprägungen von geschmacklichen Präferenzen als Folge des jeweiligen sozialen Status thematisierte (Bourdieu 1979), kann die gestalterische Aufwertung von Bildinhalten auf Instagram untersucht werden, mit der Jugendliche ihre kulturellen Distinktionen zur Schau stellen, um sich von anderen Individuen und Gruppen abzugrenzen. Wenn Bourdieu festhält, dass „das Streben nach Distinktion Trennungen schafft" (Bourdieu 1985: 21), dann deutet er damit nicht die Gefahr eines brüchiger werdenden sozialen Bandes an, sondern spricht damit eine spezifische Qualität der Vernetzung an, die gegeben sein muss, wenn Distinktion als legitim und plausibel anerkannt werden möchte. In diesem Sinne schafft die Distinktionsarbeit, das heißt „ihrer Fähigkeit, sich durch Entscheidungen, Inszenierungen und Innovationen als selbstbewusstes Praxisfeld zu konstituieren" (Kelleter 2014: 32), eine spezifische Qualität der Netzwerkbeziehung, die im wesentlichen in der Anerkennung der Distinktion besteht.

Bourdieu interpretiert das gesellschaftliche System als einen „sozialen Raum" (Bourdieu 1985: 13f) und grenzt sich mit dieser Konzeption von der Vorstellung säuberlich getrennter Sozialgruppen ab. Insofern sind der soziale Raum und seine Regeln der Zugehörigkeit und der Abgrenzung wichtiger als die Annahme einer Gruppenmentalität, welche den Raum ihrer Identitätsbildung überdauert. Für Bourdieu besteht der soziale Raum aus unterschiedlichen Dimensionen, die er als drei unterschiedliche Ausprägungen definiert (Bourdieu 1998: 98f): Kapitalvolumen (herrschende, mittlere und untere Klasse verfügen über unterschiedliches ökonomisches Kapital von Einkommen und Vermögen), Kapitalart (neben dem erwähnten ökonomischen Kapital unterscheidet Bourdieu zwischen dem kulturellen [verinnerlichtes Kapital der Bildung, objektives Kapital der Bücher, institutionalisiertes Kapital der Diplome und Zeugnisse], sozialen [Zugehörigkeit zu einer Gruppe] und symbolischen Kapital [Legitimierung des kulturellen Kapitals, d.i. Prestige, Reputation, Gratifikation]) und das Beziehungsgefüge zwischen sozialer Position und Lebensstilen.

Selbstdarstellungen auf Online-Plattformen und Community-Portalen können ökonomisches und kulturelles Kapital entweder als Mitnahmeeffekte (z.B. die an soziologischen Kriterien festzumachende Kategorie der Prominenz) oder in Form einer subjektiven Stilisierung des Lebens (z.B. subjektive Glamour-Inszenierungen) kommunizieren. Die Relevanz der Stellung innerhalb sozialer Netzwerkbeziehungen bewegt sich für die gewöhnlichen Inszenierungen von Status und Prestige im Spannungsfeld von sozialem und symbolischem Kapital. Für die Aufrechterhaltung des sozialen Kapitals sind kontinuierliche Investitionen zur Produktion und Reproduktion des Beziehungsnetzes notwendig. Das symbolische Kapital entsteht mit der expliziten oder impliziten Anerkennung der Überhohungen des Lebensvollzugs, wenn Bildinszenierungen geliked, positiv kommentiert, verlinkt oder auch nur geklickt werden.

Im Raum der sozialen Netzwerke werden die sozialen Differenzen mittels Distinktionen kommuniziert – übertragen auf die Bildkommunikation handelt es sich um Bildinhalte, mit denen ein spezifischer Abstand, ein Unterschied mittels spezifischen Lebensstilen (kulturelle Vorlieben, Freizeitverhalten, Markenbekenntnisse, kulinarische Präferenzen etc.) markiert wird. Den Bildinszenierungen von Status und Prestige inhärieren Distinktionszeichen, mit denen Unterschiede gesetzt werden. Ihre Setzung muss nicht zwingend absichtsvoll geschehen, denn die „Distinktion impliziert nicht notwendig […] ein bewusstes Streben nach Distinktion. […] Jede Praxis ist sichtbar, gleichviel ob sie vollzogen wurde, um gesehen zu werden, oder nicht; sie ist distinktiv, Unterschied setzend, gleichviel ob jemand mit ihr die Absicht verfolgt oder nicht, sich bemerkbar zu machen, sich auffällig zu benehmen, sich abzusetzen, distinguiert zu handeln." (Bourdieu 1985: 21) In der Dynamik der sozialen Vernetzung bilden die räumlichen Positionen fluide Aggregatzustände und lassen sich nicht exakt klassifizieren und dauerhaft vermessen. Die Zeichen der Distinktion stellen perzeptive Unterschiede dar und speisen sich aus unaufhörlich wechselnden Bildinszenierungen samt ihren paratextuellen Rahmungen und aus den veränderlichen Beziehungen innerhalb der jeweiligen Netzwerkbeziehungen. Dennoch bilden sie Orientierungspunkte für die symbolische Dimension des sozialen Handelns, das Stilisierungsmöglichkeiten des Lebens und Lebensstile als Repertoire von Handlungsressourcen eröffnet.

Die Annahme, dass Distinktionen außerhalb der Welt von Instagram immer schon existiert haben und mit dem Online-Dienst bloß eine neue Bühne vorfinden, blendet die maßgebliche Rolle von Medien als Konstrukteure von sozialer Differenz aus. Daher distanziert sich die folgende Analyse von der Annahme einer hypostasierten Selbstbezüglichkeit, worin Medien lediglich als Werkzeuge zur Darstellung eines lebensweltlich bereits gegebenen Subjekts betrachtet werden und thematisiert den medialen Konstruktionsprozess von kommunikativen Prozessen, die ein Spannungsverhältnis zwischen Technologie und Kultur aufbauen: "...constituted by the interplay between interactive functionalities configured at the software level and the invocation and appropriation of various software functionalities to achieve specific purposes in and through users' actual communicative practices." (Lomborg 2011) In Anlehnung an die Forschungsansätze zur autobiografischen Medialität (Dünne/Moser 2008) kann dem Medium eine konstituierende Bedeutung im Prozess der Subjektkonstitution zugestanden werden und die Frage nach einem sich medial im Aufnehmen, Speichern und Verbreiten konstituierenden Selbstbezugs aufgeworfen werden. Eine Identitäts- und Subjektforschung, die den Einfluss des Mediums auf den Vorgang der Subjektivierung als eigenständige Forschungsfrage und als wissenschaftliches Arbeitsfeld ansieht, lenkt den Blick auf das, was in den medialen Analysen der Subjektivität mit den Analysebegriffen „Dispositiv" (Engell: 2000: 282), „mediale Reflexivität" (Mersch 2008) oder „Mediatisierung" (Hepp 2014: 191-96) beschrieben wird. Sie lenkt den Blick auf die Medialität des Mediums und untersucht die Ermöglichung von historischen Erinnerungsorten und sozialen Bildkulturen mittels medialer Anordnungen, Verfahren und Formate. (Nora 2005; Galloway 2004) In Anknüpfung von Andreas Hepps Definition der Mediatisierung als Konzept, „um die Wechselbeziehung zwischen medienkommunikativem und soziokulturellem Wandel kritisch zu analysieren" (Hepp 2014: 191) untersucht das folgende Kapitel die Konstruktion soziokultureller Merkmale und Unterschiede durch medienvermittelte Kommunikation.

Distinktionen gelten also nicht ein für allemal als eine feststehende Eigenschaft, die von allen Rezipientinnen und Rezipienten verstanden wird. Vor dem Hintergrund dieser Problematik geht die pragmatische Medientheorie davon aus, dass soziale und kulturelle Distinktionen nicht einfach gegeben sind, sondern dass ihre Glaubwürdigkeit und ihre Plausibilität wesentlich von ihrem Verstehen abhängig sind, das darauf basiert, dass Zuschauerinnen und Zuschauer mit audiovisuellen Inhalten einen Wahrnehmungsvertrag eingehen, der den Repräsentationsmodus des Distinktiven als authentisch, dokumentarisch, fiktional strukturiert und den Lektüremodus festlegt. (Hattendorf 1999) Hierzu ein Beispiel. Auf Instagram nutzen Inszenierungen von sozialen Distinktionen dokumentarische Authentisierungsstrategien, um den Wahrnehmungsvertrag zwischen den Eliten und dem Online-Publikum zu stabilisieren. Diese Authentisierungsstrategien beziehen sich hauptsächlich auf evidenzbasierte Fotografien, die ‚vor

Ort‘ hergestellt werden und die verdeutlichen sollen, dass die im Bild Dargestellten tatsächlich die Besitzer dieses Autos sind, dass sich die Dargestellten tatsächlich im titulierten Privatjet befinden oder dass die dargestellten Personen tatsächlich Zugang zu Geld, Gütern und Besitztümern haben, die in den Kommentaren und mit den entsprechenden Hashtags in Aussicht gestellt wurden. Die genannten Bildstrategien, -elemente und -sujets werden eingesetzt, um den dokumentarisierenden Wahrnehmungsvertrag des „So ist es!“ zu stabilisieren. In diesem Sinne sind Bildmedien und Hashtagging hochgradig performativ aufgeladen, weil sie sich in einem andauernden Verdrängungswettbewerb um Aufmerksamkeit befinden.

Instagram ist aber nicht nur eine top-down-Bühne für die Darstellung der Reichen und Super-Reichen, sondern verbreitet Bildrepertoires und Rollenangebote, die jugendliche Nutzerinnen und Nutzer untereinander in P2P-Communities kommunizieren. Die Microblogging- und Foto-Plattform hat einen weltweiten Aufmerksamkeitsmarkt für Selbstthematisierungen in Konsumwelten in Gang gesetzt und hat sich zu einem populären Format der prestigeträchtigen und glamourösen Life-Style-Inszenierung entwickelt: ”Thus Instafame is not egalitarian but rather reinforces an existing hierarchy of fame, in which the iconography of glamour, luxury, wealth, good looks, and connections is reinscribed in a visual digital medium.“ (Marwick 2015: 137-60) Die auf Instagram beliebten Inszenierungsformen demonstrativen Konsums und glamourösen Lifestyles tragen dazu bei, die Stabilität der sozialen Unterschiede zwischen Schichten und Milieus zu sichern. Reiche und Superreiche spielen nicht nur auf Instagram die Rolle von kollektiven Vorbildern und Role Models, in den letzten Jahren haben sie das mediale Interesse der Öffentlichkeit erregt und stehen selbst als Celebrities vor der Kamera in TV-Serien (”Keeping Up with the Kardashians“ [Start: 2007], ”Rich Kids of Beverly Hills“ [Start: 2014]) und im Reality-TV (Die von RTL II seit 2011 ausgestrahlte Serie „Die Geißens“ zeigt die Millionärsfamilie Robert und Carmen Geiss in der Hauptrolle).

Das Netzphänomen der ”Rich Kids of Instagram“ speist sich aus der populären Ästhetik von Reichtumsdarstellungen, mit denen reiche Jugendliche ihre soziale Herkunft dokumentieren. Um ihre ökonomischen Alleinstellungsmerkmale zu plausibilisieren, achten sie in ihren Bildinszenierungen darauf, sich selbst in Bezug mit elitären Gebrauchsgegenständen (Privatjets, Jachten, Limousinen etc.) zu setzen. Die ausschließlich auf einer audiovisuell-symbolischen Ebene stattfindende Repräsentation von ökonomischem und sozialem Kapital wird zusätzlich aufgewertet und verstärkt mit dem Feedback der Follower, die als Fans von Besitz und Standesdünkel spezifische Diskurs- und Wertungsmuster reproduzieren, um der Reichtumsinszenierung zu seiner Anerkennung zu verhelfen.

Die Inszenierungen der neuen Ungleichheit auf sozialen Netzwerkseiten sind hochkomplex und keineswegs auf die Zurschaustellung ökonomischen Kapitals und sozialer Herkunft beschränkt; sie können unterschiedliche Ausprägungen annehmen und konträr zum Fall der "Rich Kids of Instagram" antikommerzielle Elitenkulturen adressieren, um etwa die kanonisierten Strukturen popularisierender Selbstdarstellung zu kritisieren. In diesem Fall verfolgen Elitenkulturen des kreativ-künstlerischen Intellektualismus andere Strategien der Selbstdarstellung, die sich von der bildästhetischen Gestaltung bis zum Hashtagging erstrecken.

Folglich lassen sich die Praktiken der Distinktion und des Distinktionserwerbs in alle Richtungen verfolgen. Diese Erweiterung der Perspektive ist außerordentlich relevant, um nicht den Eindruck entstehen zu lassen, dass Instagram nicht auch eine Plattform sein kann, die einen Kommunikationsraum für kritikfähige und selbstreflexive Praktiken bietet. So bietet der Hashtag #littlemoneybigfun eine Plattform für die parodistische Kritik am Medienphänomen der "Rich Kids of Instagram". In diesem Zusammenhang monieren Kritiker, dass mit Medienparodien noch keine tiefergehende Gesellschaftskritik formuliert wird, sondern „der allgemeinen Bedeutung von Intensivierung und Beschleunigung in der postmodernen Kultur" (Bleicher 2006: 38) entspräche. Die parodistische Auseinandersetzung mit der medialen Vermittlung von Reichtum auf Instagram rekurriert hier auf postmoderne Kritikformen der Wiederverwertung von bereits bestehenden Medieninhalten (Sampling, Receycling). So gesehen kann auch zugestanden werden, dass „diese Neukombinationen die kritische Beschäftigung mit dem bereits [Dargestellten] ermöglichen" (Ebd.: 39) und eine kritische Neubewertung hegemonialer Bildinszenierungen und Selbstthematisierungen ermöglichen.

Dessen ungeachtet gleicht die neue Medienpräsenz von sozialer Ungleichheit einer Machtdemonstration der neuen globalen Geldelite und wirft noch viele Fragen auf. Warum erfreut sich das zur Schau gestellte Bedürfnis nach konsumorientierter Abgrenzung so großer Beliebtheit beim Publikum? Welchen Stellenwert haben diese Inszenierungen des sozialen Aufstiegs und des guten Lebens bei der Herausbildung von jugendkulturellen Identitätsentwürfen? Übernehmen die Bilder vom demonstrativen Konsum und der Macht des Geldes die

Funktion medialer Vorbilder, denen das Versprechen von Selbstwert und sozialer Anerkennung zugeschrieben wird?

Vor diesem Hintergrund hat die weitverbreitete Re-Approbiation von sozialen Mehrwert-Inszenierungen dazu geführt, dass Jugendliche in ihren performativen Akten versuchen, ökonomische Macht und demonstrativen Konsum mit dem Abbild ihrer Konsumgewohnheiten und Gebrauchsgegenstände unter Beweis zu stellen. Diese Schaustellung für andere wirkt nicht nur performativ auf diese, sondern wirkt auch selbstbezüglich auf den Ausführenden selbst zurück und formt sein Selbstverständnis. Oft taucht in diesem Zusammenhang die Frage auf, warum in jugendlichen Nutzungskulturen die Affinität zu Geldbesitz und Konsum derart ostentativ zur Schau gestellt wird.

Die angeberische und prahlerische Demonstration von Lifestyle und Markenbewusstsein speist sich aus dem Umstand, dass jugendliche Glamour- und Celebritity-Inszenierungen (vgl. Senft 2013: 346-54) über keine legitime Anerkennung und keine soziale Stellung verfügen und sich diese Anerkennung erst mittels ihrer Medienpräsenz erwerben müssen. Im Unterschied zum ökonomischen Reichtum muss die symbolische Anerkennung immer wieder aufs Neue hergestellt werden, sie überdauert nur kurze Zeit und befindet sich in einem andauernden Konkurrenzverhältnis mit Aufsteigern und Alteingesessenen. Insofern reißt der Strom rivalisierender Inszenierungen, die erst in der Online-Aufmerksamkeit der Likes ihren symbolischen Wert erhalten, nie ab. Daher befindet sich die mediale Inszenierung von prestigegesättigter und konsumorientierter Subjektivität in einem agonalen Widerstreit mit rivalisierenden Entwürfen privater Lebenswelten.

Dem Mehrwert der Bilder inhärieren unterschiedliche Strategien, die sich im breiten Spannungsfeld zwischen Massengeschmack und elitären Alleinstellungsmerkmalen bewegen. Mit der sozialen Ausdifferenzierung von Online-Profilen haben sich Merkmale sozialer Polarisierung etablieren können. Mediale Inszenierungen von Herkunft, Status und Einkommensungleichheiten zählen heute zu den populärsten Sujets auf Instagram und tragen zur Feudalisierung der sozialen Netzwerke bei: „Die visuelle Inszenierung von Reichtum auf Instagram kreist um eine möglichst realistische und detailgetreue Abbildung materieller Güter, Posen und Insignien ökonomischer Macht." (Titton 2014: 189) Der Hype um die „Rich Kids of Instagram" (Online: https://www.instagram.com/richkidsofinstagram/) und die gefeierte Zurschaustellung von exklusiven Erlebnisqualitäten könnte folglich als ein Indiz dafür angesehen werden, dass nach der Peer-to-

Peer-Ära der Geschmacksnivellierung eine neue Ära der populärkulturellen Evolution beginnt, die sich durch Bedürfnisse nach einer neuen Ungleichheit und kulturellen Abgrenzung von anderen auszeichnet.

Bibliografie:

Aigner, Carl (Hg. et.al.) (2004). Snapshots. The eye of the century, Ostfildern-Ruit

Best, Christina (2015). "Narcissism or Self-Actualization? An Evaluation of "Selfies" as a Communication Tool", in: Danielle Sarver Coombs, Simon Collister, Jacqueline Marino (Hg.), Debates for the Digital Age: The Good, the Bad, and the Ugly of Our Online World, Santa Barbara, S. 55-76.

Bleicher, Joan Kristin (2006). We love to entertain you. Beobachtungen zur aktuellen Entwicklung von Fernsehformaten, in: Hamburger Hefte zur Medienkultur 8, S. 38-52.

Bourdieu, Pierre (1998). Praktische Vernunft. Zur Theorie des Handelns, Frankfurt am Main.

Bourdieu, Pierre (1982). Die feinen Unterschiede. Kritik der gesellschaftlichen Urteilskraft, Frankfurt am Main.

Bourdieu, Pierre (1985). Sozialer Raum und ‚Klassen'. Leçon sur la leçon. Zwei Vorlesungen, Frankfurt am Main.

Brook, Pete: "Photography Is the New Universal Language, and It's Changing Everything", in: Wired, 20. August 2013, http://www.wired.com/2013/08/raw-meet-marvin-heiferman/ (zuletzt aufgerufen am 8.8.2016)

Burkart, Günter (2006). Einleitung, in: Ders. (Hg.), Die Ausweitung der Bekenntniskultur – neue Formen der Selbstthematisierung? Wiesbaden, S. 7-40.

Daston, Lorraine/Galison, Peter (1992). "The Image of Objectivity," in: Representations 40, S. 81-128.

van Dijck, José: "Digital Photography: Communication, Identity, Memory", in: Visual Communication 7/1, S. 57-76.

Doy, Gen (2004). Picturing the Self: Changing Views of the Subject in Visual Culture, New York.

Dünne, Jörg/Moser, Christian (2008). Automedialität. Subjektkonstitution in Schrift, Bild und neuen Medien. München.

Engell, Lorenz (2000). „Ausfahrt nach Babylon. Die Genese der Medienkultur aus Einheit und Vielheit", in: Ders.: Ausfahrt nach Babylon. Essais und Vorträge zur Kritik der Medienkultur, Weimar, S. 263-304.

Foucault, Michel (1983). Der Wille zum Wissen. Sexualität und Wahrheit I, Frankfurt/M. .

Galloway, Alexander (2004). Protocol. How Control Exists after Decentralization, Cambridge Mass.

Goldhaber, Michael H.: "The attention economy and the Net", In: First Monday 1/1997, http://firstmonday.org/ojs/index.php/fm/article/view/519/440 (zuletzt aufgerufen am 8.8.2016).

Hattendorf, Manfred (1999). Dokumentarfilm und Authentizität: Ästhetik und Pragmatik einer Gattung, Konstanz [= Close Up: Schriften aus dem Haus des Dokumentarfilms Bd. 4] .

Hepp, Andreas (2014). „Mediatisierung / Medialisierung", In: Schröter, Jens (Hg.), Handbuch Medienwissenschaft, Stuttgart, S. 191-196.

Highfield, Tim/Leaver, Tama: "A methodology for mapping Instagram hashtags.", in: First Monday 20/1 (2014), (zuletzt aufgerufen am 8.8.2016).

Hjorth, Larissa: "Snapshots of Almost Contact: the Rise of Camera Phone Practices and a Case Study in Seoul, Korea.", in: Continuum 21/2 (2007): 227-238.

Instagram, About Us, https://www.instagram.com/about/us/ (zuletzt aufgerufen am 8.8.2016).

Instagram Blog, http://blog.instagram.com/post/146255204757/160621-news (zuletzt aufgerufen am 8.8.2016).

Instagram, Press News, http://blog.instagram.com/post/146255204757/160621-news (zuletzt aufgerufen am 8.8.2016).

Internet Live Statistics, http://www.internetlivestats.com/one-second/ (zuletzt aufgerufen am 8.8.2016).

Janowitz, Klaus: „#Consociality - Eine Hashtag Soziologie", 29.3.2016, in: Netnografie und digitaler Wandel, http://www.klaus-janowitz.de/wordpress/consociality-eine-hashtag-soziologie/ (zuletzt aufgerufen am 8.8.2016).

Käuser, Andreas (2013). „Maskierung - Über die Auflösung des Gesichts in Texten und Medien.", in Gesichtsauflösungen, Reihe ZfL-Interjekte, Hg. Mona Körte und Judith Elisabeth Weiss, Berlin: Zentrum für Literaturwissenschaft, S. 30-37.

Kelleter, Frank (2014). „Populäre Serialität. Eine Einführung", in: Ders. (Hg.), Populäre Serialität: Narration - Evolution - Distinktion. Zum seriellen Erzählen seit dem 19. Jahrhundert, Bielefeld.

Keupp, Heiner (Hg.) (1999). Identitätskonstruktionen: Das Patchwork der Identitäten in der Spätmoderne, Reinbek bei Hamburg.

Konnikova, Maria: "How Facebook Makes Us Unhappy", in: New Yorker, 10.09. 2013, http://www.newyorker.com/tech/elements/how-facebook-makes-us-unhappy (zuletzt aufgerufen am 8.8.2016).

Kozinets, Robert V. (2015). Netnography: Redefined, London, S. 23-52.

Lomborg, Stine: „Social media as communicative genres", in: MedieKultur: Journal of media and communication research 27/51 (2011), http://ojs.statsbiblioteket.dk/index.php/mediekultur/article/view/4012 (zuletzt aufgerufen am 8.8.2016).

Macho, Thomas (1996). "Vision und Visage. Überlegungen zu einer Faszinationsgeschichte der Medien.", in: Inszenierte Imagination. Beiträge zu einer historischen Anthropo logie der Medien, Hg. Wolfgang Müller-Funk und Hans-Ulrich Reck, Wien/New York, S. 87-108.

Marwick, Alice (2015). "Instafame: Luxury selfies in the attention economy", in: Public Culture 27.1/75: S. 137-160.

Mayes, Stephen: Photography are no longer things, they are experiences, in: Wired, 15. November, 2012, http://www.wired.com/2012/11/stephen-mayes-vii-photography/ (zuletzt aufgerufen am 8.8.2016).

Merholz, Peter (2004). "Metadata for the Masses", http://www.adaptivepath.com/publications/essays/archives/000361.php (zuletzt aufgerufen am 8.8.2016).

Mersch, Dieter (2008). Was sich zeigt. Materialität, Präsenz, Ereignis. München.

Metz McDonnell, Erin (2016). „Food Porn: The Conspicuous Consumption of Food in the Age of Digital Reproduction.", in: Food, Media and Contemporary Culture, London, S. 239-265.

J.T. Mitchell, William (2002). "Showing Seeing: A Critique of Visual Culture", in: Art History, Aesthetics, Visual Studies. Hg. Michael Ann Holly und Keith Moxey, Clark Art Institute and Yale University Press, S. 231-250.

Nancy, Jean Luc (2015). Das andere Porträt. Berlin.

Nora, Pierre (2005). Erinnerungsorte Frankreichs, München; Alexander Galloway (2004): Protocol. How Control Exists after Decentralization, Cambridge.

Rainie, Lee/Joanna Brenner/Kristen Purcell (2012): „Photos and videos as social currency online," in: Pew Internet & American Life Project, http://www.pewinternet.org/2012/09/13/photos-and-videos-as-social-currency-online/ (zuletzt aufgerufen am 8.8.2016).

Raulff, Ulrich (1984): „Image oder Das öffentliche Gesicht.", in: Das Schwinden der Sinne, Hg. Dietmar Kamper und Christoph Wulf, Frankfurt/Main, S. 46-58.

Reichert, Ramón (2008): Amateure im Netz. Selbstmanagement und Wissenstechnik im Web 2.0, Bielefeld.

Sandbye, Mette/Larsen, Jonas (2013): Digital Snaps: The New Face of Photography. New York.

Silverman, Kaja (1997): „Dem Blickregime begegnen", in: Christian Kravagna (Hg.), Privileg Blick: Kritik der visuellen Kultur, Berlin, S. 58-71.

Senft, Theresa (2013): "Microcelebrity and the Branded Self", in: John Hartley, Jean Burgess, and Axel Bruns (Hg.), A Companion to New Media Dynamics, Malden, S. 346-54.

Starl, Timm (1995): Knipser. Die Bildgeschichte der privaten Fotografie in Deutschland und Österreich von 1880 bis 1980, München.

Surowiecki, James (2004): The Wisdom of Crowds: why the many are smarter than the few and how collective wisdom shapes business, economies, societies and nations, New York, NY, .

Taylor, Charles (1996): Quellen des Selbst. Die Entstehung der neuzeitlichen Identität, Frankfurt am Main: S. 54.

Titlow, John Paul: "How to Get More Followers on Instagram." ReadWrite (Blog), 19. Juli 2012, http://www.readwrite.com/2012/07/19/how-to-get-more-instagram-followers (zuletzt aufgerufen am 8.8.2016)

Titton, Monica (2014): „#RICH. Zur medialen Inszenierung von Luxus und Reichtum in Instagram und im Reality-Fernsehen", in: Esther Ruelfs (Hg.), Fette Beute – Reichtum zeigen, Ausstellungskatalog, Museum für Kunst und Gewerbe Hamburg, Berlin: Ker ber, S. 188-193.

Tomoyuki, Okada (2005): "Youth culture and the shaping of Japanese mobile media", in: Mizuko Ito, Okabe, Daisuke, Misa Matsuda (Hg.), Personal, portable, pedestrian: mobile phones in Japanese life, Cambridge, Mass./London, S. 41-60.

Vander, Wal Thomas (2007): "Folksonomy Coinage and Definition" , http://vanderwal.net/folksonomy.html (zuletzt aufgerufen am 8.8.2016)

6 Playfulness in interactive art systems: an empirical study for the creative development of *Underneath the skin another skin*

PATRÍCIA REIS

Computer-based interactive artworks

An interactive artwork is concerned with the experience of the person who interacts with it (Reis 2016: 91). The knowledge acquired, and the psychological and perceptual body adjustments derived from the active participation, become the actual artwork. A computer-based interactive artwork demands specific modes of interaction made different by the specificities of the human–machine system of the work. In such a system the active participation works in a unique dialogical manner characterized by the exchange of information between human and machine (Edmonds et al., 2006) altering one's personal experience (Giannetti, 2006: 112). The communication channel is made available through an interface, a tangible object that acts as an intermediary "translating" the human action into a particular computer task programed by the artist. The interface provides the ideal context for the sensorial integration of the agent in the virtual and simulated space of the system. In highly immersive systems (Giannetti, 2006: 125) the agent is psychologically and sensorially enveloped within the artwork and becomes an interactor.

Taking into account the singularity of each action, and also its dependence upon the system, it is impossible to generalize about an interactive experience. Therefore, a case-by-case analysis is necessary in order to grasp the real experience of the interactor in the specific system of an artwork. This justifies why empirical research about interactive art experiences has been growing as an area of interest. Some of the most significant studies in the field of interactive art resort to observational methods in order to collect verbal data about the experience of the audience within a specific context. For example, Bilda et al. (2006) trace an embodied cognition framework of the interactive art experience as an empirical strategy applied to different artworks. Costello et al. (2006) use observational methods to observe interaction with the artwork Lamascope, and verify categories of embodied

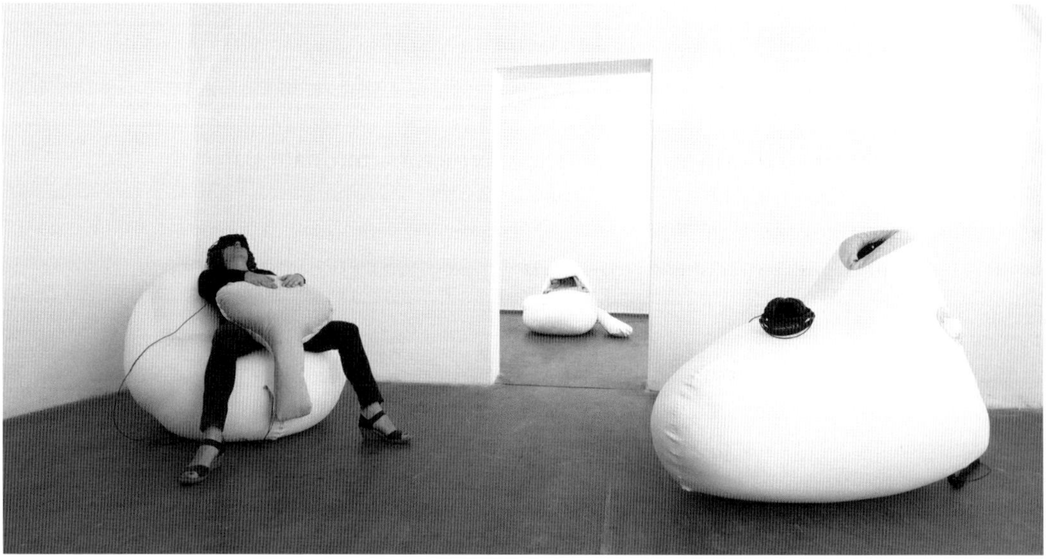

Fig. 1 Patrícia J. Reis, *Underneath the skin another skin*, audio-visual-tactile interactive instalation, 2016. View of the installation

experience proposed by its artist Sidney Fels. In contrast, Kan et al. (2005) use similar methods to observe audience behaviour to inform the design of human–computer interfaces. Jones and Muller (2010) collect video and verbal data in the real context of the exhibition in order to capture the relationship between the artists' intention and the audiences' experience, using the conclusions to rethink the archival context of interactive art.

The aforementioned studies, in many cases, were conducted by external observers as a post-observation of their impact during the final exhibition. The innovative feature of this study is that similar methods have been applied within the creative process of the development of the artwork. The study was conducted by the artist in a work-in-progress context, with the expectation that its findings might contribute to significant adjustments in the final artwork. The goal is to obtain detailed insights into the situated experience with the interactive artwork Underneath the skin another skin (2016), by gathering and analysing rich verbal and visual data from interactors in a controlled environment previous to the real exhibition situation.

Underneath the skin another skin

Underneath the skin another skin is an audio-visual-tactile interactive installation presented in the shape of three human-scale tridimensional objects (Object A, Object B and Object C) [Figure 1]. It is made of flexible materials such as textiles, inviting the interacting audience to engage physically in a bodily sensorial and sensuous relationship with the artwork. The objects contain interactive devices and tactile sensors that, when used, trigger multiple sensorial stimuli in the interactor. The interactive installation focuses on the interactors' intimate haptic sensorial experience, taking into consideration his or her sensorial and cognitive mechanisms as a potential apparatus in the construction of unique individual experiences. Interactivity is understood to be a triggering element in a multisensorial individual and particular experience.

All objects share the same mechanism of the audio-visual-tactile interface. The visual interface emits flickering light, the audio interface emits pulsed beats (mixed with a melody created by the artist in the background) and the tactile interface, installed inside the object, emits vibration feedback.

For the current study, only the interactivity potentialities of Object A were observed. Object A [Figure 2] is characterized by a rounded shape, which the interactor is invited to embody and embrace by reclining his or her body face down. The visual interface is placed on top, inviting the interactor to approach with his or her eyes shut. The

Fig. 2 Patrícia J. Reis, *Underneath the skin another skin*, audio-visual-tactile interactive instalation, 2016. Object A

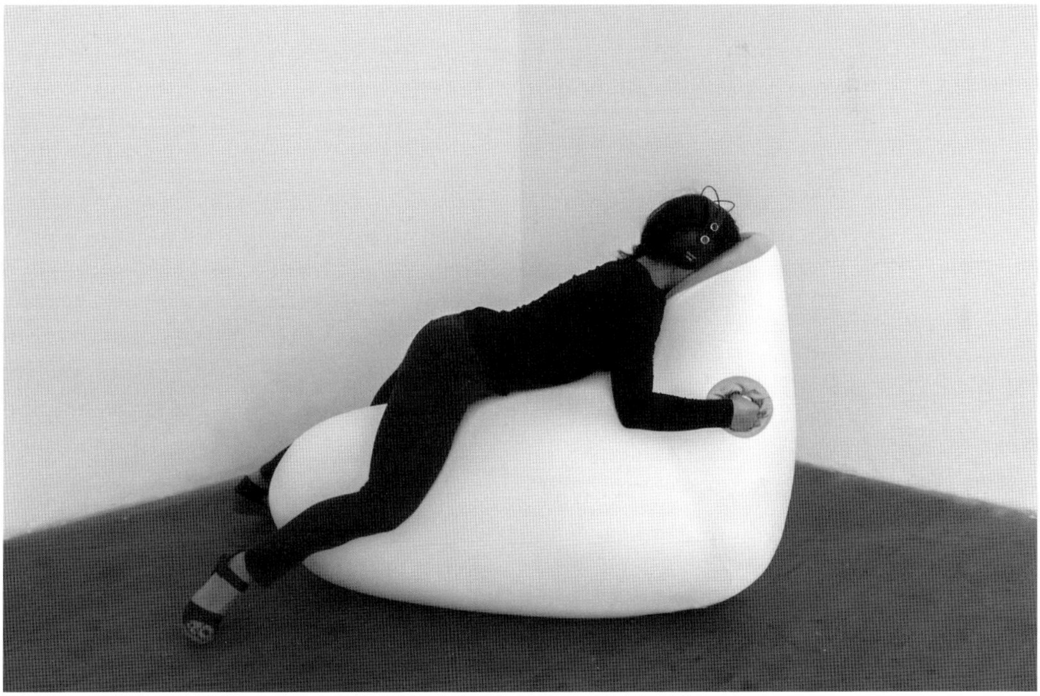

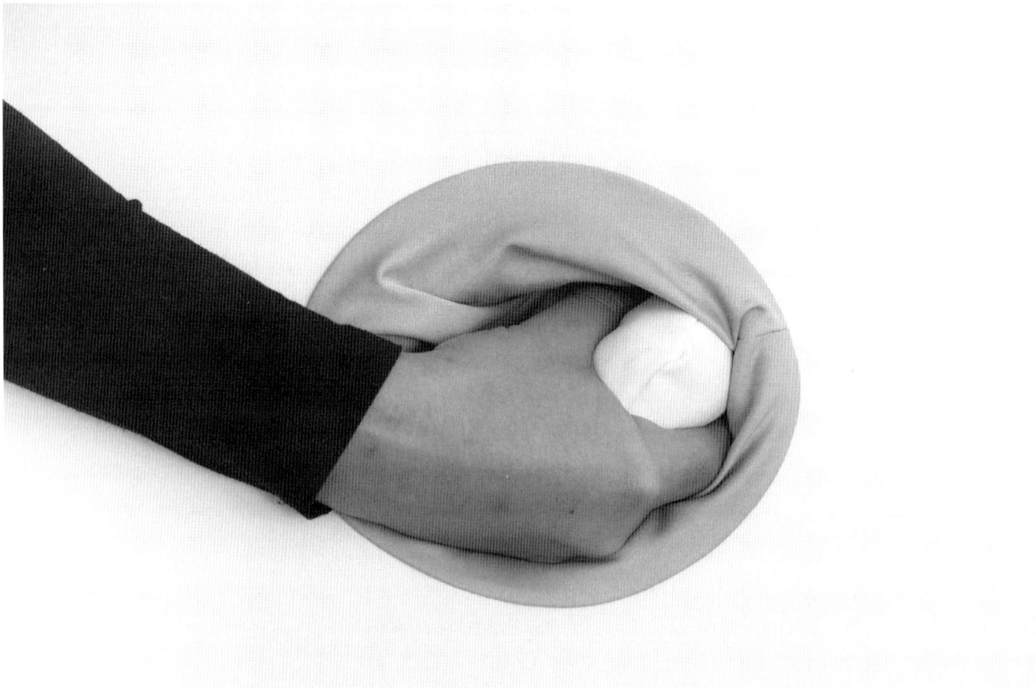

Fig.3 Patrícia J. Reis, *Underneath the skin another skin*, audio-visual-tactile interactive instalation, 2016. Detail of the interactive sensor of the Object A

tactile interface is placed inside the object and sends vibrations to the abdominal area of the interactor. The sound is perceptible through stereophonic headphones. The interactor is invited to insert his or her hand into the object at the point where the interactive sensor is located and to interact with it [Figure 3]. By doing so, the interactor can select from the different frequency sets available in the system: set 1 offers synchronization between audio and visual stimuli with a frequency of 1 Hz; set 2 offers an audio and visual frequency of 10Hz; set 3 offers an audio and visual frequency of 20Hz; and set 4 offers an audio, visual and tactile frequency of 30Hz.

While embodying the object, the interactor is invited to use the headphones and to approach the source of light with his or her eyes shut. The synchronization of the stimuli stimulates the perception of singular images characterized by patterns of geometric shapes in motion and colour. The visual illusion is derived from the brain's attempt to give meaning to a certain "distorted" stimulus in which signals such as depth and colour are misleading because the eyelids are shut. In-depth studies were necessary to evaluate how the interactor responded to the action of the given frequencies for all three modalities. Only in this way was it possible to ensure that the sound and vibration amplified the visual experience. The motion image is enriched by the interactive potentialities of the work: through manipulation of the interactive sensor, the interactor can "visualize" different images.

In Underneath the skin another skin the interactor's memory becomes the main device for the construction of experience and image. His or her sensorial system is transformed into a mechanism capable of constructing and imagining the perceptible "reality" induced by the system of the work. This reality, only perceptible from the inside, is constituted as a system or model of a "peculiar endo world" (Giannetti, 2006: 185) that is only experienced by the interactor. In the work, one can conclude that the interactor's active participation results in the alteration of a personal and particular experience: by enveloping the work, the interactor plays a determining role in its effectivation.

The innovative aspect of Underneath the skin another skin is that its interactivity is of another nature: it is not limited to interaction with the work's technical system; rather, it occurs within the internal space of the interactor. The interactor interacts within its system, generating new information and producing experiences in a singular way.

During the immersive experience of the work, the interface disappears. The interactor is led to a privileged position as an internal observer (Rössler, 1998: 23). The work's system acts as input as it activates the perceptive phenomenon and, through this, stimulates internal interactive processes. The output is an image that is only accessible in the first person. The interactor's sensorial system becomes a "black box" (Flusser, 1998) that, given its complexity, becomes impossible to decode – its program is truly unknown. Thus, the work's program is not reducible to the digital code created by the artist; indeed, it extends to the human level, to the interactor's brain and body. This fact emphasizes the significance of an empirical study for a better understanding of the individual experience.

The interactor as player

In an interactive experience it is necessary to ensure that the role of the interactor in the system of the artwork is practical and fundamental (Giannetti, 2006: 185). In Underneath the skin another skin two central moments of interaction were foreseen: in a first stage, the physical contact between the body of the interactor and the body of the artwork; and, in a second stage, the process of reconnaissance is surpassed and the interactor is led to another degree of the experience characterized by the sensorial immersion. At this point the interface is surpassed. By interacting with the sensor, and consequently with his or her own illusory mechanisms, the interactor is engaged as a player. In order to achieve this stage, it was necessary to guarantee that the interface would effectively stimulate the perceptive phenomenon. Interface, as was observed, is capable of affecting the interactor haptically – his or her auditive, visual and tactile perception – to produce interactive relations at a level of motor-sensorial and cognitive immersion. The human–machine system of the work comprises the sensor, allowing the interactor to select from options available within the system; the audio-visual-tactile interface, which is capable of stimulating the interactor in the construction of auditive, visual and tactile illusions; and the microcontroller, the mechanism containing the initial program and which translates the action of the interactor on the system into a given series of stimuli.

Towards an activation of the internal interactive processes it was necessary to pre-program the work, convincing interactors of their immersive role in the system and enabling them to believe they were in command of the program. Strengthening the communicative relations between the interactor and the system of the work fostered a playful type of self-fulfilment pleasure. This potentiated a type of interactor close to the concept of homo ludens. The interactor, by not truly knowing the "black box", its complex instrumental dimension and its program, is led to playful engagement as a player.

Vilém Flusser (1998: 44) recognizes a ludic facet in the human–machine interaction, referring particularly to the apparatus in his theory of the "black box". According to Flusser, the "black box" (or the photo camera) creates a new approach to interaction, rendering the apparatus a toy instead of a tool. In that sense, the interactor is no longer a worker but a player: "no longer homo faber, but homo ludens" (Flusser, 1998: 44).

Unlike other machines, the apparatus should contain a rich program, impenetrable in its totality, allowing interactors to lose themselves within its system. Such a system should be similar to that of the "black box": the interactor has the domain towards both the input and the output without really knowing the automatic process in-between. The automatism and the unknown aspect form the fundamental category used to engage the interactor in the simultaneously pleasurable and challenging (Huizinga, 1949: 3) engagement as a player. The apparatus emancipates the interactor from work to game, from "reality" to imagination (Flusser, 1998: 45). In order to ensure a better experience, and correct and secure interaction with the system, rules and

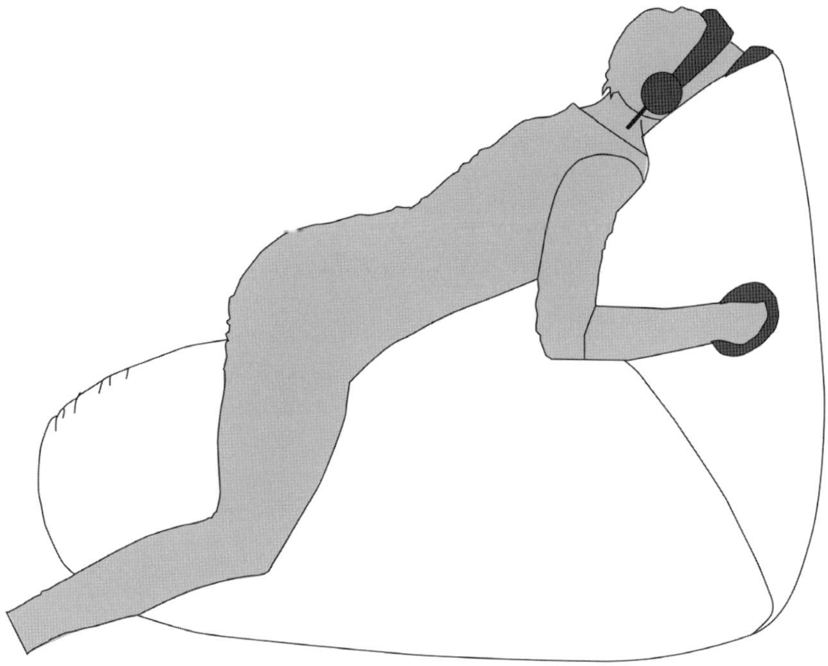

Fig.4 Patrícia J. Reis, Infographic with instruction of interaction with Object A – *Underneath the skin another skin* (2016)

instructions were considered fundamental: first, they were necessary for safety reasons to alert subjects with incompatible conditions such as epilepsy to the use of intermittent lights; and, second, to guarantee the best possible experience, it was necessary to indicate how to use the work's instruments correctly. An infographic was created [Figure 4] representing interaction with Object A. In the schematic it is clear how to use the interface without demystifying the impact of the experience. It was considered fundamental to leave this aspect open in order to foster curiosity in the unknown experience.

General methodology

The general observational methodology applied in this study contemplates the intersection of three main perspectives:

1) The artist-researcher – the creative person responsible for the conceptual and technical creative aspects of the artwork, who is at the same time the observer, the coder, the analyst and the author of this study.

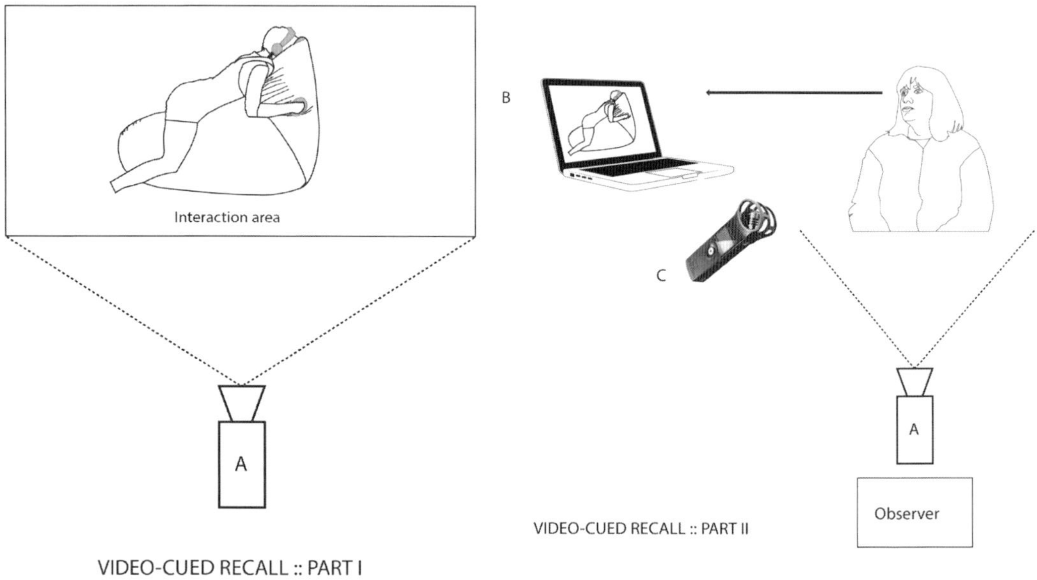

Fig.5 & 6 Part I & II, Video cued-recall (2016)

2) The selected participants that interact with the artwork.
3) The literature – the conceptual framework and practice-based research.

Method: video-cued recall

The video-cued recall method was previously applied by the aforementioned studies and proved to be effective in revealing situated interactive experiences in detail. The method is commonly used in the field of cognitive sciences in order to observe human cognitive behaviours by analysing verbal and non-verbal data. The actions of participants are video-recorded in their entirety [Figure 5], and immediately after the experience the video is shown to participants, who are invited to recall as much as possible about their experience [Figure 6]. The video acts as a visual clue to help participants recall their experience in detail, cognitively reconstructing the different experiences and recalling images and audio, visual and tactile sensations that explicate each moment.

Participants

Given the particular context of observation, the sampling was reduced to twelve participants, thus preventing an exhaustive observation from diverting our focus away from the study. Among the participants were six females and six males aged between eight and forty-one years. The professional occupations of seven of the participants were related to art, but not specifically the field of interactive art, including: two fine artists working specifically with paintings (male); one video artist (female); one art historian (male); one film critic (female); one musician (male); and one art restorer (female). The remaining participants were from diverse occupations: one occupational therapist (female); one yoga teacher (female); one academic researcher in the field of neuroscience and philosophy (female); one IT engineer in the field of security (male); and one child (male) who participated together with his mother. Taking into account the different nationalities of the participants (five Austrians, two Portuguese, one Greek, one German, one Italian, one Australian and one Slovenian), the chosen language for communication was English.

Procedures

The goals and aims of the study were transmitted to the participants prior to the experiment and formalized via signed consent. As in an exhibition context, an infographic with instructions was shown in advance, reminding participants of the importance of shutting their eyes and the potential danger of flickering lights.

During the video-recording observation participants were left alone in the room (artist's studio) without any impositions regarding interaction time. Immediately afterwards, the video was shown and participants had to report retrospectively following the timeline-clue of the video. The time gap between the two moments was approximately 3–5 minutes.

Analysis

Taking into account the multiplicity of data generated by this method it was important to circumscribe the observational phenomena to the fundamental criteria for analysis, the two major categories covered in this study being interactivity and the interface – the sensorial integration with the human–machine system of the artwork and the functionality of the human–machine system of the artwork.

From the beginning it was established that verbal observation would be prioritized over visual. After a first analysis process, whereby the initial categories were verified, the analysis proceeded by sub-categorizing and coding the events within the video and verbal data collected. Whenever possible, the actual terminology of the participants was used when naming codes. In the first category regarding the interactivity and the interface, three different codes were generated: 1A – relative to the sensorial integration and one's consciousness of the interactor within the system of the artwork, namely the degree to which the interactor felt control over the system; 1B – relative to the playfulness aspect of the interactive experience; 1C – relative to comprehension of the instructions.

In the second category, regarding functionality of the system, five different codes were generated: 2A – relative to the functionality of the interactive sensor; 2B – relative to the functionality of the audio interface; 2C – relative to the visual interface; 2D – relative to the tactile interface; and 2E – relative to the physical object as a whole.

The qualitative analysis was accomplished through observation of the videos after a final post-production containing both recordings, on the left side – the interaction; and on the right side – the verbal recall of the participant.

The verbal data was transcribed and the relevant quotations were distributed according to the category system, always referring to the code of the participant and the timeline of the video. A colour-coding system was accomplished for the verification process. Each category was attributed two different colours, one indicating that the category had been verified and another that it hadn't. The results were based on the arithmetic sum of the verification.

Reliability of the method

Regarding the video-cued recall method, it is important to note that the specific interaction motivated by the artwork did not demonstrate itself obviously in the video, a fact that made the task of recalling more difficult for participants. However, all the participants agreed that watching the video of their interaction helped the process of recalling the experience.

The majority of participants reported that the presence of a camera was initially intimidating, but because of the immersive capabilities of the artwork, this feeling quickly passed. Language being one of the fundamental aspects of the data analysed, it was concluded that a future study should be conducted in the native language of each participant with the expectation of collecting more detailed information. Furthermore, it is believed that more advanced methods of evaluation, such as computer software, would generate a greater variety of data that could lead to more specific results and conclusions.

Results

The video-cued recall and code-based analysis techniques allowed the artist to unfold significant verbal and non-verbal data sufficient for the verification of each category. In the first category, under code 1A, it was possible to observe that eight of the participants expressed a feeling of control over the system and three struggled during the manipulation of the interactive interface, a fact that diverted their attention towards the sensorial experience and caused a feeling of disturbance during interaction. Regarding code 1B, it was observed that all participants engaged in a playful experience. With code 1C it was observed that nine of the participants expressed a full understanding of the rules and only two did not grasp all the instructions.

In the second category, under code 2A, it was observed that the sensor performed a correct operation during the interaction of six participants but failed during the experience of five participants. Regarding code 2B, it was observed that the audio system worked properly for six participants but failed at certain moments for the remaining five.

In codes 2C and 2D it was observed that the visual and tactile system of the installation worked according to expectations for all participants. By contrast, in code 2E it was observed through verbal and non-verbal data that nine of the participants embodied the tridimensional object in an anticipated way, but two expressed discomfort regarding the small space containing the visual interface.

Conclusion

As expected, it was observed that the feeling of control over the system of the work was achieved after a short period of reconnaissance, once the participant was secure with the rules, particularly about how to use the sensor. At that stage it was possible to observe that some expectations were achieved and surpassed, contributing to a certain level of fulfilment and enjoyment expressed as: "I was surprised,“ or "I was very relaxed.“ The fulfilment of control is evident in expressions such as, "I really liked that I had control over things,“ and "The sensor was great, I mean I just really could control whatever I want.“ In particular, the enjoyment and recognition of being part of an artificial experience were expressed in the following quotation: "I started to get consciously into the process of the machine.“

Another aspect to take into consideration was the immersion state of the participants observed by themselves while looking at the video: "I lost track of time. I had no idea how long I was there.“ In the interactive system of Underneath the skin another skin, the creative and imaginative potentialities are endowed by the playful engagement of the inte ractor. This dimension is clear in the following comment of a participant: "It wasn't just me sitting there and absorbing things. I could have my input."

The playful approach of the interaction was also observed by the use of verbs that denounce actions of decodification and ludic engagement, such as: "playing", "testing", "changing", "making", "switching", "experiencing" and "trying". Furthermore, some participants expressed their self-fulfilment and pleasure by using language typical of a player: "You get a little bit addicted. I started to play with it as an instrument and enjoying it," or even, "Game over." Other verbal data was collected associated with creative and imaginative potentialities, such as: "Playing again with the sensor, making rhythms with it." It was interesting to observe that some participants discovered possibilities in the system of the work that were not anticipated by the artist, such as the motion of the body in search of other visualities: "I am getting a little bit away from the LED so I can have a different experience." The same was also true of the anticipated way of using the sensor. It was interesting to observe that other possibilities, even ones that were not programed, functioned fully [Figure 7].

How the instructions were comprehended was a fundamental aspect to observe. One of the participants did not totally understand the need to keep the eyes shut, a fact that caused some disturbance during the interaction. Another participant inserted a hand into the object without understanding the need to grab and press the sensor. This led to a disturbance in the communicative process between action and effect, and action and intention. In both cases the ludic potentialities of the experience were partially lost. It was concluded that knowing how to use the interface is primarily to guarantee the interactor's sensorial integration with the system of the work, thus opening up the space for playfulness and possibilities, including both programed and unprogramed ones.

Regarding the functionalities of the technical system, it was observed that the failure of the sensor was due to a leakage of air in the air-pressure sensor. This observation was of the utmost importance in terms of improving the technical system and fixing the problem before the final moment of exhibition. The malfunction resulted in frustrating moments for some participants characterized by confusion and in some cases even feeling responsible for damaging the system: "In an exhibition context I think I would be, heemm, maybe I have

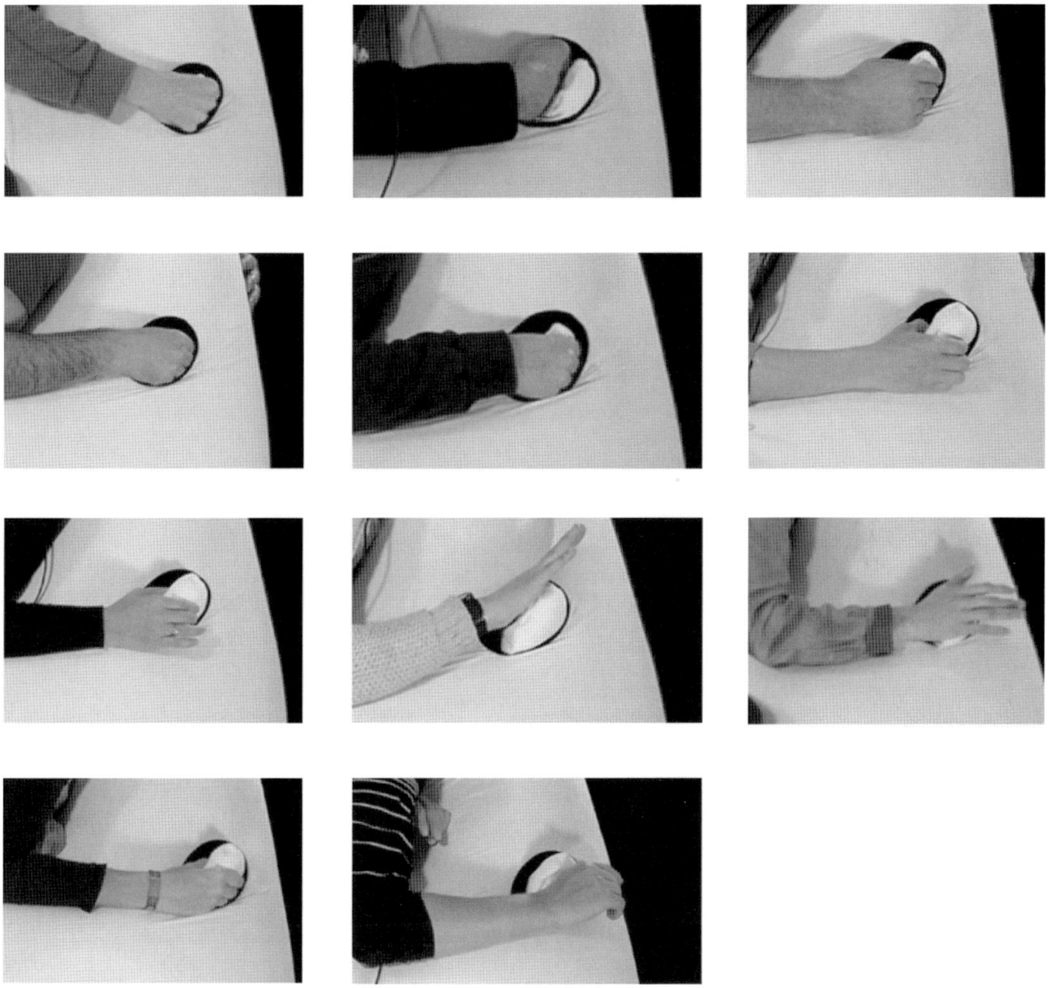

Fig.7 Patrícia J. Reis, Still-frames of the eleven videos showing in detail the participants using the sensor

broke, maybe I should leave now." Such unprogramed experiences could initially divert attention away from the aesthetic, conceptual and experiential aspects of the artwork.

At this point a correlation between both the interactive sensor and the audio system of the microcontroller was observed, a fact verified and fixed at a later stage. Observations about the ergonomic aspects of the work were taken into consideration for the final version of the work, such as the enlargement of the upper part of the object where the visual interface is situated. This fact was articulated by some participants: "Breathing got a bit difficult towards the end because the space is so tight." Collecting such data within the creative process resulted in benefits for the improvement of the computer system of the artwork and also contributed to the final aesthetic experience of the interactors. Furthermore, it was concluded that closer contact with a sample of the audience within the creative process was of the utmost importance for bridging the gap between creative practice and real outcome experience connecting artist and interactor.

References

Bilda, Z., Candy, L., Edmonds, E. (2006). An embodied cognition framework for interactive experience. CoDesign, 3, (2), 123-137.

Costello, B., Muller, L., Amitani, S., Edmonds, E. (2005). Understanding the Experience of Interactive Art: Iamascope in Beta_space. Proceedings of the second Australasian conference on Interactive entertainment. pp. 5, 49-56.

Edmonds, E., Muller, L., Connell, M. (2006). On creative engagement. Visual Communication Reflection on Practice, 5: 307-322, 2006.

Flusser, V. (1998). Ensaio sobre a fotografia: para uma filosofia da técnica. Lisboa: Relógio de Água.

Giannetti, C. (2006). Estética digital: sintopia da arte, a ciência e a tecnologia. Belo Horizonte: C/Arte.

Huizinga, J. (1949). Homo ludens: A study of the play-element in culture. Londres, Boston e Henley: Routledge & Kegan Paul.

Jones, C., Muller, L. (2010). David Rokeby, Very Nervous System (1983-) Documentary Collection. La fondation Daniel Langlois pour l'art, la science et la technologie. http://www.fondation-langlois.org/html/e/page.php?NumPage=2186 Kan, M., Robertson, T., Muller, L., Sadler, K. (2005). Designing a Movement-Based Interactive Experience Using Empirical Derived Personas and Scenarios. Approaches to Movement-Based Interaction (W9) - Workshop at Critical Compting 2005: Between Sense and Sensibility, The Fourth Aarhus Conference, Aarhus, Den mark, August 21. Reis, P. (2016). Por baixo da pele outra pele: conjunto de obras artísticas. Corpo, ecrã e interface para uma visualidade haptica interativa. PhD thesis published by the University of Évora, Portugal.

Rössler, O. (1998). Endophysics: The world as an interface. Singapura: World Scientific.

7 Introduction to Bastard Culture! How User Participation Transforms Cultural Production

MIRKO TOBIAS SCHÄFER

Yet Another Media Revolution

> *The desktop revolution has brought the tools that only professionals have had into the hands of the public. God knows what will happen now* (Marvin Minsky, Time 1983).

In 1983, Time magazine nominated the PC as the 'Machine of the Year'. The edition's title, 'The Computer Moves In', announced the Information Age's entry into our living rooms. On the cover, a man sits alienated in front of his new roommate. What he plans to do with the computer or what the machine might do to him is not quite clear. In January 2007, a computer was again displayed on the Time cover, but this time the computer screen is a mirror reflecting the 'Person of the Year': 'Yes, You. You Control the Information Age. Welcome to Your World'. The cover is a symbol of the emancipation of the computer user from the alienated user of 1983 to the 'hero of the Information Age' in 2007.

The attention devoted to the computer in 1983 marks an important milestone in the emergence of what has become known as the 'information society'. What started as a secret technology for military research – an accounting machine in scientific laboratories and corporate companies, advanced technology initially unthinkable as a mass-produced consumer good – suddenly entered the lives and homes of common users as the microcomputer.

With this microcomputer, users had a high-tech device at their disposal, a machine which was able to execute every task provided in a symbolic language the machine can understand. Over the past two decades, the computer has developed into an everyday medium. Due to easy-to-use interfaces and the Internet, which has increased the reach and use of computers globally, computer use has become common everyday practice. The 24-year interval between the two editions of Time magazine bridges the gap between the introduction of the computer into the consumer sphere and the emergence of a new global cultural practice. Several trends during this time span ultimately shaped the contemporary cultural practice of computer use:

1. The computer developed into a medium for work, leisure and entertainment
2. The Internet became the primary means to connect computers, thereby constituting a world-wide information infrastructure
3. The emergence of the World Wide Web (WWW) which, with its graphical user interfaces and hypertext structures, made networked computers a useful tool for common users and consequently became a mass medium by 1995
4. Most recently, in concert with the above, broad-band Inter net connections and related services enabled users to publish, organize and share large quantities of data online.

The result we are witnessing today, emphasized in the above-mentioned edition of Time magazine, is referred to as 'participatory culture', which describes the new role users have assumed in the context of cultural production.[1] But the new media practice didn't immediately manifest itself on such a large scale. Despite the attention the microcomputer received in the 1980s, it remained a tool used primarily in offices or as a gadget for enthusiastic early adopters often referred to as 'nerds', who developed an understanding of the computer and its applications that very much shaped the way personal computers are perceived today. The machine initially developed for solving complex and repetitive arithmetic problems thus developed into a common office device, and subsequently into an everyday medium for consumers who can use it for practically anything that can be formulated as an algorithmic process, from filing tax returns to organizing holiday pictures. The Internet and its successful application, the World Wide Web (WWW), have been crucial in this development.[2] The WWW has enabled large media audiences to recognize the computer as a handy tool for communication, entertainment and leisure activities.

Software like web browsers, which embed networking in a graphical user interface, and attractive services such as web-based e-mail, chat programs, online communities, and Internet forums have increased the computer's appeal to a large group of consumers. The Internet has diffused aspects of the computer so that not only machines but also people have become globally connected, and the networked computer is now a commonly used medium in Western industrialized countries.[3] Participation has become a key concept used to frame the

1 The term 'participatory culture' was initially introduced by Henry Jenkins (1991, 2006a; 2006b, Jenkins et al. 2006) to distinguish active user participation in online cultural production from an understanding of consumer culture, where audiences consume corporate media texts without actively shaping, altering, or distributing them.

emerging media practice. It considers the transformation of former audiences into active participants and agents of cultural production on the Internet. Popular media acclaimed the new possibilities for consumers to actively create and produce media content. Users became explicitly active participants in the cultural production thanks to the latest WWW developments. The buzzword 'Web 2.0', coined by publisher Tim O'Reilly in 2005, actually described a set of web technologies, often abbreviated as AJAX for 'asynchronous Java and XML', that facilitate easy publishing and content sharing, as well as the establishment of social networks. Web 2.0 applications have been attracting a multitude of users, pushing the trend towards socialization and the creation of 'user-generated content' (UGC). In 2010, about 73 percent of American teenagers and young adults online uses social networking sites (SNSs) such as Facebook or MySpace (Lenhardt et al. 2010). As early as 2006, every third American Internet user had participated in categorizing or organizing online content by adding meta-data (Rainie 2007). These figures seem to confirm the perception of the increased capability of users to participate in cultural production.

However, the enthusiasm about user activities is, as I will argue, somewhat premature and rather unbalanced, because it often neglects the fact that underlying power structures are not necessarily reconfigured. Although the new media practice challenges some established business models, it does not necessarily make the industries exploiting those models disappear. In the cultural industries, traditional companies not only adapt and attempt to change business models accordingly or develop new ways of earning revenues; it is also evident that new enterprises emerge and gain control over cultural production and intellectual property in a manner very similar to the monopolistic media corporations of the 20th century. The powerful 'culture industry' is therefore not overturned by an alleged revolution of users. It is undeniable that there are fundamental transformations of user-producer relations, markets and politics unfolding.

This book describes the consequences of user participation as an extension of the cultural industries. The interactions between users and corporations, and the connectivity between markets and media practices, are inherently intertwined and constitute something I have brashly dubbed 'bastard culture' to indicate how the most heterogeneous participants and practices are blended together. Users were granted new possibilities for cultural production that were previously inaccessible to consumers of industrially produced goods and mass media: media content could be produced, published and distri-

2 In the context of this publication, the term Internet is used to refer to Internet technologies in general. When necessary to differentiate, the individual network, protocol, or application will be named explicitly.

3 The Internet World Stats counted 1.966 billion Internet users in June 2010, <http://www.Internetworldstats.com/stats.htm>.

buted by amateurs on a global scale at negligible cost. Internet users could maintain weblogs[4], publish photos, edit videos, engage in online communities, exchange music files on a global scale and cooperate in editing encyclopedic knowledge and software programming.

Chapter 1 analyses how these activities are tied to a rhetoric of progress which promised social progress through technological advancement. In order to promote these new technologies, they have been deliberately put forward as enabling technologies capable of empowering passive consumers and disadvantaged citizens around the globe to let them actively participate in media productions and market activities.

The Internet has therefore also become a platform for discussion and political debate. The online encyclopaedia Wikipedia and the open-source operating system GNU/Linux can be seen as a collective production of knowledge and artefacts. Fan culture communities collect, store and distribute media texts produced by the traditional culture industry and add their own productions and comments to these shared archives.[5]

Beyond the production channels of conventional industries, users create their own media texts, for example fictional texts, videos, radio programs, music, software and the like, and distribute them on the Internet. The netlabel scene or the computer demoscene can be seen as exemplary of cultural production taking place outside of the confines of the media industry while not necessarily being related to its products at all (e.g. Tasajärvi 2004; Timmers 2005; Reunanen 2010).

Chapter 2 explains how these user activities constitute an extension of the cultural industries into the realm of users and reveals a twofold meaning of user participation as explicit and implicit participation. The technological qualities of computers, the Internet and software are crucial constituents for the emerging participatory culture. Software is as modifiable as any product, that is, it can be changed, extended, and used in different contexts, but software has special qualities which especially encourage its modification and distribution.

Furthermore, the technical design of computers, the Internet and software reveals social values and either stimulates or represses various media practices. These technological qualities are analysed in chapter 3. An extensive set of case studies in chapter 4 shows how participatory culture unfolds heterogeneously between a multitude of users, various corporations, communities and organizations, and different mindsets and social contexts. User activities are clearly distinguished as explicit and implicit participation. The explicit participation becomes most

4 Weblogs in particular serve as a medium to comment on political affairs, media coverage, and a variety of socio-political issues. For an enthusiast's account of the 'grassroots' media, see Dan Gilmore (2006) and, for a critical analysis, Geert Lovink (2008)

5 Fan cultures and the transformation of their activities in the digital age have been extensively analysed by Henry Jenkins (e.g. 1991, 2002, 2004, 2006b).

easily recognizable in the deliberate and conscious appropriation of products on the fringes of the cultural industries.[6] User communities meet online and engage collectively in software development projects. This has an effect on all software-based products, since users can suit them to their needs.

A Microsoft Xbox becomes a Linux computer.[7] Nintendo's Game Boy gets turned into a music instrument,[8] and Sony's robot dog AIBO learns how to dance.[9] Users change software-based consumer goods by altering their original design.

Software design and user appropriation reveal processes of interaction between the many participants in contemporary media practice: the often accidental collaboration or the many conflicts caused by user activities lead to the collisions of old business models with new practices. While old business models struggle with the explicit participation of users, new business models thrive on their implicit participation.

Here, user activities are embedded into the software design of web applications benefiting from what users do with and on those platforms. Simply through using platforms such as Flickr, YouTube or Facebook, or services such as Google and Amazon, users create value and often actively contribute to the improvement of services and information management. Chapter 5 revolves around the different consequences of the new technologies and media practices for markets and politics. How do companies deal with the new challenges emerging from participating users? The possible dynamics of userproducer relations are analysed in terms of confrontation, implementation and integration. These dynamics raise debates on the regulation and legalization of emerging computer applications and user activities, and in turn, this regulation and legalization shape society's perception of these technologies. The availability of computers and the Internet expands the traditional culture industry into the domain of users, who actively participate in the cultural production, either by appropriating products from the commercial domain or by creating their own. However, while user activities constitute a significant loss of control for certain sectors of traditional media industries – especially in the area of distribution – the larger cultural industries benefit from user-driven innovation through the appropriation of corporate design.

Furthermore, the media industry is undergoing a shift from creating content to providing platforms for user-driven social interactions and user-generated content. In these extended cultural industries, participation unfolds not only in the co-creation of media content and

6 Appropriation describes how consumers use, change, and adapt products. This process often involves uses unintended by the original vendors, and can also include modifications of the technical design.

7 Xbox-Linux-Project, <www.xbox-linux.org>.

8 There are a number of musicians using Little Sound DJ, Nanoloop, and Pocketnoise software to produce music on the Game Boy.

9 The hacker Aibopet offers a large number of programs on his website <www.aibohack.com>. The program DiscoAibo, which makes Aibo dance, is available there as well.

software-based products, but also in the development and defence of distinctive media practices that represent a socio-political understanding of new technologies.

The aim of this book is to reveal the constituents of the emerging participatory culture and provide an analysis that is not blurred by either utopian or cultural pessimistic assumptions. I will briefly map the discourses shaping the public understanding of participation and show to what extent it affects the perception and development of technology. Analysing the role of technology reveals discursive elements inscribed into technical design and how it can either repress or stimulate certain media practices. These practices are then analysed in case studies, which clarify to what extent users actually participate in design development, and to what extent companies, users, and technology are interconnected.

As a consequence of these new media practices, different dynamics are unfolding that are either aimed at confronting user activities and preventing them from challenging established business models, or attempt to implement them into new revenue models, or to integrate the new practices in socio-political responsible ways into technological design and its various uses.

Don't believe the hype!

Participation is part of a discourse that advocates social progress through technological development as well as aims to create expectations and understanding for technology. This discourse is related to the struggle against exclusion from political decision-making processes, as well as exclusion from ownership of the means of production and the creation of media content. The promise of social progress and a reconfiguration of power through participation is embedded in technological development and postulated anew with each 'media revolution' (Daniels 2002; Flichy 2007; Turner 2006).

Many user activities seem to confirm the expectation raised by references to participation in popular discourse, and many design decisions are directly affected by the claim for and promise of broad access to information and information technologies. This discourse constructed a moral framing of participation which developed blind spots with regard to analysing different levels of use and design. There is an intellectual short cut that far too readily perceives increased user activity as a fundamental shift in power structures within the cultural industries. In consequence, many accounts of user participation romanticize user activities and overestimate the user's capacity of action. Contrary to this, the aim of this book is to step outside the morally biased perception of participation. Defining participatory culture merely within a morally determined framework, and associating participation only with positive connotations, is highly problematic. Proponents of such a perspective neglect to acknowledge the roots of what is in fact a long tradition of claiming participation and expecting social progress through technological development, and become uncritical of the meta discourse of participation.

They also develop a blind spot for another shift taking place within cultural production: the transformation of media corporations from content producers to platform providers for user-created content. One may ask to what extent the many user activities that were first described as a process of emancipation have been integrated into new business models and are subsequently subject to corporate control. In addition, participatory culture cannot be reduced to user activity alone. Machine processes and software routines contribute to production as well, and actively engage with users. The hybrid quality features of information systems assign participatory agency to software design and generate many of the unfolding activities as the result of collective interactions between machines and users. Consequently, another often-marginalized aspect is the role of technology itself. The specific qualities of the technology stimulate or repress certain uses and thus influence the way technologies are used and implemented by consumers in society. These features affect both design and user appropriation. Technology cannot be treated as a neutral black box. When examining technology, it becomes evident that engineering culture as well as a specific socio-political mindset is inherent in its design.

Socio-political debates, regulations and the promise of participation can be translated into design decisions. What has been called 'participatory culture' is actually a complex discourse consisting of the following factors:

1. a rhetoric that advocates social progress through technological advancement
2. a cultural critique demanding the reconfiguration of power relations
3. the qualities of related technologies, and how these qualities are used for design and user appropriation
4. the socio-political dynamics related to using the technologies

This book examines the constitutional aspects of contemporary media practice as they unfold and provides an analysis of participatory culture. In tracing the many aspects involved in the construction of current media practice, my research will identify and analyse the constituents of a participatory culture, thus providing a comprehensive understanding of the complex relations involved in the development of online cultural production. This research will also analyse the constituents of contemporary media practice, framed as a participatory culture, by exploring the relationship between material aspects of technology and the social use, the unfolding debates and the dissent that exists with respect to the use and implementation of new media practices. In order to address the question for the various constituents of a participatory culture as a whole, the following sub-themes will be treated in five individual chapters:

1. Participation as the promise of new media
2. New practices of participation and how to analyse them
3. How technological design affects user participation in digital culture
4. How users appropriate software-based products, develop new media practices and innovate design
5. How new media practices and user participation transform markets and business models in the cultural industries

In the conclusion, questions are raised as to how contemporary media practice can be integrated into socio-political regulation, and whether it will be possible to connect it to a participatory democracy. This book focuses on specific qualities of technology, designers, users and social perceptions of technology and its use. Rather than adhering strictly to one established approach, the theoretical framework I've used consists of aspects from different approaches.

Analysing participatory culture

The enthusiasm about user participation resembles a veil behind which the actual constituents of participatory activities in cultural production are hidden. Participatory culture is not achieved simply by employing new technologies and should not be reduced to its symptoms, that is, users taking part in the processes of production and distribution. Rather, the phenomenon unfolds on different levels: the promise of participation that constitutes a rhetoric of progress employed for promoting computer technology and the Internet. Claiming participation is an inherent element of scholarly commentary on media practices. Here, media and media practices are rated according to their alleged potential of empowering consumers and enabling political activism.

Somewhat hastily, this discourse considered the emerging media practices as fulfilling this promise. But the question of participation also unfolds on the level of technology's basic features. Therefore, technology cannot be perceived as being either neutral or socially and culturally determining with regard to its use and effect. Technology also has to be acknowledged as being discursive, or at least as something which represents the ongoing discourse on participation.

In analysing technology, socio-political debates, values and social programmes are revealed in its design. Analysing participation therefore requires an analytical approach that considers discourses, media practices and technological design. Within these domains, participation will be revealed as a legend, as a political claim, as an actual media practice and as a design solution that either stimulates and even channels certain uses or represses various practices.

Looking at participation in terms of 'media dispositives' means that the various aspects, both discursive and non-discursive, human or non-human, would be related to each other by power structures, knowledge about technology and its design and appropriation, the discursive representation of socio-political issues, and the transformations taking place through the interaction and relation of all participating pants. According to Foucault, a 'dispositif' consists of 'discourses, institutions, architectural forms, regulatory decisions, laws, administrative measures, scientific statements, philosophical, moral and philanthropic propositions – in short, the said as much as the unsaid' (Foucault 1980: 194-195).[10]

In spite of the differences, one can say that a dispositif describes formations of various participants. Foucault employed it in order to analyse medical, legal and socio-political discourses, for example, as well as the formation of power relations in and through such discourse. The concept has been further developed into a dynamic set of interacting connections (Deleuze 1992) and more broadly defined as a concept of 'in-between' formulated by Peeters and Charlier (1999, cit. in Kessler 2006:4).

The use of theoretical tools such as the concept of the dispositif as it has been coined in media studies helps to avoid merely focusing on hermeneutic readings of media content and also takes economical, institutional and social contexts into consideration.[11] In the context of this study, the notion of the dispositif is also open to elements such as participation, playfulness and even sensual experiences in the analysis of any given media dispositif. It offers the possibility of understanding the 'in-between' as the capacity of action, the transformations and

10 Foucault's dispositif has been translated into English as 'apparatus'. However, with reference to Kessler (2006) the French term dispositif will be used.

11 There is a strand of theoretical work in the field of cinema studies which uses the concept of dispositif in order to describe the actual setting in which moving images are screened (e.g. Baudry 1978; Metz 1977; Heath 1981).

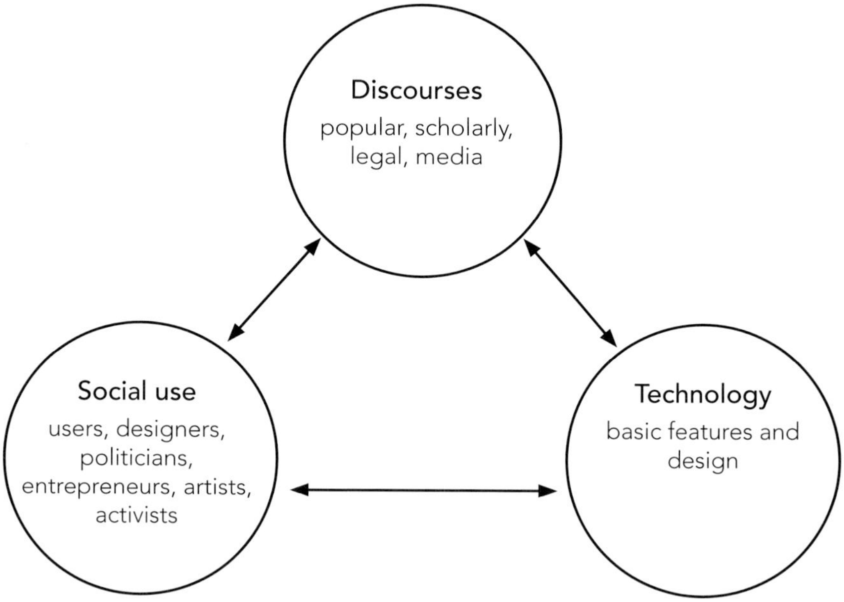

Fig. 1

transactions between the various aspects of 'the said and the unsaid.' Looking at participation in its various forms in the domain of digital media in light of the dispositif means to describe a variety of formations of different relations between three domains, namely the domain of discourses (popular, scholarly, bureaucratic, legal...), technology (basic features and design) and people and social use (what users actually do with the new technologies).

Discourses, technology and social use are all interrelated and transform the meaning of participation itself, as well as the meaning of related technologies, their socio-political framing and their legal regulation (see fig. 1). As figure 1 shows, discourses, technologies and social use (actions) reciprocally affect each other. This perspective represents a macro level, however.

When zooming in on the dispositif of participation, as I do in the case studies in chapter 4, the macro level reveals a set of relations and interactions that can be understood as actor-networks. In order to further analyse these relations, I employ terminology derived from actor-network theory (ANT) (Latour 2005). Developed by Madeline Akrich, Michel Callon, Bruno Latour and John Law, ANT offers a different understanding of technology as well as a practical terminology and a set of methods that have to be considered when researching the use of artefacts. For ANT, Latour points out, neither the social nor society are given assumptions (2005: 37), rather they have to be 'reassembled' in the translations an actor-network reveals. One example of an assumed stable factor explaining online cultural phenomena is the metaphor of the 'community', which is often used as the equivalent for the social constellation of family, friends or neighbourhood communities in real life in order to describe social interaction and the construction of meaning in virtual life (e.g. Rheingold 1993; Turkle 1997; Jenkins 2002; Benkler 2006).

In light of information systems, which are used by a large number of people who often do not communicate with each other, the term 'community' is no longer sufficient to explain online cultural production. Another important aspect drawn from ANT is the consideration of non-human actors and their agency as active contributors to the constitution of participatory culture. While analysing how users appropriated the Xbox, the proprietary Microsoft software development kit appeared as a crucial non-human actor. Following the traces of the Xbox software development kit (XDK), which was initially issued only to licensed partners of Microsoft but eventually leaked out to a broader public, reveals an entire actor-network of appropriation. Mapping the various actors relates the hacking of game consoles directly to the design development at Microsoft and to an emerging and lucrative grey market for modified computer chips for the Microsoft Xbox. This actor-network, in other words, consists of a variety of actors, such as Microsoft, the software development kit, various hacker teams, manifold websites of the console gaming community, producers and distributors of modified chips.

One explicit assumption made by ANT is the increasingly evanescent distinction between culture and technology (e.g. Akrich 1992; Latour 1991; 1992), which affirms the heterogeneity of our Lebenswelt, and the hybrid alliances established within that world. It recognizes relations, labeled as networks, consisting of human and non-human actors and does not significantly differentiate between the two during an initial analysis. In following and tracing actors, non-human actors are handled in the same way as human ones and vice versa. The aspects, human and non-human actors, involved in the failing of a large military aviation project are analysed by Callon and Law (1992).

Using the example of a science project in the Amazon forest, Latour explains the interrelating chains constructing scientific artefacts, established by methods, tools, categorization and mapping (Latour 1999). ANT describes all related aspects as 'actors', whether human or non-human, and tries to flesh out their relations by monitoring their 'traces'. In this book I map various actor-networks in the appropriation of electronic consumer goods. Naturally, the scope of such a network is limited, and the mapping does not represent all possible actors and interactions. I deliberately limit it to selected key actors that appear to be crucial in constituting the heterogeneous and hybrid nature of participatory culture as analysed in the chosen cases.

A larger scope of social interactions and collective production unfolds in socio-technical ecosystems. Here, users interact not only with each other on web applications, they also interact with the software design and the underlying structure of databases and information management systems. The term socio-technical ecosystem is derived from the concept of a 'socio-technical system', used in management studies and organizational development to describe the interaction of people and technology in workplaces (e.g. Berg 1997; Monarch et al. 1997). Socio-technical ecosystems describe an environment based on information technology that facilitates and cultivates the performance of a great number of users. Design and user activities are mutually intertwined and dependent in order to improve the overall system.

The term socio-technical ecosystem aims to emphasize its hybrid character and increasingly complex system-wide performance. The photo-sharing website Flickr constitutes such a socio-technical ecosystem. A system-wide plurality of users is actively engaging in Flickr, but behind the graphical user interfaces on the Flickr servers, information management systems react to user activity. Socio-technical ecosystems can easily be incorporated into other systems. Flickr is connected to the Yahoo search engine and influences search requests for images by delivering results, matching the Yahoo user's search request with keywords generated by Flickr users when uploading their photos. Like actor-networks, socio-technical ecosystems are also subject to the overall dispositif of participation. It can be an actor-within-an actor-network, while at the same time consisting of actor-networks itself.

Employing the concept of dispositif, mapping participants as actor-networks and describing web applications and their users as socio-technical ecosystems, I provide an analytical framework to cover complexity and dynamic interconnections of the different constituents of participatory culture. Tracing the constituents of participatory culture can best be compared with an undercover detective's work analysing a syndicate. In that respect, it recalls McLuhan's notion of the 'suspended judgement', which is described as 'the technique of starting with the thing to be discovered and working back, step by step, as on an assembly line, to the point at which it is necessary to start in order to reach the desired object' (McLuhan 1964: 69).

This research therefore disavows a hasty enthusiasm for users being turned into heroes. Instead, I start by following the different lines along which participatory culture unfolds, beginning with discussions about participation regarding its material foundations to actual media practice and its effect on established ways of cultural production. By examining the meaning of technology, the discourse represents socio-political debates, expectations and attempts for regulation and implementing technology into society itself. As philosopher of technology Andrew Feenberg says, 'Technologies of course do have a casual aspect, but they also have a symbolic aspect that is determining for their use and evolution' (1999: 84).

Technologies have a function as well as a meaning, and if the meaning is lacking, the technology is liable to become inoperable as well. The social relations, ideology, desires and political claims can be found in the artefact's design (see e.g. Latour 1991). The actual social use of software, software-based products and Internet technologies will be analysed according to three procedures that shape technology: affordance, design and appropriation. These are terms which differentiate specific aspects in technology development according to the actors involved.

Affordance describes the specificity of technology. Donald Norman introduced the term affordance to describe the very aspects that channel consumers' use (1998). Affordances delineate the fundamental properties that determine how an object could be used (1998: 9). He uses a chair as an example of how the design suggests one sits on it. Norman refers in general to the design of objects, which he calls 'everyday things', but exceeds that meaning by assigning a material aspect to the concept of affordance. He uses terminology from psychology to refer to the material aspects of an object and the stuff of which it is made.

He gives the example of British Railways experiencing acts of vandalism in their shelters. The glass panels were smashed and the plywood-panelled shelters were defaced by graffiti. Norman blames the psychology of materials, since glass, besides providing transparency to look through, can also be broken, and flat, smooth surfaces can be used not only for building a shelter but are also appropriate for being written on (1998:9). This material aspect, called affordance, determines the design in the first place, before it affects the appropriation by users. Material aspects have to be considered when analysing the way users might use, change, and modify the designed object. Affordance describes two characteristics, the material aspects, or the specificity of an

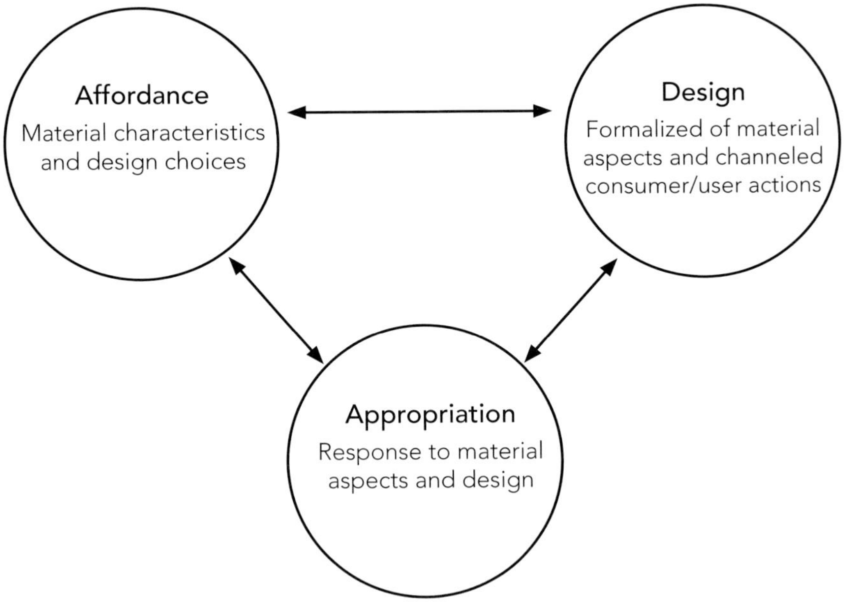

Fig.2

object or a technology, and the affordance imposed on it through the design. Design describes the creation and shaping of artefacts. Design creates its own affordances but is also subject to the affordances of the materials utilized. The design process usually involves an evaluation of the specific features of materials used for a designated object, and an evaluation of the user's appropriation to be incorporated into a next level of development. However, software affords many more opportunities for appropriation than other artefacts, which opens a multitude of possible modifications. Furthermore, the process of design is influenced by the engineer's specific social context and socio-political mindset.

Appropriation means that users integrate technology into their everyday practices, adapting and sometimes transforming its original design. It covers the use, the modification, the reuse and further development of artefacts in ways often unforeseen by the original designers (Dix 2007). Reacting to the initial design of an artefact and changing it according to other needs has been described as a common consumer and user activity (Pacey 1983). The material aspects of Internet culture and the effective possibilities for collaboration have only aggravated this practice on a global scale. Appropriation is related to affordance, because the material characteristics and the design choices affect the act of appropriation. Design and the specific material qualities form the basis for use and appropriation.

As shown in figure 2, affordance, appropriation and design are interdependent. Affordance exists in both, namely the specific material features used for design, and in the design process, which also constitutes affordance. Design is the formalization of anticipated user activities through the use of certain materials or technologies and the shaping of these into artefacts that constitute the designated affordances.

The challenge for design is to employ material characteristics accordingly. A prototypical example of contradictory design will be presented in the case of the Microsoft Xbox, a game console that actually had the typical characteristics of a personal computer but was limited, due to its design, to the functionality of a game console. Users hacked and modified the game console in ways unintended by the vendor. Microsoft learned from these acts of user appropriation and formalized several aspects into the design of the next game console, the Xbox 360, aiming to include several forms of game console use and attempting to exclude others that were more efficient than the older design. The labour of user communities, their innovations and their way of using a device were then formalized into new design decisions and therefore implemented in further developments. During all stages of development, the involved participants can be professional designers employed by a company, individual users, a collective of enthusiastic students, or a user community, a team of hackers and so on; all of these participants are users and producers.

Tracing participation

Tracing the relations and activities that take place can be achieved by following as many actors as possible and examining the media texts and artefacts produced within various formations of the dispositif of participation. The various actors explored in each case are subject to the general formations of discourses, individual people, communities, and technologies as outlined in the dispositif. Actual media practices and software designs are revisited in relation to the promise and claim of participation, and its socio-political implications.

Technically, this research was conducted through an explorative analysis, starting with the media attention for participation and agenda setting for new technologies, to the hidden connections between various participants and the agency of material aspects that so often are easily overlooked. At a practical level, this research proceeded by analysing the popular discourse with respect to cultural references (metaphors, associations, images) that are employed to promote new media. As for the appropriation of technology, examples were chosen in order to analyse how users actually alter software-based products. The research was conducted through interviews, analysis of design and appropriation processes, examination of the ways specific appropriations were represented in the media, and the initial definition of the original designers and the legal departments of the companies involved.

As a consequence of new technologies and practices, a whole range of new sources needs to be examined when analysing media culture. Conventional media and cultural studies analyse media texts such as film, television, radio, comic books, music and the like in order to formulate a critique of media production or inherent ideology, or to describe consumer culture. Students of the Internet also focus on all digital media texts such as audio, film, graphics, graphical user interfaces – the visual surface of new media as well as on different kinds of texts, namely software programs, hardware configuration, and technical protocols, which define the configuration and regulation of information infrastructures that can be analysed and interpreted, such as conventional media texts. Political statements, policies, corporate white papers, artwork, advertising and even metaphors enrich the considered resources, revealing ideological connotations and the framing of technology.

Since the debate on participation is highly informed by the socio-political claims of the recent 'media revolution', a close look was taken at the representation of ideological aspects. This included the ways in which promoters of the new media framed technology as well as their choice of cultural references, images, associations and metaphors to describe technology in speeches, advertising, business talks or policies. Requests for comments (RFC), a database representing developers' discussions on the development and the implementation of Internet technologies, defines technical standards and outlines a procedure for collective decision-making and consensus. This practice has been employed by other collaborative projects as well. End user license agreement (EULA) or terms of service (TOS) documents, found in most online services and software-based products, make up important aspects of the quality, definition and legal regulation of current media objects. These texts regulate content ownership, whether provided by a company or a user, and they regulate the further use, compensation, and liability of involved parties. Application programming interfaces (APIs), provided by designers of information management systems, channel the further third-party use of data stored in an information system's database. The APIs were developed to be powerful gatekeepers of information flow and regulate to a large extent how open a system is and what data and functions can be embedded or shared.[12] The documentation of software applications, their interfaces for user feedback or user participation, their provided information in the form of frequently asked questions (FAQs), user forums and so on are another set of important texts to consider. Other texts include the comments and the communication between developers and producers with their consumers.

Thanks to the popularity of blogging, countless corporate blogs inundated the Web by publishing development diaries, in the tradition of the legendary computer games company iD Software. The Xbox development team maintains a weblog, as do the programmers of Microsoft's Internet Explorer. The search engine giant Google maintains several blogs to communicate with its developing community and its users. Corporate policy, and its corporate view on technology regulation, market trends and Internet governance are communicated in a Google Public Policy Blog.[13]

Along with established producers, users and third parties who further develop the original devices, or modify or change the use of original devices publish their documentation, comments and even ideological communication in weblogs and user forums. Users evaluate and discuss hardware such as game consoles, in modified and non-modified forms, from a perspective of experienced users and from a perspective of media practice claiming their cultural freedom to appropriate the original design. All of these different texts refer to the process of designing and appropriating software and software-based products. They were not only important to this research for gathering crucial information about these processes themselves, but also appear to be important actors transforming, changing and influencing design, appropriation and public perception. Finally, interviews with people affiliated with specific communities, companies or working individually, and thus loosely associated with a scene or group, helped me to gain insight into the work processes and understand social and aesthetic codes. Many informal talks took place over the past years at festivals and conferences with different members of various communities.[14]

12 Often these APIs are openly available for use and further development, so any interested party can start developing an application using an API.

13 The Official Google Blog, <http://googleblog.blogspot.com/>. The Google Public Policy Blog, <http://google-pub

14 Interestingly, these spaces are simultaneously platforms for presenting new trends in the field of digital culture and forums for discussing and reflecting its development. They serve social networking as well as knowledge transformation and public representation.

(Der vorliegende Text ist die Einleitung der Publikation Bastard Cuture! und wurde mit freundlicher Genehmigung des Autors für dieses Buch zur Verfügung gestellt.)

Bibliography

Akrich, Madeleine (1991). The de-scription of technical objects. In Shaping Technology/Building Society. Studies in Sociotechnological Change, eds. Bijker, Wiebe, and John Law, 205-224. MIT Press: Cambridge.

Benkler, Yochai (2006). Wealth of networks. How social production transforms markets and freedom. Yale University Press: New Haven, London.

Berg, Marc (1997). Formal tools and medical practices: Getting computer-based decision techniques to work. In Social science, technical Systems, and cooperative work. Anchor: Garden City, NY.

Daniels, Dieter (2002). Kunst als Sendung. Von der Telegrafie zum Internet. Beck: München.

Dix, Alan (2007). Designing for Appropriation, Proceedings of the 21st BCS HCI Group Conference 2007, British Computer Society, Volume 2.

Feenberg, Andrew (1999). Questioning technology, London. Routledge: London, New York.

Flichy, Patrice (2007). The Internet imaginaire. MIT Press: Cambridge, MA.

Foucault, Michel (1977). What is an author? In Language, counter-memory, practice, ed. Donald F. Bouchard, 113-138. Cornell University Press: New York.

Jenkins, Henry (2002). Interactive audiences? The collective intelligence of media fans. In The new media book, ed. Dan Harries, BFI: London.

Latour, Bruno (1992). Where are the missing masses. A sociology of mundane artifacts. eds. Wiebe Bijker, and John Law, 225-258. MIT Press: Cambridge, MA.

Latour, Bruno (1999). Pandora's hope. Cambridge, MA: Harvard University Press.

Latour, Bruno (2005a). From realpolitik to dingpolitik. In Making things public, eds. Bruno Latour, and Peter Weibel, 14-43. MIT Press: Cambridge, MA.

Lenhart, Amanda, Kristen Purcell, Aaron Smith, Kathryn Zickuhr (2010). Social media and young adults. PEW Internet & American Life Project.

McLuhan, Marshall (1964). Understanding media. The extension of men. Routledge: London, New York.

Monarch, Ira A. Et al. (1997). Mapping sociotechnical networks in the making, In Social science, technical systems, and cooperative work. Beyond the great divide, eds. Geoffrey-Bowker et al., 331-354. LEA: Mahwah, New Jersey; London.

Norman, Donald (1998). The design of everyday things. MIT Press: Cambridge, MA.

Pacey, Arnold (1983). The culture of technology. MIT Press: Cambridge, MA.

Peeters, Hugues and Philippe Charlier (1999). Contributions à une théorie du dispositif. Hermès, No. 25:15-23.

Rainie, Lee (2007). Tagging, PEW Internet & American Life Project,

Reunanen, Markku (2010). Computer demos. Whate makes them tick? Dissertation. Aalto University: Helsinki.

Rheingold, Howard (1993). The virtual community. Homesteading on the electronic frontier. Addison Wesley.

Tasajärvi, Lassi (2004). Demoscene. The art of the realtime. Even Lake Studios: Helsinki.

Timmers, Bram (2005). Netlabels and open content. Making the next step towards extended cultural production. Master Thesis. Utrecht University: Utrecht.

Turkle, Sherry. 1997. Life on the screen. Phoenix: London.

8 Reflections on Remix Culture

STEFAN SONVILLA-WEISS

Remix culture is highly dependent on the abundance of cultural production and access to media objects by a large community. From an economic and organizational perspective, cultural artifacts in the broadest sense need to be inexpensive, widely distributed and easily accessible. This basically means that the individual gains the right to work on the source material without becoming endangered by infringements of laws or taboos.

From a historical point of view the accumulated body of recorded works of human art and knowledge was first achieved through the expansion of the printing press, which laid the foundation for the development of early modern science in the 17th century. A new self-conception in dealing with texts arose from discernible naming of authors, printers, page numbers and publishing years. Hence texts could be clearly referenced, which in turn served as the basis for creating new knowledge through critical review and supplementation of information.

These interweaving processes of combining existing and new material became a major principle and coercive element in scientific argumentation. Scientific publications always selectively refer to other scholarly works from which new schools and discourses evolve. New findings and knowledge bear on individual yet reproducible empirical knowledge—a supposition that is still controversial to this day. The development of the printing press made possible the standardization and comparison of text production in a freer and more critical way, and the possibility to simply transfer, for instance, a loss-free quotation from one sign vehicle to another, enabled a very early form of remix culture. Many of the punctuation conventions we know derive from this period, for example, how a quotation can be modified so that it remains a direct quote while seamlessly fitting into a new text.

In the late nineteenth century when the first reproduction of a photograph with a full tonal range in a newspaper was introduced, a new chapter in the mass diffusion of images was opened. The newly developed reprographic technique allowed parallel printing of text and photographs that enhanced the qualitative and quantitative aspects of image reproduction in a flourishing printing culture. Early experiments with direct-contact printing of objects placed on photographic plates, double exposures, and composite pictures made by darkroom masking were popular during the Victorian era. It was William Fox Talbot who, in 1834-35, first experimented with the light sensitivity of silver salts that allowed him to develop the first contact printing of objects—mostly ferns, leaves, lace and drawings—onto sensitized plates.

Talbot's pictures, which he called photogenic drawings, were rediscovered in the 1920s by artists such as Man Ray and Laszlo Moholy-Nagy, who further experimented with the photogram technique. During the late nineteenth century a variety of playful encounters with composite photographic portraits developed into a form of entertainment using newspapers. This early form of trick photography became extremely popular—comic postcards, photograph albums, screens, and military mementos all made use of the techniques of cutting out and reassembling photographic images.[1]

The rise of montage as a central element in modern art is, however, in comparison to postcards, less technically motivated; it is rather more understandable as an attempt to develop a new aesthetics that echoed the progressing subjectivization in industrialized cities in the late nineteenth and early twentieth century.[2]

The newly introduced form of real montage replaced the concept of linearity with simultaneity, velocity and multiplicity of sequences of events, suggesting one of the core subjects in the 20th century avant-garde: the extension of the human sensory apparatus by means of aleatoric and technologically enhanced artistic procedures in search of new areas of experiences, in which the borders between the so-called inner-world and outer-world would eventually dissolve (as depicted for example in Max Ernst's collages). Collage techniques as applied by the Surrealists are encounters between heterogeneous elements, attesting in their entirety to the incompatibility of the two worlds—"as beautiful as the random encounter between an umbrella and a sewing-machine upon a dissecting-table."[3] What unites diverse early modernist avant-garde manifestos is the desire to create an alternative model to the reality of the ordinary everyday to reach a state of absolute power of desire and dream.

Correspondingly, Eisenstein's famous quote "montage is conflict" points to a conflict where new ideas emerge from the collision of the montage sequence (i.e. in synthesis) but where the new emerging ideas are not innate in any of the images of the edited sequence. Using the

1 See Valcke, J. (2009), 'Static Films and Moving Pictures. Montage in Avant-Garde Photography and Film'. PhD Thesis. University of Edinburgh. p. 11.

2 A good example is the 1929 experimental silent documentary film ‚Man with a Movie Camera' by Russian director Dziga Vertov.

3 This famous line is from the 6th canto in Comte de Lautréaumont's 'The Song of Maldoror' (1868-1869).

example of Italian futurist painter and composer Luigi Russolo, who wrote the manifesto The Art of Noises (1916), we can see that the early 20th century avant-garde challenged the whole faculty of human sensory experience. Russolo argued that the human ear has become accustomed to the speed, energy, and noise of the urban industrial soundscape and thus this new sonic palette requires a new approach to musical instrumentation and composition. He proposed a number of conclusions about how electronics and other technology would allow futurist musicians to "substitute for the limited variety of timbres that the orchestra possesses today the infinite variety of timbres in noises, reproduced with appropriate mechanisms."[5] Nevertheless it was an arduous path for Russolo to design and construct a number of noise-generating devices, and to assemble a noise orchestra to perform with them.

From Russolo's manifesto it took another 30 years, along with the invention of the tape recorder, to separate the sound object ('object sonore') from the body of sound ('corps sonore')—a concept coined by the French composer and theoretician Pierre Schaeffer (1910-1995). He is mainly recognized for his accomplishments in electronic and experimental music, notably in his role as the chief developer of an early form of avant-garde music known as musique concrète. Other than in classical music, which starts with an abstraction (i.e. musical notation), musique concrète refers to the use of sound as a primary compositional resource. Soon after, the core elements of sampling were introduced, such as loops, variable running speed and direction, multi-tracks, crossfades and cuts.

During the mid-1950s Brion Gysin and William Burroughs used so-called 'cut-up techniques'—an aleatory literary technique in which a text is cut up and rearranged to create a new text. The quite obvious Dadaist precedent of this technique can be traced back to Tristan Tzara's generic instructions from the 1920s on how to create poems by shuffling the words of a newspaper article. Yet both Gysin and Burroughs were not so much interested in the individual subconscious than exploring the collective as a kind of parallel and expanded reality or, as Burroughs proposes, "When you cut into the present the future leaks out."[6]

At about the same time artists experimented with found footage from B-movies, newsreels, and promotional and educational films, whereby A Movie (1958) from American beat artist Bruce Connor became one of the aesthetically significant examples in the collage film genre. In his film the tragic and the absurd coexist within the same split-second,

5 Warner, D.; Cox, C. (2004). ‚Audio Culture: Readings in Modern Music'. London: Continuum International Publishing Group. pp. 10–14.

6 Origin and Theory of the Tape Cut-ups' by William S. Burroughs' Breakthrough; http://ubu.artmob.ca/sound/burroughs_william/Break-Through/Burroughs-William_Origin-and-Theory.mp3 (Accessed Oct. 2016).

whereas the process of selection and combination of horizontal and vertical montage triggers narrative associations. In contrast to the noncritical relationship between montage and commerce in American pop art, the Situationist International movement (1957-1972) proposed the technique of détournement, which "turns expressions of the capitalist system and its media culture against itself."[7]

In A User's Guide to Détournement[8] Guy Debord and Gil Wolman proposed that "Any elements, no matter where they are taken from, can be used to make new combinations…The mutual interference of two worlds of feeling, or the juxtaposition of two independent expressions, supersedes the original elements and produces a synthetic organization of greater efficacy. Anything can be used." However, this programmatic take on radical appropriation involved a certain risk of entanglement in the self-imposed logics of artistic subcultures. It was only with the rise of the Internet and the multiplicity of digital information in various media formats that the structural conditions of the prevalent, dominant high culture and market-driven cultural industry were fundamentally altered.

Towards Collective Authorship

Descartes' "cogito ergo sum"—the certainty of one's own thinking as a priori knowledge of the world—emblematically gets to the heart of the bourgeois-liberal concept of subjectivity. Against this background, the philosophical models that emerged from introspection-based creativity subsequently laid the normative basis for the European concept of authors' rights. These notions were popularized by cliché ideas about artistic creation such as the struggle of the author with the blank sheet or the artist in front of the white canvas. No matter what the deconstruction of this everlasting myth has revealed, the cliché prevails, in this case as a crude form that will be shaped by the artist's innermost vision.

In the highly specialized cultural industry (digital media art and business) of the 21st century, hardly anyone attempts to speak about the solitary work of the artist. Yet still, the concept of introspection as a source of creativity is maintained through either hierarchical organization or decision-making amalgamated in a single person, as, for example, the film director or producer (especially the film auteur). Precisely because these clichés are deemed inappropriate, cultural industries take advantage of them. The practice of remix, implicitly or explicitly, pursues a different concept of creativity. It does not foreg-

7 Holt, D. (2010). Cultural Strategy Using Innovative Ideologies to Build Breakthrough Brands'. Oxford University Press. p. 252.

8 http://www.cddc.vt.edu/sionline/presitu/usersguide.html (Accessed Oct. 2013)

round the inwardness of the autonomous individual but rather the heterogeneity and excitement of a variety of different stakeholders whose ideas are brought out in synchronous, asynchronous and serial forms of collaboration.

Synchronous forms of communication, for instance, are utilized by musicians for whom realtime encounters support spontaneous improvisation and dialogue. At the beginning of such a process a mere loose framework exists to stimulate a kind of creative leeway eventually leading to an agreeable result. This, however, is no longer attributable to distinguishable contributions, but rather generated through vital interaction among the participants. As a consequence, synchronous modes of communication and collaboration accommodate small groups that are flexible while using ubiquitous technologies.

Wikipedia exemplifies an asynchronous form of collaborative communication. The main principle is quite simple: one person edits a media object created by another person, who in return re-edits the newly generated version. At any point in time there is only one version of the media object that is continuously worked upon by the community. The collective work of Wikipedia has become a reliable information resource, built on the voluntary work of thousands of individuals whose contributions are reliant on peer review, version tracking, and chronological order.

Serial Collaboration

A widely popular practice in cultural and artistic fields is the serial form of collaboration in which a piece of work emerges from successive elaboration by creative co-workers. This working method essentially differs from the re-working mode of existing media objects, as it foregrounds the creative and transformative process of adding something genuinely new to the existing. Transferring this collaborative form into remix practices enables both the producer of the source material and the remixer to act independently. In this sense collaboration works without spatial or temporal constraints, since the presence of the originator of the source material is no longer required. Commonly, serial collaboration is less about enhancement of existing work than playful alterations and transformations. Although this operational mode occasionally privileges a distinctive idiosyncratic note of single authorship, the collaborative aspects continue to exist in analysis and dialogue with the classics. One of the first empirical studies on serial collaboration was conducted by Cheliotis and Yew[9] who investigated

9 Cheliotis, G., & Yew, J. (2009). 'An analysis of the social structure of remix culture.' In J.M. Carroll (Ed.), Proceedings of the fourth international conference on Communities and Technologies, NY: ACM. pp. 165-174.

user behaviors in the ccMixter online community. The community had collectively produced an impressive 7,484 music items at the time of the data collection. This output has been considered quite respectable in regard to the relatively small size of the community and the fact that the production of a music sample or complete piece (even if it is a remix) is generally more time consuming than the taking of an amateur photograph or the creation (or editing) of a Wikipedia entry.

Another finding was that remixing accounts for more than half of the total production volume (3,982 items, or 53%), even if about 60% of all uploaded original music pieces (2,150 of 3,502) never get remixed. This is suggestive of the central role that reuse can play in digital media production. Interestingly samples that hold a strong degree of remix are less attractive as a base material for new pieces, probably because it is difficult to capture small parts that can be later used as samples.

Thus, diverse forms of collaboration constitute an essential element of remix culture inasmuch as individuality is confronted with the collective. As a result, new forms of subjectivity arise. The polarity between predominantly 20th century thinking of either individuality or collectivity is outdated; instead a single individuality emerges only in relation to other individualities. As an example, the various Wikipedia versions permit much more detailed access to individual entries composing the collectively authored article than acknowledgements in print publications would ever be able to do. Both individuality and collectivity are no longer the opposite: on the contrary, they form the basis of co-evolving principles in networking culture.

Everything is Connected

Potentially everything could become connected with everything. However, the actual connections established and how they evolve need to be empirically demonstrated and they are therefore unpredictable. The reason for this structural openness is that the constituent elements of a remix and the character of the new piece are undetermined. In other words, the new piece is not just the aggregation of individual parts; rather it emerges through the specific characteristics of its components.

In montage theory this feature has not least been established by the film experiments of Lev Kuleshov (1899-1970) in the 1920s. The Russian avant-garde at that time was not solely interested in formal experiments with the potentialities of the film medium but also in search of corresponding artistic forms of expression in parallel with a radical reorganization—a novel montage of society. Current remix practices, in contrast, are less politically motivated but rather correspond—in many cases probably unknowingly—with theoretical positions of a newly emerging anti-essentialism, represented for example by DeLanda's 'Assemblage Theory' and Latour's 'Actor-Network Theory'.

In particular Latour's quest for a flat ontology is deducible from the trivial fact that all things that are, are objects. By using the example of a command-and-control war room[10] —the place where the commander sits—Latour's principle of irreduction becomes plausible insofar as the commander's strategic view is an illusion because it is constructed for her by various mediators (data analysts, information designers, as well as non-humans such as the maps, computers, charts and graphs). Despite their far-reaching impact and the mass of data compiled to give them a strategic view, the generals are part of the system and thus are unable to control it like any other being. This is a state of randomness and heterogeneity suggesting that nothing is reducible to anything else. As soon as you engage with a system, likewise, the representations become part of the system. Hence the map that attempts to represent the territory makes the difference.

DeLanda distinguishes between 'interiority' and 'exteriority' in conceptualizing the components of a thing. Assemblage theory presupposes that relations among the parts are contingent, and they can be extracted from one whole and inserted into another. As DeLanda states: These relations imply, first of all, that a component part of an assemblage may be detached from it and plugged into a different assemblage in which its interactions are different. In other words, the exteriority of relations implies a certain autonomy for the terms they relate.[11]

Another key aspect in DeLanda's theory is the equal importance of 'micro' and 'macro', inferring that social reality is 'multiscaled', with assemblages existing at every level. With that said, synthesis is privileged over the fragment, provided that its components are in a permanent flux. As for cultural production, this would translate into equations such as synthesis = montage and fragment = remix. In montage techniques the composing elements always remain identifiable and recognizable, such as film cuts, whereas remix pursues granularity and heterogeneity of diverse elements that can be randomly re-combined and re-contextualized.

The Birth of the Prosumer in Social Media

Cultural production in highly specialized modernity was a domain of experts who possessed the essential means of knowledge creation, pro-

10 Latour, B. (2003).'Why Has Critique Run out of Steam? From Matters of Fact to Matters of Concern.' Critical Inquiry 30. The University of Chicago.

11 DeLanda 2006, 10-11.

duction and distribution. Most people were consumers whose cultural productive force was restricted to the private. This caused a natural division between the professional and the widespread amateur culture, along with its accompanying technological, economic and juridical implications. The montage of early modernism began to confound these cultural norms yet without seriously shaking the societal order as a whole.

Only the mass distribution of networked computers advanced a paradigmatic shift in society. The newly introduced networked practices of distribution and productions, a.k.a. remix, suddenly opened up an unknown territory, which was for a long time governed by technological, economic and juridical restrictions.

In the pursuit of the apparatus, from Freud's 'prosthesis god' to McLuhan's 'extension of men' to Mann's wearable computers, single user interaction has shifted into multiple user interaction on various platforms with either time-based (e.g. video sharing), image-based (e.g. photo sharing), text-based (e.g. blogs and wikis) or audio-based (e.g. podcasts) media. The driving force behind this global move towards self-expression, authenticity and community building is rooted equally in human nature's inherent narcissism and the basic desire to belong to a specific group. Both extremes—idiosyncratic exposure and social networking— are phenomena that do not constitute media culture per se, but rather belong to a newly observed phenomenon in current Web 2.0 developments.

A new species, the social networker, has come into being. He/she is a multitasking information producer and manager, a multimedia artist and a homepage designer, an actor and a director of self-made videos, an editor and an author of his/her blog, a moderator and an administrator of a forum, to name only a few of the most prevalent characteristics. Social networkers select and publish their own information and put it straight from other networkers' flows directly into their own communities.

The traditional definition of the 'user' thus loses its hitherto determinative character of information consumption and application usage. In this way, content that is created in one place can be dynamically posted and/or updated in multiple locations on the web; for example photos can be shared from sites like Flickr to social sites like Facebook and MySpace. The interconnectivity of software applications and their users on the web constitute an online literacy with which most teenagers and prosumers are familiar. Yet the impact of such a remarkable media revolution as that of Web 2.0 on individuals and society at large can only be fully understood in a media-historical context: understanding what and how communication media has transformed within the complex interplay of perceived needs, competitive and political pressures, and social and technological innovations.

It is exactly this spirit of participation, cooperation and sharing that has fundamentally altered media perception, reception and production. The shift from implicit (tacit knowledge) to explicit forms of knowledge sharing has paved the way for new forms of collective intelligence, which one pioneer, George Pór, defined as "the capacity of human communities to evolve towards higher order complexity and harmony, through such innovation mechanisms as differentiation and integration, competition and collaboration."[12]

The Rise of the Professional Amateur?

With the advent of mobile technologies, personal and mass communication amalgamated into a single medium, blurring the boundaries of the public and private domains. For example the 'blogosphere' covers a broad range of individual and more publicly oriented formats. As a consequence, the hitherto traditional distinction between professional and amateur culture is no longer relevant.

As a consequence remix culture has unleashed a vast number of cultural producers, resulting in defragmented areas of cultural production. In other words, taking up Shirky's example[13] of car driving, to which he ascribes patterns similar to the social basis of cultural work: a few people do not care about it at all; many drive cars as a daily routine yet more or less unaffiliated; others make their living as bus or taxi drivers; some people consider car driving a highly charged normative issue ("Free driving for free citizens"); and others invest time and money to uplift their social status (veteran car clubs). From occasional drivers to F1 racing drivers, in between exists a wide spectrum of car driving in which professional drivers represent only a small fraction of all passionate ones and those in turn make up only a small subset of actual drivers. Despite the simplicity of learning to drive a car for most people, there are certain situations that require specialization and professionalization.

A similar kind of differentiation can be attributed to the production and dissemination of media objects in cultural production. This is not something entirely new, since we all actively reproduce culture —if only in the example of co-affecting the rise and fall of temporary fashions. The essentially new is that all these different forms of cultural

12 Pór, G. (2008). 'Collective Intelligence and Collective Leadership: Twin Paths to Beyond Chaos,' p. 7. University of Amsterdam, The Netherlands. Sprouts: Working Papers on Information Systems, 8(2).

13 Shirky, C. (2008). ‚Here Comes Everybody: The Power of Organizing Without Organizations.' New York: Penguin. p.57.

production converge in a joint medium, which at least technologically holds the potential for a comparable public—and civil engagement.

New technologies, particularly social media, enabled women to participate in the Arab Spring as organizers, journalists, and activists. Protesters used Facebook to mobilize supporters and organize events, and YouTube videos and Flickr photos gave the rest of the world visuals of the events during the uprisings. Twitter functioned as a live newsfeed for other domestic and international activists as well as international media organizations. Mobile phones, especially those with cameras and Internet access, served as a key tool for cyberactivists. One such prominent representative was Lina Ben Mhenni[14] , a blogger and Nobel Prize nominee, whose reporting from Tunisia's rural areas helped drive the revolution and bring it to international attention.

Quite similar tendencies are observable in other areas. At an increasing rate documentaries are made by activists who search for authentic images. This phenomenon is not entirely new—due to cost-effectiveness, the 1980s were under the influence of a "camcorder revolution." Even so, the revolution did not spark off due to limited distribution channels, and inaccessible supply chains clearly pose an obstacle in post-production.

Concomitant with the disposability of material produced by others along with the resulting remix practices, novel and more complex forms of moviemaking emerged, not least because of easily accessible footage material. Steal This Film[15], a film series (2006-2008) produced by the League of Noble Peers, is a major account against intellectual property in favor of peer-to-peer (P2P) file sharing and was first released via the BitTorrent P2P protocol. The first part, made by Swedish activists from The Pirate Bay, Piratbyrån—all of them quite influential for the central European Pirate Party movement—mostly includes interviews about the illegal confiscation of the Pirate Bay servers by the Swedish Police and the political effects of this impropriety. This 32-minute film attracted attention for its critical analysis of an alleged regulatory capture attempt performed by Hollywood film lobby groups to leverage economic sanctions by the United States government on Sweden through the WTO.

The premise of Steal This Film: Part 2[16] , which was released at the end of 2007, is that file sharing transforms the basic mechanism of how culture and information is distributed, with consequences as profound as the transformation brought about by the printing press. In an interesting interview taken from a 1972 documentary, Joseph Licklider, who was instrumental in funding the early work on the Arpanet,

14 http://www.amazon.com/Tunisian-girl-bloggeuse-révolution-Mhenni/

15 http://www.stealthisfilm.com/Part1/ (Accessed Oct. 2016)

16 http://www.stealthisfilm.com/Part2/ (Accessed Oct. 2016)

speaks about the need to invent a better system of information sharing than print because of the physical limitations of moving around paper. Strikingly, Licklider speaks in this small clip about information 'sharing', not distribution or the like.

Another documentary on the same subject, Good Copy, Bad Copy[17], released by Danish filmmakers in 2007, takes a global perspective, introducing two major non-Western cultural communities—'techno-brega' from Brazil and the Nigerian film industry. Looking at Brazil and Nigeria, the movie's core message suggests that whereas technological change might still originate from the West, cultural innovation is distributed much more broadly.

Reciprocity

The economic model based on existing copyright regulations relies on intertwined control, attribution and compensation mechanisms that legitimate in great portions the model of cultural industries.

Yet this assertion is also disputable, insofar as the widely ramified forms of cultural economy are by nature more comprehensive than the copyright-based industries. One example to back up this argument is the restricted claim of copyright holders on copied material for teaching and research purposes. In that case the authors are granted fees indirectly by collecting societies. However, it should be mentioned that these regulations exert an exceptional regulatory measure that does not question copyright per se, but instead deals with it in a more practical way.

Under the pressure of current remix practices the knot of complex laws and regulations that emerged from copyright, slowly but constantly dissolves. That does not necessarily implicate a decline of existing copyright regulations, but in view of the specific needs in the vast arena of cultural production, there is clearly demand for more adaptable and differentiated laws. The widely diffused free licensing practices (Creative Commons, GPL etc.) have proliferated individual contributions, but at the same time lowered the level of control and perceptibility on individual authorship.

Going back to history, copyright was a non-issue in the visual arts, too, until recently. In 1921, Kurt Schwitters called his own brand of Dada 'Merz', derived from the logo of the German 'Commerzbank', which he had used in a collage painting. Artists who would do the equivalent today on the web are at risk of being sued for copyright and trademark infringement. It is also true that even the best free software

17 http://www.goodcopy-badcopy.net/ (Accessed Oct. 2016).

and open content license cannot protect you from legal claims of a third party against you. In other words, if you create, like Kurt Schwitters, an art movement called Merz based on the Commerzbank logo and published your Merz logo with an open content license, Commerzbank would still be able to sue you for trademark violation.

One of the advancements of the free software movement was to radically rework the very idea of the user. In sharp contrast to the passive consumer attitude in proprietary systems, the free software model builds on the idea of a user-as-producer. The user-producer is a concept that resonates with the digital experience and the freedom that current digital culture allows for ordinary people to become artists and producers. This model fundamentally challenges the traditional parameters of copyright law by moving away from the concept of 'originality' of the work to recognize the value that various users contribute through their modifications and adaptions to an existing work. In this regard it is worth reconsidering the simplistic binary split of the original and the copy as something that does not diminish the value of the original, but instead look at copies as additions to the original.

In their manifesto "right2remix"[18] the promoters assert that "creative copying has become commonplace, the right to remix is a fundamental requirement for freedom of expression and free speech." Consequently, three creative rights are formulated (ibid.):

- The right to change works during usage and to publish the results. (Transformative usage rights with lump-sum compensation, e.g. background music in mobile phone videos)
- The right to create and to publish remixes of existing works. (Remix rights with lump-sum compensation, e.g. fake trailer for a TV series)
- The right to commercialize remixes, in exchange for appropriate compensation. (Remix commercialization rights subject to compulsory licensing, e.g. selling music mash-ups on iTunes).

Among the many petitions and proposals to alter EU- and national copyright regulations, the right2remix initiative seeks to redefine the boundaries of free usage, particularly in musical works. Here there is a need for the legalization of samples, which in the case of commercial use could be compensated using compulsory licensing models. Moreover, the 'originality' of a work should be assessed independently from the question of whether the inspirational works are still recognizable. Apart from the creative framework and the rewriting of digital culture via current remix practices, concerns raised about fair compensation

18 http://right2remix.org (Accessed Oct. 2016)

are by far the most controversial and apparently unresolvable. On a European scale, there has been an ongoing discussion about the introduction of a "cultural flat rate"[19] (alternative compensating system), which is based on a blank media tax or levy for digital copyright holders. As a quid pro quo, the circulation of digital copies in file sharing networks for private use would then become legal.

One of the major objections against this "one size fits all" concept is regardless of whether you download anything, you have to pay. More importantly, the number of file sharing activities will be taken as a basis for payouts and is thus prone to manipulation. If you, for example, know that your favorite artist will be paid in proportion to the number of times a song is downloaded, you will soon realize that you can support the artist by repeatedly downloading the same album.

It is often erroneously assumed that file sharing culture has negative impacts on artists' revenues, but, on the contrary, artists are making more, and record companies less, money. Studies[20] on the music business revealed that during a decade when file sharing grew exponentially, revenues increased year by year for the cultural sector as a whole and for each individual segment such as film, music, or computer games. Consumer behavior shows that music fans spend more money going to live concerts and less to buy discs, which leaves more money for the creative people who actually make the music.

In conclusion, the co-evolving cultural, economic and technological implications in cut-copy-paste culture offer several parallel and reciprocal pathways of cultural and economic opportunities—in a process of co-evolutionary feedback. Such ventures are embedded in community or culture rather than in business values. At the same time consumer-generated content has carved out new markets and business opportunities. "Web n+1" developments in the broadest sense must be regarded as enabling social technologies supporting the growth of consumer co-creation. Similar to the invention of printing, we are in another evolutionary step in the growth of knowledge, enabling people to co-create in a 'network of networks' which simultaneously holds—following the binary logic of digital culture—promises and risks simultaneously.

19 See V. Grassmuck's 'Inside Views: The World Is Going Flat(-Rate)', http://www.ip-watch.

20 http://torrentfreak.com/artists-make-more-money-in-file-sharing-age-than-before-100914/ (Accessed Oct. 2016)

Bibliography

Anderson, C. (2006). The Long Tail: Why the Future of Business is Selling Less of More. New York: Hyperion.

Benkler, Y. (2006). The Wealth of Networks. Yale: Yale University Press

Bourdieu, P. (1993) The Field of Cultural Production: Essays on Art and Literature. Trans. Randal Johnson. Cambridge: Polity Press.

De Landa, M. (2006). A New Philosophy of Society: Assemblage Theory and Social Complexity, London & New York: Continuum

Holt, D. (2010). Cultural Strategy Using Innovative Ideologies to Build Breakthrough Brands. Oxford: Oxford University Press

Jenkins, H. (2006). Convergence culture: Where old and new media collide. New York: New York University Press

Latour, B. (2005) Reassembling the Social: An Introduction to Actor-Network Theory. Oxford: Oxford University Press

Navas, E. (2012). Remix Theory. The Aesthetics of Sampling. Vienna, New York: Springer

Shirky, C. (2008). Here comes everybody. New York: Allan Lane

Sonvilla-Weiss, S. (2010). Mashup Cultures. Vienna, New York: Springer

Valcke, J. (2009). Static Films and Moving Pictures. Montage in Avant-Garde Photography and Film. PhD Thesis. University of Edinburgh

Zittrain, J. (2008). The Future of the Internet - And How to Stop It. New Haven: Yale University Press.

9 Womit beschäftigen sich Digital Natives und was können wir von ihnen lernen?

ANNA STRASSER & SILVIA WIMMER

Einleitung

In unserer Auseinandersetzung mit den Lebenswirklichkeiten von Digital Natives ging es um die Gleichstellung von Expertisen aus Forschung über und Netzkultur von Jugendlichen. VIS-A-VIS bedeutet, dass ein Thema von zwei unterschiedlichen Perspektiven betrachtet wird, einmal aus der Sicht der Jugendlichen selbst, und einmal von erwachsenen Expert*innen, die das Thema in ihrem Kontext analysieren und interpretieren. So konnte der heterogene Umgang mit Medien sichtbar gemacht und Brücken geschlagen werden.

Uns war wichtig, dass die Themen, die von den Jugendlichen selbständig gewählt und erarbeitet wurden, einen Bezug zu neuen Medien beinhalten. Wir starteten einen call for entries an der Höheren Bundeslehranstalt für künstlerische Gestaltung Linz. Es war überraschend unkompliziert, Schüler*innen zu finden, die sich bereit erklärten, einen Einblick in ihre Welt zu gewähren und ihren Zugang zu neuen Medien auszuführen.

Im schulischen Umfeld gibt es zahlreiche Potentiale seitens der Schüler*innen, die im formellen Bildungsbereich nicht ausgeschöpft werden. Oft sind es Jugendkulturen, die es ermöglichen, diese Lücke zu füllen, indem sich Jugendliche in eine soziale Struktur, einer Gemeinschaft der Gleichgesinnten eingliedern. In beinahe allen Jugendkulturen sind Respekt und Anerkennung zentrale Elemente und animieren Jugendliche zur kreativen Weiterentwicklung. Trotz allen kommerziellen Tendenzen, welche man Jugendkulturen vorwerfen kann, ist für den Kern der jeweiligen Szene „kreatives Engagement“ eine willkommene Gelegenheit. Einerseits, um sich von den Mitläufern abzuheben, andererseits, um innerhalb der Szene eine anerkennende Würdigung zu erfahren. In vielen Jugendkulturen ist kreatives Schaffen ein immanenter Bestandteil.

Durch das Web 2.0 ist die Hemmschwelle zum aktiv Schöpferischen zudem maßgeblich gesunken. Tutorials auf Videoplattformen oder DIY Blogs animieren zum eigenen Beitrag zur jeweiligen Szene. Sei es das Erlernen eines Schnittprogramms, das Erstellen eigener Internetmemes oder die Informationsbeschaffung über Materialen, die sich zum Anfertigen eines Cosplays eignen. Das Internet ist also ein Medium, welches nicht nur Gefahren für Jugendliche birgt, sondern das vor allem auch eine wichtige Informationsquelle ist, sowie ein Ort, an dem kreative und politische Partizipation ermöglicht wird. (vgl. Farin 2008: 98-103)

Der selbstverständliche Umgang mit oftmals zu Unrecht als reine Unterhaltungsmedien diffamierten Internetplattformen, um sich intrinisch non-formal aus- und weiterzubilden, bringt eine Medienkompetenz mit sich, die auch im Klassenraum sinnstiftend eingesetzt werden kann. Die im Netz erworbenen Kompetenzen sind über die Grenzen der Jugendkulturen anerkennungswürdig. Diese Expertise als solche anzuerkennen und einen Wissenstransfer zwischen Jugendlichen und Erwachsenen zu ermöglichen, war ein wesentlicher Bestandteil unserer Auseinandersetzung mit den Themen Lebenswirklichkeiten von Jugendlichen und school of tomorrow.

Um diesen Leitgedanken so authentisch wie möglich zu gestalten, wurden insgesamt acht Jugendexpert*innen zum Symposium eingeladen, die exemplarisch zu drei unterschiedlichen Themengebieten referierten und anschließend zu ihrem Themengebiet interviewt wurden. Elias Duda, Stefanie Gößler, Tina Greul, Jonas Holl, Paula Kramer und Hannah Traindl beschäftigen sich mit Viralität und Memes, welche fest verankert im Lebensalltag von Jugendlichen sind. Marlene Huber ist eine jahrelang praktizierende „Cosplayerin“ einer relativ jungen Jugendkultur, welche sich vor allem auf bestimmten Medienkonsum gründet.

Und Lea Bouchal produziert seit einem Jahr in ihrer Freizeit Musikvideos und will zukünftig in dieser Domäne Fuß fassen. Nachfolgend werden diese Themen näher erläutert und mit Zitaten der Schüler*innen ergänzt.

Internetmemes

Die sechs Schüler*innen, die sich mit dem Thema Viralität und Memes beschäftigt haben, präsentierten den Besucher*innen ihren eigenen, ganz persönlichen Umgang mit Internetmemes und wie im Netz damit kommunizieret wird. In diesem Abschnitt wird erklärt, was Internetmemes sind und warum sie aus der heutigen Internet-Kultur nicht mehr wegzudenken sind.

Stefanie Gößler: „Das Internet ohne Memes könnte ich mir gar nicht mehr vorstellen.“

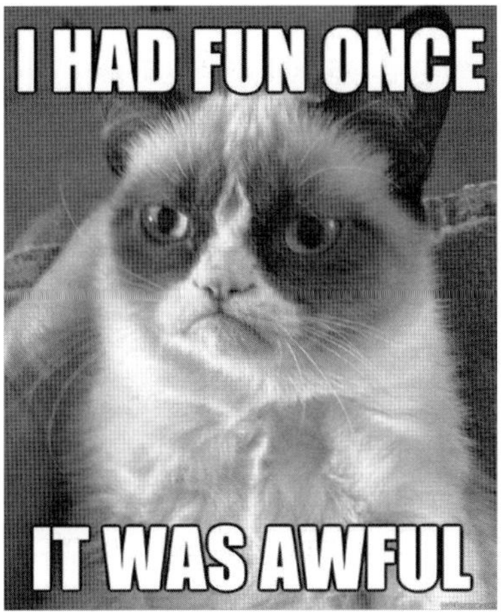

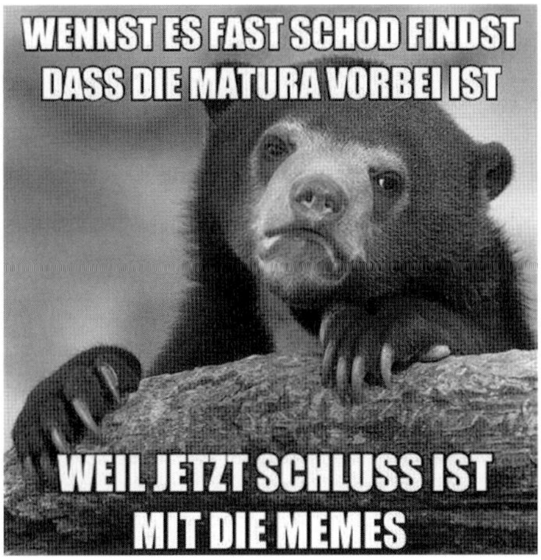

Abb. *Grumpy Cat - Fun Time Is Over* (http://knowyourmeme.com/photos/406282-grumpy-cat)

Confession Bear - Zentralmatura Memes - Facebook Gruppe (https://www.facebook.com/maturamemes/photos

Internetmemes bestehen nicht aus einer einzelnen Idee, einem einzelnen Bild oder Video, das sich rasant und erfolgreich verbreitet, sondern aus einer Gruppe von verschiedenen Bildern oder Videos, die gemeinsame und wiedererkennbare Eigenschaften aufweisen und sich oft aufeinander beziehen. Weitere Charakteristika von Internetmemes sind die vielfältige Verbreitung, Imitation und Transformation der User*innen im und über das Internet. (vgl. Shifman 2014: 44) Es sollte grundsätzlich zwischen Internetmemes und Virals unterschieden werden. Der Hauptunterschied liegt auf der „Variabilität“. Das Meme als Phänomen begegnet uns in sehr unterschiedlichen Ausprägungen, sowohl visuell als auch inhaltlich. Die bei uns bekannteste Form des Memes oder was darunter verstanden wird, ist ein gleichbleibendes Bild mit einer Textebene, die abgeändert wird. Ein Viral hingegen besteht aus einem einzigen Inhalt, entweder ein Bild oder ein Video, das sich im Internet ausbreitet und von Millionen Betrachter*innen gesehen und weiterverbreitet wird, wie zum Beispiel das Youtube-Video "Charlie bit my finger – again!“

Hannah Traindl: „Memes stellen alltägliche Dinge ironisch und lustig dar.“

Elias Duda: „Memes bedienen viele unterschiedliche Humortypen und Themen, mit denen sich fast jeder identifizieren kann.“

Stefanie Gößler: „Es tauchen immer wieder neue Memes auf, es ist wirklich schwierig den Überblick zu behalten, jedoch wird es nie langweilig, sich damit zu beschäftigen." Wir werden tagtäglich mit einer Fülle von medialen Inhalten konfrontiert und die meisten davon ziehen unbeachtet an uns vorüber, doch bestimmte Faktoren können die Viralität eines Inhaltes positiv beeinflussen: Humorvolle und positive Geschichten, Inhalte, die provozieren und erregende Emotionen auslösen. Klar und einfach verständliche Nachrichten werden auch eher geteilt als komplizierte unverständliche Inhalte.

Berühmtheit und Status des Verfassers sind ebenso relevant wie die Positionierung des Inhaltes in sozialen Netzwerken und Foren. (vgl. Shifman 2014: 64-69)

Tina Greul: „Ich konsumiere täglich Memes. Wenn mir langweilig ist, scrolle ich, zur reinen Unterhaltung, durch 9Gag oder ähnliche Websites. Wenn ich Bilder oder Videos finde, von denen ich denke, dass sie auch meinen Freunden gefallen könnten, schicke ich sie weiter."

Hinter jedem Meme steht nicht nur eine Person, sondern eine Vielzahl an Personen. Bevorzugt werden Inhalte, die gewöhnliche Menschen, mit denen man sich identifizieren kann, zeigen. Mimetische Inhalte verbreiten die Idee einer partizipativen Internet-Kultur, in der die User*innen selbst aktiv Inhalte verbreiten, nachahmen, imitieren und gestalten. Daraus resultierend entwickeln sie eine eigene Sprache. (vgl. Shifman 2014: 71-85)

Tina Greul: „Während der Maturazeit waren österreichische Meme-Seiten wie „Zentralmatura Memes" und „Bifie Memes" extrem beliebt. Sie haben fast alle 10 Minuten ein neues Meme gepostet, das ihnen von irgendeinem Maturanten aus ganz Österreich zugesendet wurde. Ich finde, dass dieses Beispiel sehr gut zeigt, dass Memes sehr viel mit Gemeinschaft zu tun haben. Alle Maturanten in Österreich kennen sich aus und finden die Memes lustig, sie fühlen sich wie ein Mitglied einer großen Gruppe. Wenn man ein Matura-Meme erstellt, kann man sich sicher sein, dass es andere lustig finden, nicht nur die engsten Freunde. Aber auch wenn man, wie ich, erst nächstes Jahr mit der Matura dran ist, versteht man die meisten dieser Memes sehr gut, und findet sie auch ziemlich witzig."

Memes ermöglichen eine Gemeinschaft, einen gemeinsamen Rahmen, in dem kulturelles Wissen verbreitet und praktiziert wird. Memes beinhalten und ermöglichen eine zweite Ebene der Sprache, mit der die Standardsprache ergänzt oder häufig auch ersetzt wird. Um diese Sprache zu verstehen und korrekt verwenden zu können, benötigen die

Internetuser*innen eine gewisse Vertrautheit mit den subkulturellen Standards und der Verwendungsweise gewisser Memes in verschiedenen Kontexten. (vgl. Shifman 1014: 164)

Tina Greul: „Ich persönlich mag Memes, die ein bestimmtes Insider oder Vorwissen verlangen, zum Beispiel, wenn es um Filme oder Computerspiele geht. Wenn ich ein solches Meme verstehen kann, fühle ich mich selbst wie ein Insider."

Stefanie Gößler: „Da die meisten Memes im Internet entstehen und dort verbreitet werden, glaube ich, dass es sehr schwer ist, Memes zu verstehen, wenn man wenig im Internet ist und sich nicht mit der Internet-Kultur auskennt."

Tina Greul: „Memes erleichtern mir manchmal die Kommunikation mit Freunden, weil ich mithilfe von Meme Reaktionen besser darstellen kann."

Memes verbreiten nicht nur humorvolle Inhalte, sondern können auch Ausdruck persönlicher Meinungen und politischer Einstellungen sein. Mimetische Aktivitäten eröffnen einen Raum, in dem User*innen politische Meinungen und Statements auf kreative Weise äußern können. (vgl. Shifman 2014: 166)

Auf die Frage, ob Internetmemes auch im Unterricht einsetzbar sind und wie wichtig es für die Schüler*innen ist, dass sich die Lehrpersonen mit aktuellen Trends im Internet auseinandersetzen, bekamen wir von den Schüler*innen sehr unterschiedliche Antworten.

Tina Greul: „Internetmemes könnte man als Einführung für ein Thema im Unterricht gut verwenden, um die Stimmung aufzulockern und den SchülerInnen zu zeigen, dass man eine „coole, moderne Lehrperson" ist. Ich bin mir sicher, dass es Schüler*innen beeindruckt, wenn sich ihr Lehrer oder ihre Lehrerin mit Memes auskennt und sie auch verwenden kann.

Je mehr sich die Schüler*innen auf eine Unterrichtsstunde freuen, desto motivierter sind sie zu lernen. Eine andere Möglichkeit wäre es, den Unterricht mithilfe von Memes aufzulockern, indem man am Ende der Stunde zum Beispiel ein kurzes, lustiges Video herzeigt, sozusagen als Belohnung. Abgesehen von diesen „Auflockerungen" ist es natürlich auch interessant, über Memes und das Phänomen dieser zu diskutieren. Es gibt so viele interessante Fakten über Memes und man kann auch vieles davon lernen, zum Beispiel über das Urheberrecht, die Verbreitung oder den psychologischen Hintergrund (Warum wird ein Video, Bild so bekannt/viral?)."

Elias Duda: „Wenn Memes im Unterricht nicht richtig oder passend eingesetzt werden, kann der Versuch auch peinlich enden."

Hannah Traindl: „Meiner Meinung nach sind Memes zum privaten Zweck gedacht und nicht für den Unterricht."

Stefanie Gößler: „Wenn man es richtig anstellt, können Memes auf jeden Fall im Unterricht eingesetzt werden, aber da Memes meistens nicht in erster Linie lehrreich, sondern lustig sind, sollte man erstmal drüber nachdenken, wie man sie im Unterricht verwenden möchte."

Internetmemes sind in der heutigen Internetkultur sehr stark präsent und bedienen eine breite Palette an Inhalten, von politischen Statements bis hin zu lustigen Bildern oder koreanischen Tanzeinlagen. Für viele sind Internetmemes, vergleichbar mit Emoticons, ein fester Bestandteil der Kommunikation im Netz. (vgl. Shifman 2014: 163)

Cosplay

Marlene Huber präsentierte den Besucher*innen auf der Convention ihre Expertise zum Thema Cosplay und beantwortete uns anschließend viele Fragen, die ihre persönlichen Ansichten, Meinungen und Einstellungen zu dem Thema darstellen. Der Begriff Cosplay, im japanischen „Ko Su Pu Re" ist ein kreiertes Kunstwort, welches sich aus den beiden englischen Wörtern "costume" und "play" zusammensetzt. Dieses Kunstwort bezeichnet das Verkleiden, Posieren und Interpretieren einer fiktiven Figur (vgl. Eckardt 2015: 15). Die Basis dieser Tätigkeit bildet das Fandom, die intensive und affektive Beschäftigung mit einer ausgewählten kommerziellen, fiktiven Figur aus einem Anime, Manga, japanischen Videospiel oder japanischen Film (vgl. Heinrich & Tobler o. J.).

Die Anfänge des Cosplays sind um 1980 im nordamerikanischen Science-Fiction-Fandom zu finden, bei dem sich die Besucher*innen der Science-Fiction-Conventions als ihren favorisierten Charakter verkleideten.

Diese reale Visualisierung fiktiver Charaktere wurde von japanischen Fans aufgegriffen, in ihren eigenen popkulturellen Kontext integriert und zu dem geformt, was die Szene heute ist. Mit zunehmender Bekanntheit der Szene außerhalb Japans wurden auch populäre westli-

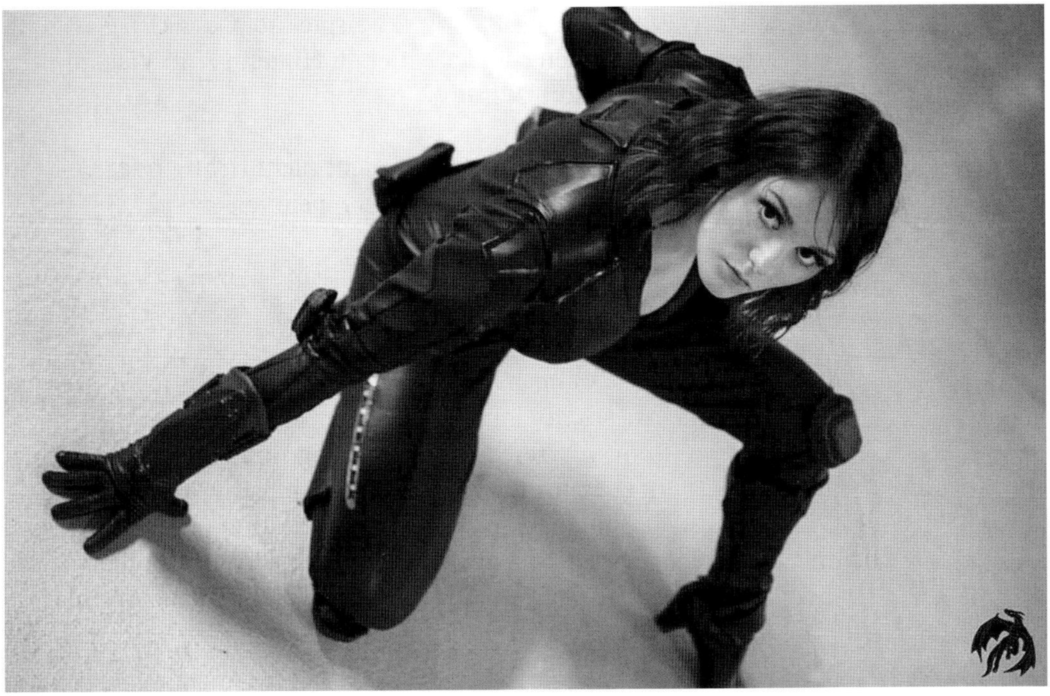

Marlene Huber, "Black Widow"-Cosplay

che fiktive Figuren immer beliebter, wie Figuren aus Marvel, Herr der Ringe, Game of Thrones und viele mehr.

Marlene Huber: „In Europa begann dieser Boom zunächst in einer kleinen Community von Manga- und Anime-Fans. Durch die Kommunikations- und Informationsmöglichkeiten des Internets wuchsen der Bekanntheitsgrad und die Anhängerschaft dieser Szene stetig weiter. Bald folgten auch die ersten Conventions in Österreich. Es gibt viele Cosplayer*innen in Linz – das habe ich aber erst später bemerkt. Da die größeren Conventions meistens in Wien stattfinden und man dort Cosplayer*innen aus ganz Österreich kennenlernt, dauerte es etwas, bis ich auf lokale Cosplayer*innen getroffen bin. In Alltagskleidung ist es ja auch schwer, sich untereinander zu erkennen." Cosplay wird nicht im Alltag oder privaten Rahmen betrieben, sondern passiert hauptsächlich in der Szene-Öffentlichkeit und auf Cosplay-Conventions. Diese Events sind ein wichtiger Bestandteil der Szene, denn das Präsentieren der eigenen Kostüme spielt für die Popularität der Cosplayer*innen eine wesentliche Rolle.

Die Bewertung des Kostüms bei Conventions wird an dem dafür betriebenen Aufwand, an der Orginaltreue des fiktiven Charakters und an der handwerklichen Verarbeitung von anderen Cosplayer*innen beurteilt und wertgeschätzt oder bei Wettbewerben von einer ausgewählten Jury gemessen. (vgl. Heinrich & Tobler o. J.)

Marlene Huber: „Originaltreue ist sicher wichtig, vor allem auch der Erkennbarkeit wegen. Die persönliche Note an der Arbeit ergibt sich dabei von selbst, denn jede Person hat einen individuellen Körperbau, eigene Gesichtszüge usw.... Das Cosplay wird ja an den eigenen Körper angepasst. Damit kann sicher auch ein eigener ‚Stil' entstehen. Manche Cosplayer*innen entwerfen sogar eigene, neue Figuren und Charaktere - das ist dann Eigenregie auf höchster Stufe."

Marlene Huber: „Es kommt nicht selten vor, dass Cosplayer*innen ihre Kostüme bloß kaufen oder andere für die Anfertigung bezahlen, aber gern gesehen wird das nicht. Damit fällt ja auch gleich eine der ‚Haupt-Attraktionen' weg - das Selbermachen.

Wie schon gesagt, spielt nicht nur das fertige Endprodukt, also der Mensch im Kostüm, eine Rolle, sondern vor allem auch der Herstellungsprozess des Kostümes an sich. Macht man seine Cosplays selbst, dann erntet man auch viel Bewunderung dafür.

Die Leute wissen ja auch, wie viel Arbeit dahintersteckt. Wenn ein Kostüm oder ein Teil davon extrem gut verarbeitet wurde, dann fragen manche sogar misstrauisch nach, ob das auch wirklich selbstgemacht ist."

Für Cosplayer*innen ist nicht nur der handwerkliche Prozess von großer Bedeutung, sondern auch die im Vorhinein betriebene intensive Auseinandersetzung mit dem Charakter und den jeweiligen Bezugstexten. Dabei geht es um ein intensives Studium der Figur, indem Aspekte wie Persönlichkeit, Körperlichkeit, typische Bewegungen, Mimik und Gestik der Figur und natürlich das Aussehen erforscht werden. (vgl. Heinrich & Tobler o. J.)

Marlene Huber: „Ich schaue mir z.B. genau an, wie sich die Figuren und Charaktere bewegen, oder wie sie ‚posen', denn das will ich ja dann auch, so gut es geht, imitieren, sobald ich im Kostüm bin. Dabei kommt es auch vor, dass ich vor dem Spiegel Mimik und diverse Posen geübt habe."

Beim Cosplay geht es jedoch nicht um ein Rollenspiel, sondern um eine authentische Wiedergabe und eigene Interpretation der fiktiven

Figur, bei der die Differenz zwischen fiktivem und realem Charakter klar erkenntlich bleibt. (vgl. Heinrich & Tobler o. J.)

Marlene Huber: „Natürlich sind wir Cosplayer*innen uns bewusst, dass wir nicht komplett in diese Fantasie-Welten verschwinden, sondern nach wie vor in der realen Welt sind.

Trotzdem fühlt man sich und nimmt man sich selbst anders wahr. Wenn man verkleidet auf einer Convention ist, dann sprechen dich Leute, die deinen richtigen Namen nicht kennen, meist mit dem Namen des betreffenden Characters an. Aber von Freunden und Bekannten wird man natürlich mit dem echten Vornamen oder aber auch deinem Community-Namen aus den Online-Foren genannt. Letzten Endes bleibe ich aber ganz klar ich selbst – nämlich Marlene!"

Marlene Huber: „Bei Cosplay-Fotoshootings ist es aber doch etwas anders: Da muss man sich richtig in den "character" hineinversetzen. Man versucht sich so zu bewegen, so zu schauen, so zu stehen und posieren, wie man es eben von der Figur auch wirklich kennt. Da versucht man, die Fiktion ganz zu leben - aber natürlich nur für die Inszenierung, die Fotos und die Videoaufnahmen."

Die Selbstinszenierung der Cosplayer*innen und die Präsentation der eigenen Arbeit ist untrennbar mit dem Anfertigen von Fotos verbunden. Diese besitzen nicht bloß einen dokumentarischen Charakter, sondern es gibt in der Szene eigene Fotograf*innen, die sich explizit auf das Fotografieren von Cosplayer*innen spezialisiert haben. (vgl. Eckardt 2015: 93)

Marlene Huber: „Fotograf*innen sind ein wichtiger Bestandteil der Community. Manchmal sind sogar professionelle Fotograf*innen beteiligt. Aber auch die meisten nicht-professionellen, die die Cosplayer ablichten, arbeiten extrem gut und genau an den Fotos. Auf den Conventions gibt es teilweise sogar Fotografie-Workshops, was nochmal unterstreicht, wie wichtig diese Kunst für Cosplay an sich ist.

Bei den Shootings wird im Vorfeld neben der technischen Aufbereitung auch das Motiv und die Figur, die der/die betreffende Cosplayer*in darstellt, mit eingeplant. So können dann passende Settings, Locations und Lichtverhältnisse gewählt werden."

Cosplayer*innen kreieren meist nicht nur ein Kostüm, sondern fertigen für jedes Event ein neues oder sogar mehrere Kostüme an. Dabei geht es hauptsächlich um die Herausforderung und Weiterentwicklung, die jedes neue Kostüm mit sich bringt. (vgl. Heinrich & Tobler o. J.)

Marlene Huber: „Ich freue mich z.B. immer schon sehr auf den Zeitraum, in dem ich ein Cosplay-Kostüm erarbeiten werde (was bei mir meistens in den Ferien passiert). Da bin ich dann für eine bis mehrere Wochen voll konzentriert an der Arbeit. Wieviel Zeit und Geld man für ein Kostüm benötigt, kommt immer auf den betreffenden Character und dessen Outfit und Ausrüstung an.

Mein "Black Widow"-Cosplay hat beispielsweise einen kompletten Leder-'Suit'. Geschätzt nehme ich mir zwei Wochen Zeit, in denen ich ca. 10 Stunden am Tag an der Planung, am Schnitt und allem weiteren arbeite. Wenn man qualitativ sehr hoch arbeiten will, dann wird es auch schnell teurer. Einerseits kosten die Materialien, andererseits braucht man auch viele Geräte und Werkzeuge.

Die Präsentation der eigenen Arbeit ist für viele Cosplayer*innen auch online ein zentraler Aspekt. Online Communities, wie Social Media und Foren bieten die Möglichkeit, Arbeitsschritte, Pläne, Ergebnisse, Probleme, Problemlösungen und die fertigen Kostüme mit anderen Cosplayer*innen zu teilen und sich auszutauschen. (vgl. Heinrich & Tobler o. J.)

Marlene Huber: „Ich bin eher etwas zurückhaltend in den Online-Communities. Ich habe auch keine eigene Cosplay-Page, wie es doch viele machen. Ich bin eher auf den Conventions präsent und lerne dort Leute kennen. Natürlich werden dort auch Fotos gemacht und veröffentlicht, aber selbst mache ich das eben nicht. Es gibt Fame-Cosplayer, welche sogar ihr Geld damit verdienen, auf Social-Media und auf Conventions präsent zu sein.

Aber unter den ‚normal-sterblichen' Hobby-Cosplayern gibt es verschiedenste Präsenzformen: Manche bauen sich eine pure Online-Präsenz auf, gehen aber nicht auf Conventions und wieder andere nutzen nur die Conventions als ihre Bühne und sind ansonsten nicht online zu finden."

Die Themen Gender, Schönheitsideale und Konkurrenzdenken sind der Cosplayszene nicht fremd und diese können auch zu Konflikten innerhalb der Szene führen. Doch im Mittelpunkt steht auf jeden Fall der Fandom, eine harmonische Gemeinschaft und der Spaß an der Sache selbst.

Marlene Huber: „Die jeweiligen Schönheitsideale werden stark beeinflusst vom Ausgangsmaterial – also den Animes, Mangas und Comics, die ‚ge-cosplayed' werden. Und die unterscheiden sich nicht von den gängigen Idealen: Männer mit muskulösen, athletischen, schlanken Körpern; weibliche Körper mit Model-Maßen oder großen Brüsten und Hintern.

Ein Ziel im Cosplay ist es schon, diesen Idealen so nahe wie möglich zu kommen. Und da habe ich auch schon viele Möglichkeiten kennengelernt, wenn auch manche davon fast schon lustig/ulkig erscheinen: z.B. ganze drei mit Socken ausgestopfte BH's anzuziehen. Es gibt aber auch genug Leute, denen es egal ist, wie ähnlich oder unähnlich sie den Characters nun sind - sie machen und tragen die Cosplay-Kostüme trotzdem mit gleichem Spaß und gleicher Lust."

Marlene Huber: „Es ist gang und gäbe, dass Frauen männliche Charaktere cosplayen. Und auch umgekehrt sieht man Männer, die weibliche Charaktere cosplayen - jedoch wird das nicht immer akzeptiert oder zumindest nicht wirklich ernst genommen. Viele gehen bei diesen ‚gender-swaps' davon aus, das sei ein bloßes Spaß-Cosplay.

Manche Cosplayer*innen designen sogar das ganze Outfit eines gegengeschlechtlichen Characters in das eigene Geschlecht um und weichen damit der ‚trans-gender' Thematik aus. Beim Tragen eines Cosplay-Kostüms geht es um den Ausdruck eigener Gefühle und Kreativität sowie eben der Würdigung dieser Figuren und Geschichten. Man sollte dabei machen dürfen, was man will." Cosplay ist ein kreatives, zeitintensives Hobby – es bietet die Möglichkeit, in andere Rollen zu schlüpfen und fiktive Figuren selbst zu verkörpern und zu interpretieren. Der Fandom, der handwerkliche Prozess, der Spaß und der Zusammenhalt innerhalb der Gemeinschaft bilden den Reiz dieser Szene.

Marlene Huber: „Man hat in seiner Kindheit diverse Comics gelesen oder animierte Cartoons geschaut – selbst wenn es nur „Heidi" war – und wollte plötzlich so sein wie die Charaktere und Helden aus diesen fiktionalen Welten.

Es ist ein besonderer Vorgang, so ein Cosplay-Kostüm selbst anzufertigen, es anzuziehen und sich in die betreffende Figur hineinzufühlen. Du kannst dann dein Vorbild selbst verkörpern! Wenn du das passende Kostüm dann trägst, verändert sich dein Körpergefühl."

Musikvideos

Lea Bouchal produziert seit einem Jahr regelmäßig in ihrer Freizeit Musikvideos. Sie präsentierte den Besucher*innen auf der Convention ihre Arbeitsweise, ihre kreative Weiterentwicklung und ihre fertigen Arbeiten. Das 1975 entstandene Video zu Queens Bohemian Rhapsody von Bruce Gower wird oft als Geburtsstunde des Musikvideos bezeichnet. Doch die Entwicklung dieser ist bereits viel früher anzusetzen: Der Film in all seinen Ausprägungen gilt als wichtiger Vorläufer des Videoclips.

In den 1940er Jahren wurden sogenannte Soundies entwickelt – eine Verbindung aus einer Jukebox und einem Bildschirm, auf denen zur Musik Kurzfilme gezeigt wurden. In den 60er Jahren wurde diese Idee weiterentwickelt und Scopitones kamen zum Einsatz. Diese funktionierten ähnlich wie ihre Vorgänger, jedoch konnte man zwischen 36 Kurzfilmen wählen, welche dann farbig auf den Bildschirmen abgespielt wurden und bereits visuelle sowie konzeptionelle Ähnlichkeiten mit den heutigen Musikvideos aufwiesen. Parallel zu den Scopitones wurden bereits in den 60er Jahren, beispielsweise für die Beatles, zu Werbezwecken kurze Filme erstellt, welche im Fernsehen ausgestrahlt wurden.

Die Grundlage der Musikvideoclips, so wie wir sie heute kennen, ist dem Musiksender MTV, mit dessen Erstausstrahlung 1981, zuzuschreiben. Es entwickelte sich plötzlich ein Konkurrenzverhalten in der Produktion von Musikvideos, um herauszustechen. Musikindustrie, Werbung und Unterhaltung sind eng miteinander verwoben.

In den letzten Jahren verlagerte sich die Hauptplattform des Musikvideos vom Fernsehen ins Internet – 2005 wurde das Videoportal Youtube gegründet. (vgl. Keazor & Wübbena: 2005, 59-71) User*innen können nicht nur konsumieren, sondern auch selbst produzierte Videos veröffentlichen. Zahlreiche Fanvideos ergänzen nun die offiziellen Musikvideos. Auch Lea Bouchal hat ihre Begeisterung für die Produktion von Musikvideos entdeckt.

Lea Bouchal: „Musik ist für mich einfach eine tolle Grundlage für kreative Gedanken und Prozesse. Ich habe an meiner Schule Film-Unterricht gehabt und entdeckte dadurch meine Leidenschaft daran. Ich fing an, auch privat zuhause mit einer Kamera zu filmen sowiefound-footage Material zu verarbeiten. Ich glaube nicht, dass ich ohne die Schule das Filmemachen so früh für mich entdeckt hätte. Der Video-Unterricht hat mir trotz meiner anfänglichen Zweifel und Distanz zum Bereich Filmproduktion den Weg zu dieser Leidenschaft bereitet. Das wäre so ohne diesen Unterricht womöglich nie passiert - oder zumindest erst viel später.“ In einem Bereich kreativ zu werden, zu dem man keinen Zugang hat, ist unmöglich. Die Schule kann einen wesentlichen Beitrag dazu leisten, indem Schüler*innen Angebote aus ihren Lebenswirklichkeiten geliefert werden, die die Möglichkeit geben, individuelle Ausdrucksformen zu entfalten und sie somit in ihrer Entwicklung zu betreuen.

Lea Bouchal: „Da gibt es erst einmal viele persönliche Dinge, Emotionen und Gedanken, die ich einfach loswerden oder verarbeiten möchte. Ich arbeite viel mit Stimmungen in den Musikvideos, welche meine Gefühle widerspiegeln, die ich so zum Ausdruck bringen kann. Meistens probiere ich einfach selber Dinge aus und experimentiere oder ich suche im Internet danach und lerne durch Tutorials und dergleichen. Wenn es sich z.B. beim Herzeigen in der Schule ergibt, dann bekomme ich dort auch Hilfe oder Tipps von den betreffenden Lehrer*innen.“

Das Niveau des online erworbenen Wissens von Jugendlichen kann Professionist*innen und erfahrene Lehrer*innen ins Staunen versetzen. Wie auch bei der Verbreitung von Memes und der Erstellung und Präsentation von Cosplays ist das Internet inzwischen auch ein wichtiger Wegbereiter für das Anfertigen von Musikvideos und für kreatives Engagement im Allgemeinen ein steter Begleiter.

Lea Bouchal: “Ich sehe mir gern Musikvideos auf Youtube an und habe mir dabei auch schon diverse Ideen geholt. Aber ich setze es dann doch auf meine eigene Weise um. Besser wird man einfach durch das Machen! Viel Übung, immer wieder neue Inputs suchen und ausprobieren - aber auch im Austausch und der Zusammenarbeit mit anderen Leuten.“

Wesentlich ist aber auch die soziale Komponente – Kreativität und Anerkennung sind eng miteinander verbunden. Nicht nur die Wertschätzung von Peers regt zu Höchstleistungen an, sondern auch die Anerkennung von Familie und Lehrkräften.

Lea Bouchal: „Ich mache nun seit ca. eineinhalb Jahren Videos und habe bisher um die 100 Videos gemacht. Für ein spontanes Video benötige ich ca. einen Tag, manchmal nur einen Nachmittag. Wenn es aber nicht nur ein kleines Musikvideo ist, sondern mehr Planung erfordert, mehr Tonaufnahmen beinhaltet und eine richtige Geschichte hat, dann brauche ich in etwa eine Woche, bis es fertig ist.

Das erste Feedback zu meinen Filmen habe ich von meinem Vater bekommen. Er fand super was ich da mache und unterstützt mich seither gern dabei. Auch die Meinung meines Schulprofessors war für mich wertvoll, da dieser ein gutes Fachwissen dazu hat. Er half mir damit, mein Grundwissen noch zu erweitern."

Bibliografie:

Eckardt, F. (2015). Was ist Cosplay? Münster: Edition Octopus - Verlagshaus Monsenstein und Vannerdat OHG.

Farin, K. (2008). Kein Refugium für Couchpotatoes. Die ästhetische Praxis in Jugendkulturen. Erstveröffentlicht in: infodienst Kulturpädagogische Nachrichten 85/2008. In K. Farin (Archiv der Jugendkulturen Verlag KG), über die Jugend und andere Krankheiten (S. 98-103). Berlin: Archiv der Jugendkulturen Verlag

Heinrich, K. & Tobler, T. (o. J.). Jugendszenen.com - Szeneprofil: Cosplay. http://wp1026128.server-he.de/wpsz/?portfolio=cosplay (27.07.2016).

Keazor, H. & Wübbena, T. (2005). Video thrills the Radio Star. Musikvideos: Geschichte, Themen, Analysen. (3., erweiterte und aktualisierte Auflage). Bielefeld: transcript

Schifman, L. (2014). Meme. Kunst, Kultur und Politik im digitalen Zeitalter. Berlin: Suhrkamp.

10 Feministische Hackerspaces und andere Strategien technologischer Aneignung

STEFANIE WUSCHITZ

Einleitung

Im Bereich der kommerziellen (proprietären) Software arbeiten 28% weibliche Entwickler. Im Open Source Bereich sind es leider nur 1,5 %. Dieses Kapitel beschäftigt sich daher mit weiblichen Entwicklern der vermeintlich offenen Plattformen der Open Source Kultur. Ich werde der verborgenen Reproduktion von Geschlechtsnormen nachgehen und dabei Ausschlussmechanismen aufdecken, die wirksam werden, wenn wir gemeinsam Open Source Technologie entwickeln. Danach untersuchen wir drei kreative Strategien, die in Reaktion auf diese Geschlechtsnormierung entstanden sind. Erstens „rosa Hardware", zweitens „feministische Hackerspaces" und drittens die Taktiken einzelkämpferischer „Pionierinnen" aus den 1970ern. Am Ende des Kapitels werde ich das indonesische Modell der ‚space-based community' beschreiben, das durch seine ungewöhnliche Konstellation von Lösungsstrategien ein höheres Maß an Partizipation ermöglicht.

Situation

Verwenden Sie Wikipedia? Haben Sie selbst schon einmal einen Wikipedia Artikel veröffentlicht? Auf Wikipedia können theoretisch alle User*innen zu Autor*innen werden. Als Feministin haben die konkreten Zahlen über das Geschlecht der Autor*innen (die nach der Wikipedia Umfrage veröffentlicht wurden) meinen Enthusiasmus für Wikipedia etwas gedämpft. Laut dieser Umfrage definieren sich nur 9% der Menschen, die schon mal Artikel auf Wikipedia verändert oder publiziert haben, als weiblich. 90 % definieren sich als männlich, 1% als transgender Person. (Bayer 2012: online, Dobusch 2013: online) Es braucht nicht viel Fantasie um sich vorzustellen, welche Auswirkungen diese Aufteilung hat. Darstellungen aus weiblicher Perspektive sind auf Wikipedia in der Minderheit, oft werden Künstlerinnen, Forscherinnen, Politikerinnen einseitig dargestellt oder deren Biographien fehlen komplett in der weltgrößten Enzyklopädie. Und das in allen untersuchten Ländern. Es steht doch jedem und jeder frei, Autor*in zu werden? Wie kommt es zu dieser Ungleichheit, wo Wikipedia doch angetreten ist, um mehr Offenheit, Transparenz und Niederschwelligkeit als herkömmliche Enzyklopädien zu ermöglichen?

Wikipedia ist nur ein Beispiel von vielen Plattformen, die anfänglich von der Idee der Offenheit beflügelt zu sein scheinen, dann jedoch einen jähen Sturzflug Richtung Gender Gap vollzogen haben und am Ende weniger Diversität aufweisen als vergleichbare kommerzielle Projekte. Open Source Communities, also Communities, die gemeinsam eine Software oder Hardware entwickeln, sind nicht nur auffallend homogen, wenn es um Geschlecht geht, sondern auch bei sozialer Herkunft und Alter der Akteur*innen: historisch privilegierte Gruppen, männliche weiße Nordamerikaner und Europäer mittleren Alters dominieren klar und verstärken somit Ungleichheit. (Dobusch 2013: online, Khanna 2014: online)

Es gibt viele Theorien darüber, was speziell weiblich sozialisierte Menschen davon abhält, Technologie online oder offline mitzuentwickeln. Ist es vielleicht der raue Umgangston in online Foren oder sind es verletzende Troll-Postings auf Mailinglisten? (Dobusch 2013: online) Vielleicht ist es die unbezahlte Arbeit im Haushalt, die weiblich sozialisierte Menschen leisten, wie z.B. die Betreuung und Pflege von Kindern und kranken Angehörigen oder die Zeitknappheit, ausgelöst durch die Doppelbelastung von Lohnarbeit und Reproduktionsarbeit, die Entwicklerinnen exkludiert? (Dobusch 2013: online)

Gibt es zu wenige positive Rollen- und Vorbilder? Sind die Gründe gesamtgesellschaftlicher Natur? Sozial, technisch oder doch zum Großteil kulturell? Ich möchte, um diese Fragen zu beantworten, auf die Theorien von Judith Butler näher eingehen, da ihr Denken neue Sichtweisen auf Gender und den Gender Gap in der Open Source Technologie ermöglicht.

Gender Performance

Judith Bulter geht davon aus, dass das soziale Geschlecht ("Gender") erlernbar ist. Simone De Beauvoir hat diese Beobachtung schon 1949 so formuliert: „Man wird nicht als Frau geboren, man wird es." (De Beauvoir 1951: 334) 2005 geht Judith Butler hier noch einen Schritt weiter, sie meint, wir reproduzieren Gender in jeder Sekunde unseres Lebens, Gender sei eine allgegenwärtige Performance. Wir orientieren uns beim „Vorführen" unseres sozialen Geschlechts an den Menschen um uns herum, ihren Urteilen und Normen. Judith Butler sieht das ‚Ich' und die Art, wie dieses „Ich" Gender interpretiert, als enorm kontextabhängig. Es sei immer als ein Ergebnis unserer Beziehungen zu betrachten und dem Austausch mit anderen zu verdanken. Geschlechtsnormen werden in diesen Beziehungen unaufhörlich reproduziert, indem sie wahrgenommen, verhandelt und gepflegt werden.

"(...) the 'I' has no story of its own that is not also the story of a relation—or set of relations —to a set of norms."

Das „Ich" wird laut Butler in einem Prozess des "Self-crafting" generiert, eines handwerklichen ‚Anfertigens' eines Selbst. Es ist das Zusammenstellen einer Erzählung (story, narration) darüber, was das Selbst ist und was es nicht ist. Diese Geschichte erzählen wir uns selbst und anderen. Das „Ich" und seine Gender Performance, die Art, wie das soziale Geschlecht „verkörpert" wird, kann nur über die Beziehungen zum jeweiligen Gegenüber begriffen werden, dem diese ‚Erzählung' mitgeteilt wird. (Butler 2005: 39) Judith Butler betont, dass damit das soziale Geschlecht ganz generell eine Konstruktion, eine Ausdrucksform, eine Verkleidung ist: "Gender is Drag", veränderbar und im Wandel, je nachdem, mit wem wir es in unserem Umfeld zu tun haben. (Butler 2003: 382)

Das klingt wohl, als wäre die Einzelperson ohnmächtig und zur Gänze durch die Normen ihres Umfeldes geformt, denen es sich unweigerlich mitteilen und anpassen muss. Beruhigenderweise ist Judith Butler jedoch der Meinung, dass wir unser unmittelbares Umfeld bewusst wählen und gestalten können, unsere Beziehungen bewusst leben können. Damit haben wir rückwirkend doch wieder Einfluss auf die Erzählung unseres ‚Ichs' sowie die Normen, die über wichtige Entscheidungen in unserem Leben bestimmen. Das ist eine durchaus gute Nachricht: Wir können unsere Community gestalten und damit rückwirkend unser Selbst. Auf diesen Punkt möchte ich später genauer eingehen.

Noch einmal zusammenfassend: Butler betrachtet Gender als verinnerlichte Performance, und deshalb sieht sie Maskulinität und Feminität als erlernte und unaufhörlich im Alltag reproduzierte Vorführung. Genormte Gesten, Handlungen, Tätigkeiten und Aussehen bestimmen, wer noch als „weiblich" durchgeht oder schon als „männlich" akzeptiert wird. (Phelan 1993: 108) In erster Linie bestimmt also das Umfeld durch ständigen Austausch miteinander (Erzählungen), was als Norm gilt. Die Community goutiert oder kritisiert die Selbstanfertigung des Ichs (self-crafting), formt das Ich und bestimmt dessen Gender Performance. So generiert und verhandelt die Community Gender Normen.

(Butler 2009: 91) Bedeutend sind in diesem Rahmen freilich auch Spivaks Theorien, die den Begriff der Inklusion schon früh als Form der hegemonialen Denkweise entlarvt haben. (Spivak1988: 295) Auch Bruno Latours Sicht auf Handlungsspielräume jenseits von Dichotomien wie Technologie/Gesellschaft, Kultur/Natur (Latour 2010: 128) sind hier hilfreich und sind für Interessierte sehr zu empfehlen.

Ausgerüstet mit diesen Sichtweisen möchte ich nun drei Strategien vorstellen, die dem Mangel an weiblichen Entwicklern in der Open Source Szene auf unterschiedliche Art beikommen möchten.

Rosa Hardware

Die Designerin Leah Buechley entwickelte 2009 gemeinsam mit dem Elektronik-Hersteller Sparkfun eine neue Microcontroller Plattform. Sie sollte weiblich sozialisierte Menschen ansprechen, die gerne mit Textilien arbeiten und dieses Können mit den Möglichkeiten von interaktiven Schaltkreisen kombinieren wollen. Mit Hilfe eines kleinen Geräts, dem Lilypad Arduino, können Anfänger*innen interaktive Textilien produzieren. Der kleine, programmierbare Computer wird über leitende Fäden und leitende Stoffe mit Sensoren, Lautsprechern, kleinen Motoren oder LEDs verbunden.

Der Lilypad Arduino ist rund und die metallenen Schnittflächen zu den einzelnen Schaltkreis-Modulen erinnern an zarte Lilienblütenblätter (Englisch: Lilypads). Lilypad wird heute besonders intensiv in der Modeszene verwendet. Diese „feminin" gestaltete Hardware namens Lilypad hat also tatsächlich ihr Zielpublikum gefunden - reaktive Stoffe, genannt "wearable technology", "e- textiles" oder "e-sewing" sind unter Entwicklerinnen sehr beliebt. Die Community um den rosa- violetten Microcontroller ist die wohl am weiblich dominierteste Open Hardware Community.

Auch das von der japanischen Firma Renesas entwickelte GR Sakura Board erinnert an eine rosa Kirschblüte oder ein klassisches ‚Mädchen-Spielzeug'. Selbst die Dokumentations-Website wurde in pink und rosa gehalten. Auch hier ist die Zielgruppe: weiblich sozialisierte, feminine Entwicklerinnen.

In unseren Workshops wurden allerdings die hoch leistungsfähigen GR Sakura Boards für einfacher, leichter zu lernen, simpler eingeschätzt, auch wenn sie eigentlich zum Erlernen weit mehr Vorwissen verlangen. Das blaue, rechteckige ‚Arduino' Board wurde als komplizierter und leistungsfähiger eingestuft. Diese Einschätzung ist sehr relevant. Hardware, die sich „weiblich" gibt, die feminin designt ist oder für weiblich konnotierte Hobbies wie z.B. das Nähen von e-Textiles konzipiert wird, fällt dem Schicksal anheim, für einfach, anfängerhaft, leistungsschwach gehalten zu werden. Diese Hardware Objekte erleiden ironischerweise die selben sexistischen Zuschreibungen wie Menschen, die den Weg einer sehr femininen Gender Performance gewählt haben. Es scheint, als würden nicht nur Menschen, die Femininität performen, oft als schwach und hilfsbedürftig kategorisiert, selbst Objekte, die feminin designt sind, werden als minderwertig und „leicht" abgetan. Die Hardware, die als Drag auftritt, die Hardware die rosarot, rund und nähkästchen- freundlich vermarktet wird, durchbricht also leider keine Gender Gaps, sondern reproduziert lediglich bereits bekannte sexistische Zuschreibungen.

Die Requisiten der Vorstellung

Doch was geschieht, wenn ein Mensch, der Femininität performt, wie Judith Butler es nennen würde (also eine Person, die in ihrer Community als „Frau" gilt), wenn so eine Person mit maskulin- normierter Hardware hantiert, also lötet, schweißt, system-administriert, programmiert und hackt? Hier werden diese Werkzeuge als maskulin wahrgenommen, als Requisiten zur Performance von Maskulinität, Männer-Spielzeug. Der Microcontroller ist nicht rosa oder rund, sondern blau und viereckig und etwas Überraschendes tritt ein: der Bruch. Der Femininität performende Mensch, mit dem sozialen Geschlecht „Frau", performt gleichzeitig Maskulinität! Was ist das? Was „ist" dieser Mensch nun? Ein Eindringling? Eine Frau, die ein Mann sein will? Ein verlorenes Schaf? Womöglich sogar eine Frau, die in Wirklichkeit durch ihre queere Tätigkeit nur einen Mann kennenlernen will?

All diese Ideen wurden mir persönlich gegenüber geäußert, wenn ich, die ich in der Community als Frau gelte, Maskulinität performt habe, also Schaltkreise zusammengebaut oder Sensoren kalibriert, Microcontroller programmiert oder Lautsprecher getestet habe. Mir war nicht bewusst, dass ich Werkzeuge verwendet habe, die in meiner Kultur eigentlich Requisiten für Menschen sind, die als Männer gelten möchten. Zunächst war mir schleierhaft, wie mein Gegenüber glauben konnte, es ginge hier um etwas anderes als eben einfach nur zu löten oder einfach nur Schaltkreise zu bauen. Es war mir peinlich, falsch eingeschätzt zu werden, ich suchte den Grund bei mir. Durch Judith Butlers Erklärung, dass Gender immer anhand von Tätigkeiten „dargestellt" wird, ist es mir wie Schuppen von den Augen gefallen: Technologie zu entwickeln, ist in unserer Community, in unserer Gesellschaft, die primäre Art, das soziale Geschlecht „männlich" vorzuführen, „Maskulinität" zu verkörpern, männlich zu sein. Technologieentwicklung ist Maskulinitäts-Performance. Es war 2009 und in dem Hackerspace, in dem ich mich befand, waren von 200 Mitgliedern nur vier weiblich. Das Erschrecken der Community darüber, dass ich mit Technologie arbeitete, rührte daher, dass ich damit die Maskulinitäts-Performance der sich männlich definierenden Personen im Raum relativiert habe. Die Entwicklerin, die lötet und programmiert, ist das lebende Beispiel dafür, dass Gender eine Performance ist und bedroht damit die Glaubwürdigkeit der Performance anderer Menschen, die Maskulinität performen.

Umgekehrt

Genauso waren oft Menschen, die als Frauen aufgewachsen sind, sehr irritiert, wenn Menschen, die als Männer eingestuft werden, starkes Make-up, wunderschöne Roben und lange Haare tragen. (bell hooks 1992: 145) Sie fühlen sich von so professioneller Performance von Weiblichkeit unter Druck gesetzt und dazu gedrängt, als „echte" Frauen die Gender Performance dieser Personen noch zu überbieten. Feministinnen haben zum Beispiel Transgender Personen vorgeworfen, deren Art, sich feminin zu geben, würde privilegierte, weiße Frauen aus der Oberschicht imitieren und sie selbst dazu zwingen, sich ebenfalls den Normen dieser Elite, den Normen von Stöckelschuhen und Make-up zu unterwerfen. Sie befürchteten, dass durch die Gender Performance dieser biologischen Männer jene Unterdrückungsmechanismen wieder in Kraft treten würden, die Feministinnen in den 70ern bekämpft hatten.

> *„Muss ich mich jetzt noch besser schminken als er?" „Muss ich jetzt noch besser löten als sie?"*

Die Missverständnisse, Anfeindungen, Konflikte und Verwirrungen, die auftreten, wenn solche Menschen, die als Frauen oder Mädchen gesehen werden, Hardware und Software entwickeln, sind wohl ähnlich zu den Missverständnissen gegenüber denen, die als Mann oder Bursche gesehen werden und gleichzeitig als transgender Person mit Make-up und Roben experimentieren.

Beides hat mit dem biologischen Geschlecht eigentlich nichts zu tun, wird aber als Versuch interpretiert, Konkurrenz zwischen den ‚echten' und ‚nicht echten' Gender Performern zu erhöhen.

Die homophobe und frauenfeindliche Verachtung von Drag Queens findet sich mit umgekehrten Vorzeichen in der frauenfeindlichen Verachtung von weiblichen Geeks in Hackerspaces wieder, weil diese als ”cross-dressers“ wahrgenommen werden. Als Frauen, die als Männer gelten wollen.

Separatismus in feministischen Hackerspaces

Es ist also so lange unmöglich, „Frauen“ in die „Technik“ zu bringen, so lange Leistungen in der Technik als Maß an Maskulinität gelten - eine Form sind, unter Beweis zu stellen, ein Mann zu sein.

Wenn Entwicklerinnen in einem Umfeld wie beispielsweise einer Schule, Lehrstelle oder einem Hackerspace mit Technik experimentieren, werden sie immer wieder auf Widerstand und Konflikte stoßen, es braucht daher einen tiefgreifenden kulturellen Wandel.

Einige Akteurinnen haben - gelangweilt von den ewig gleichen Zuschreibungen - beschlossen, eigene Räume zu eröffnen, kulturellen Wandel innerhalb sicherer vier Wände zu erproben, genannt „Feministische Hackerspaces“. Ein feministischer Hackerspace folgt einem gewissen Code of Conduct, der beispielsweise besagt, dass die Grenzen aller Mitglieder respektiert werden, „nein“ tatsächlich „nein“ bedeutet, selbst gewählte Namen berücksichtigt werden usw. Meistens folgt ein feministischer Hackerspace auch einer speziellen ”door policy“, Einlass gibt vielleicht in dem einen oder anderen feministischen Hackerspace nur für Menschen, die sich als weiblich oder transgender definieren. Hier können weiblich sozialisierte Hacker sich männlich konnotierte Werkzeuge aneignen und neue Formen von Gender Performance entwickeln.

Mothership Hackermums ist ein in Berkeley (Kalifornien) basierter feministischer Hackerspace. Mothership Hackermums beschreibt ihr Vorhaben auf ihrer Website folgendermaßen:

> *”To give mothers of every gender the time and space to explore DIY craft and design, hacker/maker culture, entrepreneurship, and all manner of creative expression with childcare. To teach children the creative process through Hacker Sprouts, our educational childcare program. With on-site childcare and hands-on community workshops for adults and kids, HackerMoms creates families that build together.“*

Kinderbetreuung ist also hier nicht nur ein höfliches Randprogramm, sondern zentrales Hauptprogramm. Mütter aller Gender und ihre Kinder können ihre kreativen Ideen in sicherem und inspirierendem Rahmen umsetzen, Wissen austauschen, Dinge bauen oder Tech Projekte umsetzen. (http://mothership.hackermoms.org/) Ein anderes Beispiel für einen separatistischen Raum ist der feministische Hackerspace Mz Baltazar's Lab in Wien (Österreich). Seit 2009 bemüht sich dieser Verein um ein Netzwerk an Hackerinnen, Künstlerinnen und Technik-Enthusiastinnen, die sich durch regelmäßige Workshops, Konzerte und Ausstellungen austauschen und gegenseitig in ihrer Arbeit unterstützen. Alle Workshops sind ausschließlich für Frauen*, Inter*, Trans* (FLIT). Konzerte und Ausstellungen sind allen Gendern offen. (http://www.mzbaltazarslaboratory.org/)

Es gibt noch viel mehr Räume dieser Art, beispielsweise FemHack in Montreal (Canada) oder Pechblenda in Calafou (Spanien). Es sind Safer Spaces und sie erlauben daher das Entfalten von neuen Fähigkeiten, Selbstwahrnehmungen und Rollenbildern. Normen können hier neu ausgehandelt und artige Gender Performance in Frage gestellt werden.

Gleichzeitig ist der Separatismus der feministischen Hackerspaces keine Dauerlösung (Toupin 2014: online), sondern eine Methode, um verhärtete Zustände aufzuzeigen und zu überwinden. So sollen Ghetto Bildung und Burn-out von Entwicklerinnen vorgebeugt werden. Langfristig ist es dennoch notwendig, gesamtgesellschaftliche Lösungen herbeizuführen, ausgehend von Modellen, die Einzelne erprobt haben. Und Einzelkämpferinnen im Bereich der Technologie gab es schon immer.

Hartnäckige Einzelkämpferinnen

Carolee Schneemann war eine von ihnen. Sie entwickelte mit Bell Laboratories eine der ersten interaktiven Kunstinstallationen. Oft wurden ihre Projekte von gefunden Geräten und gebrauchten Maschinen inspiriert. Ab den 1980ern beschäftigte sie sich nicht nur mit Technologie und kinetischen Skulpturen, sondern auch mit ihrem eigenen Körper als Raum der Aneignung, Revolte und Lust. Als Einzelgängerin hatte sie hart zu kämpfen, besonders wenn es um ihre Vietnam-kritischen Installationen ging. Sie ist heute weltberühmt und lebt 76-jährig in New York City.

Lillian Schwartz hingegen hat schon als Kind gelernt, elektrische Leitungen zu reparieren, denn sie wuchs mit vielen älteren Brüder auf einer amerikanischen Farm auf. Im zweiten Weltkrieg diente sie bei der Navy und kam dort zum ersten Mal mit Computern in Kontakt. Computer wurden damals noch mit Lochkarten codiert. Lillian Schwartz testete in ihrer Freizeit, welche Löcher in der Lochkarte innovative Grafiken hervorrufen würden und entwickelte im Laufe der Zeit, basierend auf ihren Erkenntnissen, eines der ersten Graphik-Programme. Sie war außerdem Mitorganisatorin der berühmten E.A.T.

Events. Experiments in Art and Technology wurde 1966 von den Ingenieuren Billy Klüver und Fred Waldhauer gegründet, den Künstlern Robert Rauschenberg und Robert Whitman. Lillian Schwartz war von Anfang an Teil der frühen Computermusik-Szene. Ihre Leistungen sind beeindruckend, noch heute, im Alter von 89, unterstützt sie junge Künstler*innen in New York City. (Diese beiden Personenbeschreibungen beruhen auf persönlichen Interviews mit der Autorin am 30.09.2010 und 21.09.2010) Nicht allen Menschen sind so viel Hartnäckigkeit und Persönlichkeit in die Wiege gelegt. Einzelkämpferin zu sein ist ermüdend und daher keine Lösung für den Mainstream.

Die drei vorgestellten Strategien - rosa Hardware, feministische Hackerspaces, hartnäckige Einzelkämpferinnen - sind leider folglich alle relativ ungeeignet, um einen nachhaltigen kulturellen Wandel einzuleiten.

Space-based community

Ich möchte nun den eurozentrischen Blick aufgeben. Stattdessen würde ich gern ein Modell vorstellen, das auf Sumatra entwickelt wurde, in einer Region namens Padang, in der die vorwiegend islamische Bevölkerungsgruppe der „Minangkabau" leben. Als Minangkabau bezeichnen sich in Indonesien ungefähr sieben Millionen Menschen. Ethnolog*innen und Wissenschafter*innen haben viel zu ihrer Kultur, den Bräuchen und Traditionen geforscht, weil sie so ungewöhnlich und nachhaltig sind. Die Minangkabau definieren ihre Kultur als matrilinear. (Reeves-Sanday 2002: 30)

Ein Haus ist bei den Minangkabau nicht nur ein Bau, in dem gewohnt und gelebt wird, sondern eine Kategorie. Menschen, die zu dem Haus zählen, sehen sich als eine Community, die kategorisch zusammengehörten. (Vellinga 2004: 51) Das betrifft nicht nur Verwandte, sondern auch adoptierte Menschen. Denn wenn eine neue Person zur Community stößt, wird er oder sie „adoptiert", eine Art Mentorship tritt ein und ein Care System sorgt für die Neuankömmlinge, ein System das Außenstehenden Zugang zur Gruppe gewährleistet. (Graves 1981: 12) Weiters müssen alle Menschen der Community einmal im Leben für zwei Jahre die Region verlassen. Diese Reise wird „Merantau" genannt und ermöglicht es allen Community-Mitgliedern, völlig neue Sichtweisen einzunehmen, sich aus bestehenden Hierarchien zu befreien und Neues zu lernen. Diese Praxis hat auch dazu geführt, dass viele Merantau-Reisende Restaurants in anderen Teilen Indonesiens aufgemacht haben, was noch einmal zu ihrer hohen Bekanntheit in ganz Indonesien beigetragen hat. Es wird von den Reisenden erwartet, dass das neu Erlernte nach den zwei Jahren zurück in die Community gebracht wird. Viele Journalist*innen, Politker*innen, Staatsgründer*innen und Theoretiker*innen kommen aus den Kreisen der Minangkabau, vielleicht zum Teil auch, weil Bildung hoch geschätzt wird.

Die Familien bestehen nicht aus Mutter-Vater-Kind, sondern aus Mutter, Bruder der Mutter, Vater und Kind. Jedes Kind hat also drei Bezugspersonen, neben den Eltern noch den Bruder der Mutter, der dadurch eine Querverbindung und Brücke zu anderen Familien bietet. (Benda-Beckmann 1979: 146) Alle Felder und das gesamte Land einer zu einem Haus gehörenden Gruppe sind als Commons organisiert und werden von weiblich sozialisierten Menschen verwaltet. (Helfrich 2012: 22) Sie sind weniger Besitzer*innen als Manager*innen der Commons. Nur durch gemeinsamen Entschluss kann Land verkauft werden. (De Josselin De Jong 1960: 57; Benda-Beckmann 1979: 109; Graves 1981: 6 ; Reeves-Sanday 2002: 30; Vellinga 2004: 114)

Wer zur Community gehört, über Verwandtschaft, Freundschaft oder Adoption, nimmt an parlamentartigen Treffen im Haus (Rumah Gadang) teil, bei denen alle sprechen dürfen, außer den frisch angeheirateten Ehemännern. Grundsätzlich hat aber jede/r Anspruch auf Versorgung über das gemeinsame Land. Niemand muss die Zugehörigkeit über bestimmte Tätigkeiten oder Eigenschaften unter Beweis stellen, das Haus dient als Definitionsquelle darüber, wer dazu gehört: Wer im Haus ist, gehört dazu. Diese Form des Clan-Lebens wird "space-based community" genannt, da das Haus, mit seiner speziellen Form und seinen Ornamenten, seiner Funktion und Bedeutung, die gesamte Community erdet, kontextualisiert und definiert.

Wie kann man das alles auf von Technik geprägte Räume übertragen? Wie könnte uns das Modell der Minangkabau in unserer Gender-Debatte weiterhelfen? Was das Modell leistet, ist, eine Strategie zu demokratischerem Zugang zu offenen Räumen zu formulieren. Keine genormte Eigenschaft oder genormte Fähigkeit, wie beispielsweise die Performance von Gender, stabilisiert die Gruppe, sondern die Community wird durch gemeinsam genutzten Raum stabilisiert. Sie leitet ihre Beziehungen und Zusammengehörigkeiten vom geteilten Raum ab. Dies kann beispielsweise auf einen Hackerspace übertragen bedeuten, dass auch technikfremde Tätigkeiten toleriert und unterstützt werden. Auch die Praxis, für zwei Jahre die gewohnten Strukturen hinter sich zu lassen, wäre für Open Source Communities eine umsetzbare und wichtige Strategie. Die Macht der „Platzhirsche" wäre dadurch aushebelbar, frischer Wind in den etablierten Reihen gewährleistet. Auch eine negative Gesprächskultur könnte durch internationale Vernetzung und Austausch (Merantau) verbessert werden. Die Strategie der drei Bezugspersonen für ein Kind könnte übersetzt werden in eine geteilte Verantwortung für Projekte, deren Leitung oder Umsetzung niemals nur von ein oder zwei Entwickler*innen begleitet werden müssten, sondern (mindestens) von drei.

Space based – also raum-basiert ist eine Community also dann, wenn alle, die den Raum nützen wollen, durch diese Selbstselektion bereits als Teil der Open Source Community gehandhabt werden. Judith Butler sagt, wir können unsere Community gestalten und damit rückwirkend unser Selbst. Die Strategien der Minangkabau sind daher auch Werkzeuge zur eigenen Weiterentwicklung. Die stabilisierende Wirkung von geteiltem Raum ermöglicht Experimentierfreude in Bezug auf andere Aspekte der Zusammenarbeit, wie technologische Entwicklung oder das Kultivieren von Praktiken wie Hackerthons. Neue Resourcen werden freigesetzt, die als Commons gehandhabt werden.

Zusammenfassung

Dieses Kapitel beschäftigt sich mit der Verbindung von Gender Performance und Open Source Kultur. Technologische Praxis wird als Form kultiviert, Maskulinität zu erproben und dadurch maskuline Identität zu konstruieren. Die derartige Produktion von Gender-Identität innerhalb einer Gruppe ist stark durch deren Strukturen der Anerkennung geprägt. Im Hackerspace beispielsweise bleiben Akteure in einer soliden, sich intern aufwertenden Gruppe unter sich. Eine Geschlossenheit, die andererseits Innovation und Offenheit in Bezug auf technologische Experimente zulässt. Meine Überlegungen beziehen sich nun auf ‚als weiblich geltende' Menschen und welche Möglichkeiten diese sehen, trotz der strategischen Geschlossenheit einer Gruppe, Räume für technologische Experimente und Grenzgänge zu nützen.

Wir sind der Frage nachgegangen, welche Identitäten Akteurinnen konstruieren, die hohe Fähigkeiten im Umgang mit Technik aufweisen, wenn Akteure in Open Source Communities durch ihre Fähigkeiten im Umgang mit Technik maskuline Identität konstruieren. Wenn beispielsweise eine Akteurin hervorragend lötet, wird diese Leistung demnach als Performance von Maskulinitat markiert, was starke Irritationen der auf technischer Leistung basierenden, männlich-zentrierten Hierarchien verursacht. Auf Grund ihrer Fähigkeiten gilt sie hier als maskulin - für viele Akteurinnen weder Auszeichnung noch Grund zur Freude. Dass die Performance von Femininität in Hackerspaces folglich meist ausbleibt, wird trotzdem als natürlich gegeben empfunden und selten hinterfragt. Anhand mehrerer Beispiele habe ich in diesem Kapitel gezeigt, wie das Ausbleiben einer weiblichen Perspektive ins Gegenteil umgewandelt werden kann. Einerseits durch Strategien von spielerischer, ironischer Aneignung, in Form einer demonstrativen Femininisierung von Hardware, andererseits durch einen Separatismus, der an Taktiken des Second Wave Feminismus anknüpft. Auch Bemühungen von Einzelpersonen, Geschlechternormen bewusst aufzubrechen oder zu hacken, haben wir hier beschrieben.

Abschließend habe ich das Modell einer Community vorgestellt, die Zugehörigkeit nicht über Subjekt-Positionen, sondern über den miteinander geteilten Raum definiert. Das Modell leitet sich von der space-based community der Minangkabau in Sumatra ab, die ausschließende Strukturen und Hierarchien in ihrer Gemeinschaft über unterschiedliche Strategien überwinden. Einerseits durch eine zweijährige Reise, die alle Mitglieder unternehmen müssen, andererseits durch ein Mentorship-System, durch das Neuankömmlinge ‚adoptiert' werden.

Die Minangkabau organisieren ihr Land als Commons und lassen weiblich sozialisierte Menschen diese Commons managen. Kinder werden von ihren Eltern plus dem Bruder der Mutter versorgt, der wiederum selbst mit seiner Partnerin und dem Bruder dieser Frau seine eigenen Kinder versorgt, Versorgung ist daher eine gemeinsame Anstrengung. All diese Kulturpraktiken habe ich versucht, als fruchtbare Techniken zum Erhalt einer Open Source Community vorzustellen.

Diskussion

Jenen feministischen Hackerspaces, die sich nun darum bemühen, wandelbare Identitätsentwürfe zu produzieren, mangelt es leider oft an technischer Innovation. Die Subjekt-Positionen sind wandelbar, daher werden, um Kontinuität zu gewährleisten, technologische Praktiken stabil gehalten. Eine Stabilisierung der Community wird also im feministischen Hackerspace nicht mehr über eine Normierung von Identität, jedoch über eine Normierung von Praktiken hergestellt. Unweigerlich stellt sich die Frage, ob die Stabilität einer Gruppe (in einem kollektiv genützten Raum) über einen dritten Parameter gewährleistet werden könnte.

Die von mir vorgeschlagene Struktur, die dieser Anforderung gerecht werden könnte, ist das Modell der space-based Community. Dabei ist der dritte stabilisierende Faktor der von Akteur*innen kollektiv genutzte Raum. Eine kollektive Nutzung eines Raumes kann gelingen, wenn dieser Raum die Legitimisierung, Identifizierung und

Anerkennung der Akteurinnen bewältigt, womit rigide Normierung von Gender Identitäten oder Praktiken überflüssig wird. In dezentralen, space-based communities partizipieren Akteur*innen auf Grund ihrer Präsenz im Raum. Dies eröffnet einen demokratisierten Zugang zu den im Raum vorhandenen Technologien. Open Source Communities als space-based communities zu organisieren zielt weiters auf eine Dezentralisierung von Institutionen ab, die derzeit die Deutungshoheit über den Technologie-Begriff innehaben.

Meine Überlegungen haben sich stark auf die Theorien von Judith Butler gestützt, ihrer Sichtweise auf Gender als eine sich ständig im Wandel befindliche, produzierte "Performance". Eine space-based community wird demgemäß bunte und unerwartete, unorthodoxe Formen von Gender generieren können. Die Normierung von Verhalten steht nicht mehr im Zentrum der community und bleibt dadurch frei gestaltbar.

Bibliografie:

Bayer, T. (2012). Wikipedia Editor Survey 2012 conducted by the Wikimedia Foundation, Duration: 2012-07 – 2012-11 <https://meta.wikimedia.org/wiki/Research:Wikipedia_Editor_Survey_2012>[Last Accessed July 10th 2016]

Benda-Beckmann, F. (1979). Property in Social Continuity, Continuity And Change In the Maintainance of Property Relationships through Time in Minangkabau, West Sumatra. The Hague: Martinus Nijhoff.

Butler, J. (2005), To Give An Account Of Oneself,.Fordham University Press.

Butler, J. (2004), Undoing gender. New York: Routledge.

Butler, J. (1991). Das Unbehagen der Geschlechter. Frankfurt am Main: Suhrkamp.

Butler, J. (1993). ,Gender is Burning: Questions of Appropriation and Subversion. , In: Thornham, S . (Ed.), 1 999, Feminist Film Theory, a Reader, Edinburgh : Edinburgh University Press.

Butler, J. (2005) .Giving an Account of Oneself. Fordham: Fordham University Press.

Butler, J. (2009). Die Macht der Geschlechternormen und die Grenzen des Menschlichen. Frankfurt am Main: Suhrkamp.

De Beauvoir, S. (1951). Das andere Geschlecht: Sitte und Sexus der Frau, Hamburg: Rowohlt Verlag GmbH

De Josselin d e Jong, P. E. (1960). Minangkabau and Negri Sembilan, Socio-political structure in Indonesia, Dj akarta : Bhratara.

Dobusch, L. (2013) Wikipedia: Grenzenlose Exklusion?, https://netzpolitik.org/2013/wikipedia-grenzenlose-exklusion

Graves, E.G. (1981). The Minangkabau Response to Dutch Colonial Rule in the Nineteenth Century. 227 Publication No. 60, Cornell Modern Indonesia Project, Southeast Asia Program, Cornell University, Ithaca, New York: Cornell University Press.

Helfrich, S . (2012) . Commons. Fiir eine neue Politikjenseits von Markt und Staat. Bielefeld: Transcript Verlag..

Hooks, B. (1992). ‚Is Paris burning?' In: Black Looks: Race and Representation, Boston MA: South End Press. p.145.

Khanna, A. (2014). Nine out of ten Wikipedians continue to be men : Editor Survey. Wikipedia Statistics. Posted by Ayush Khanna on April 27, 2012 on Wikimedia Foundation Global Blog. Retrieved from <http://blog.wikimedia.org/2012/04/27/nine-out-of-ten-wikipedians-continue-to-be-men/> [Accessed July 10 2016] .

Latour, B. (2010). Das Parlament der Dinge. Frankfurt am Main: Suhrkamp Taschenbuch.

Phelan, P. (1993). Unmarked. The Politics of Performance. London and New York: Routledge. Reeves-Sanday, P. 2002. Women at the Center, Life in a Modern Matriarchy. Cornell University: Cornell University Press.

Toupin, S. (2014). Feminist Hackerspaces: The Synthesis of Feminist and Hacker Cultures. Journal of Peer Production. Issue#5:SharedMachineShops <http://peerproduction.net/issues/issue-5-shared-machine-shops/peer-reviewed-articles/feminist-hackerspaces-the-synthesis-of-feminist-and-hacker-cultures/> [Accessed July 10 2016]

Vellinga, M. (2004). Constituting unity and difference : vernacular houses in a Minangkabau village. Leiden : KITLV Press.

11 Medienlabor

FRANZISKA THURNER

„Was macht man mit 4 iPads, einem Projektor und einem internen Netzwerk abends auf der Uni?" – „Warten bis es endlich dunkel wird ..."

Student*innen des Medienlabors haben ihre Tablets über ein Netzwerk miteinander verbunden und können nun mittels spezieller App live gemeinsam zeichnen und animieren. Ihr Output wird direkt an den Projektor geschickt und durch das geöffnete Fenster des Seminarraums hinaus in die finstere Nacht projiziert. Das gegenüberliegende Universitätsgebäude wird zur Leinwand und seine Architektur zur Inspirationsquelle eines kollaborativen "live paintings".

Die Lehrveranstaltung „Medienlabor 1" versteht sich als Forschungsstation und Experimentierfeld. Im Fokus stehen praktische und theoretische Auseinandersetzungen mit aufstrebenden Technologien sowie ihre Nutzbarmachung für künstlerische Prozesse. Gemeinsam werden sowohl potentielle Anwendungsmöglichkeiten analysiert und erprobt, als auch künstlerische Techniken und Methoden erlernt.

Die Inhalte reichen von Video, Animation, 3D Sculpting, Mobile, Projection Mapping, Physical Computing bis zu Gaming. Aktuelle Themenschwerpunkte wie open source, creative commons und remix culture erweitern und vertiefen die Auseinandersetzung.

Arbeitsfelder sind nicht abgeschlossen und statisch, sondern permanent in Bewegung. Technologische Weiterentwicklungen eröffnen immer neue Möglichkeiten und laden zum Reflektieren ein. Wer mit ausgeprägter Neugierde und Forschungsdrang ausgestattet ist, braucht nur noch Zeit und Raum. Die Förderung von Kreativität und das Zur-Verfügung-Stellen von Experimentierfeldern schaffen den Nährboden für das Entstehen von Neuem. Dort wo sich Fachwissen mit Kreativität verschränkt, kann Innovation passieren und unsere Kultur bereichern.

Das „Medienlabor 1" schafft Freiraum zum Dekonstruieren und neu Vernetzen, zum Recherchieren und Diskutieren, Ausprobieren, Zweckentfremden, Gestalten, Spielen und Remixen. Diese Prozesse werden vom Diskurs über aktuelle politische Ereignisse sowie kulturelle und soziale Entwicklungen begleitet. Die Beschäftigung mit zeitgenössischen Medienkunstprojekten und Überlegungen zu möglichen Vermittlungsstrategien für den schulischen und außerschulischen Bereich ergänzen das Programm der Lehrveranstaltung.

Im Zentrum von „Medienlabor 2" steht die eigenständige künstlerische Arbeit. Aufbauend auf die zuvor erlernten Kompetenzen werden nun zu einem gemeinsamen Thema Transmediaprojekte konzipiert und realisiert.

In Kooperation mit lokalen Initiativen und "Off Spaces" entstehen ortsbezogene Arbeiten abseits des Hörsaals. Das Verlassen der gewohnten und geschützten Umgebung ist elementarer Bestandteil der Lehrveranstaltung. Die Möglichkeit, eigene Projekte einem größeren Publikum zu zeigen, setzt besonderes Engagement frei.

Die Studierenden arbeiten intensiv und konzentriert auf ein Ziel hin, sie erstellen Konzepte, Zeitpläne und Kostenkalkulationen, sie wagen sich über technische Herausforderungen, recherchieren Nutzungsrechte, verfassen Ausstellungstexte und dokumentieren ihren Arbeitsprozess. Sie machen Fehler und sammeln Erfahrungen.

Durch das gemeinsame Realisieren einer Ausstellung eröffnen sich zudem zahlreiche weitere Lernfelder – abseits der eigenständigen künstlerischen Arbeit. Um Struktur zu schaffen, werden Kompetenzbereiche definiert, dazu wird Verantwortung auf kleinere Organisationsteams aufgeteilt.

Die Studierenden erlangen so Fertigkeiten in den Bereichen Werbung, Produktion, Vermittlung und Dokumentation. Die Arbeitsgebiete umfassen interne und externe Kommunikation, die Koordination von Terminen, das Design einer Werbekampagne, die Erstellung einer Webseite mit dazugehörigem Vermittlungskonzept sowie die Dokumentation der gesamten Ausstellung.

Das Umsetzen einer eigenständigen orts- und kontextbezogenen Arbeit in Verbindung mit dem Realisieren einer Gruppenausstellung bringt eine Fülle an neuen Kompetenzen mit sich, die nur durch das Verlassen des Hörsaals möglich werden.

Ziel der Lehrveranstaltungen „Medienlabor 1 & 2" ist es, die Studierenden mit Basis-Kompetenzen auszustatten. Diese sollen sie in Folge befähigen, eigenständig künstlerische Arbeiten zu realisieren und einer Öffentlichkeit zu präsentieren.

Auf den folgenden Seiten finden sich ausgewählte Arbeiten von Studierenden aus den Lehrveranstaltungen „Medienlabor 1 & 2" von 2014 bis 2016. Im Sommersemester 2015 wurden Teile der Tabakfabrik Linz als "Off Space" erforscht und genutzt. Die ehemalige Portiersloge sowie die mobile Galerie im Zugwaggon wurden mit künstlerischen Arbeiten zum Thema Remix bespielt. In Kooperation mit der Lehrveranstaltung „Sound II" von Michael Schweiger entstanden audiovisuelle Auseinandersetzungen mit den Begriffen „Aneignung" und „Verfremdung".

Im Sommersemester 2016 setzen sich die Studierenden des „Medienlabors" auf vielfältige Weise mit dem Thema >OPEN< auseinander. Ende Juni wurden die dabei entstandenen Arbeiten im Rahmen einer dreitägigen Gemeinschafts-Ausstellung mit der Lehrveranstaltung Kommunikationsdesign (Lektorin Hanna Priemetzhofer) im Linzer Raumschiff präsentiert. „RAUMSCHIFF ist ein von jungen Künstler*innen geführter Ausstellungs- und Veranstaltungsraum mit dem Ziel, interdisziplinäre Aktivitäten zu fördern und den Austausch zu verbessern." (http://open-exhibition.ufg.at)

In der Lehrveranstaltung Kommunikationsdesign II wurden für die Ausstellung >OPEN< Zines produziert. Der Begriff zine leitet sich vom englischen Wort magazine ab, positioniert sich aber klar gegen kapitalistische Strukturen und gesellschaftliche Normative. Ein Zine ist ein alternativer, autonomer Kommunikationsweg, eine unabhängige Publikation. Jeder und jede kann ein Zine produzieren, ohne dabei von Mainstream Trends oder der möglichen Zensur eines Verlages abhängig zu sein. Die Vervielfältigung passiert schnell, billig und ohne Überwachung – im Copyshop nebenan oder, wie in unserem Fall, am Kopierer der Universität.

Dieses subversive, spontane Medium ist eine fruchtbare Spielwiese, um inhaltlich und gestalterisch zu experimentieren. Die Inhalte der Zines, welche im Sommersemester 2016 entstanden sind, zeigen ein breites Spektrum: phantastisch, poetisch, gesellschaftskritisch, philosophisch, analytisch. Die unterschiedlichen Themen wurden in einer vorwiegend analogen Arbeitsweise erarbeitet und am Kopierer vervielfältigt, um anschließend gefaltet, zusammengeheftet oder per Hand gebunden zu werden.

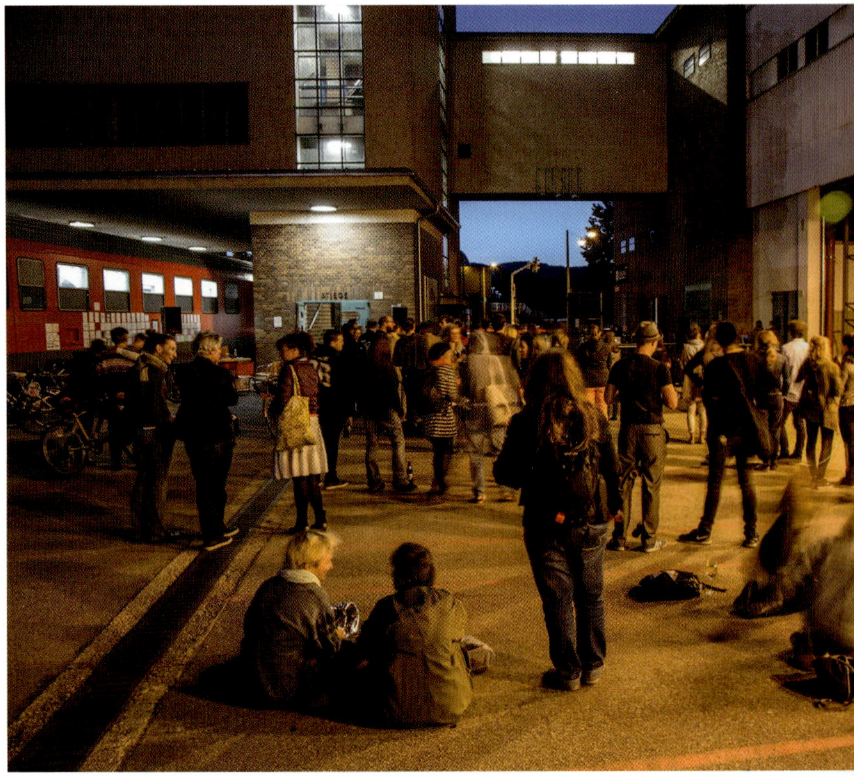

Metamorphose
Visuals: Christina Peichler & Julia Steiner
Audio: Lukas Kirschbichler & Raphaela Danner
Live Performance, 2015
Fotos © Michael Wlaschitz

Auf Entdeckungsreise durch die alten Gemäuer.
Etwas hören, etwas sehen.
Einfangen – Verarbeiten – Wiedergeben. REMIX.

Metamorphose ist eine audiovisuelle Liveperformance aus Bildern und Geräuschen, die ausschließlich in der Tabakfabrik Linz aufgenommen wurden.
https://vimeo.com/juliasteiner

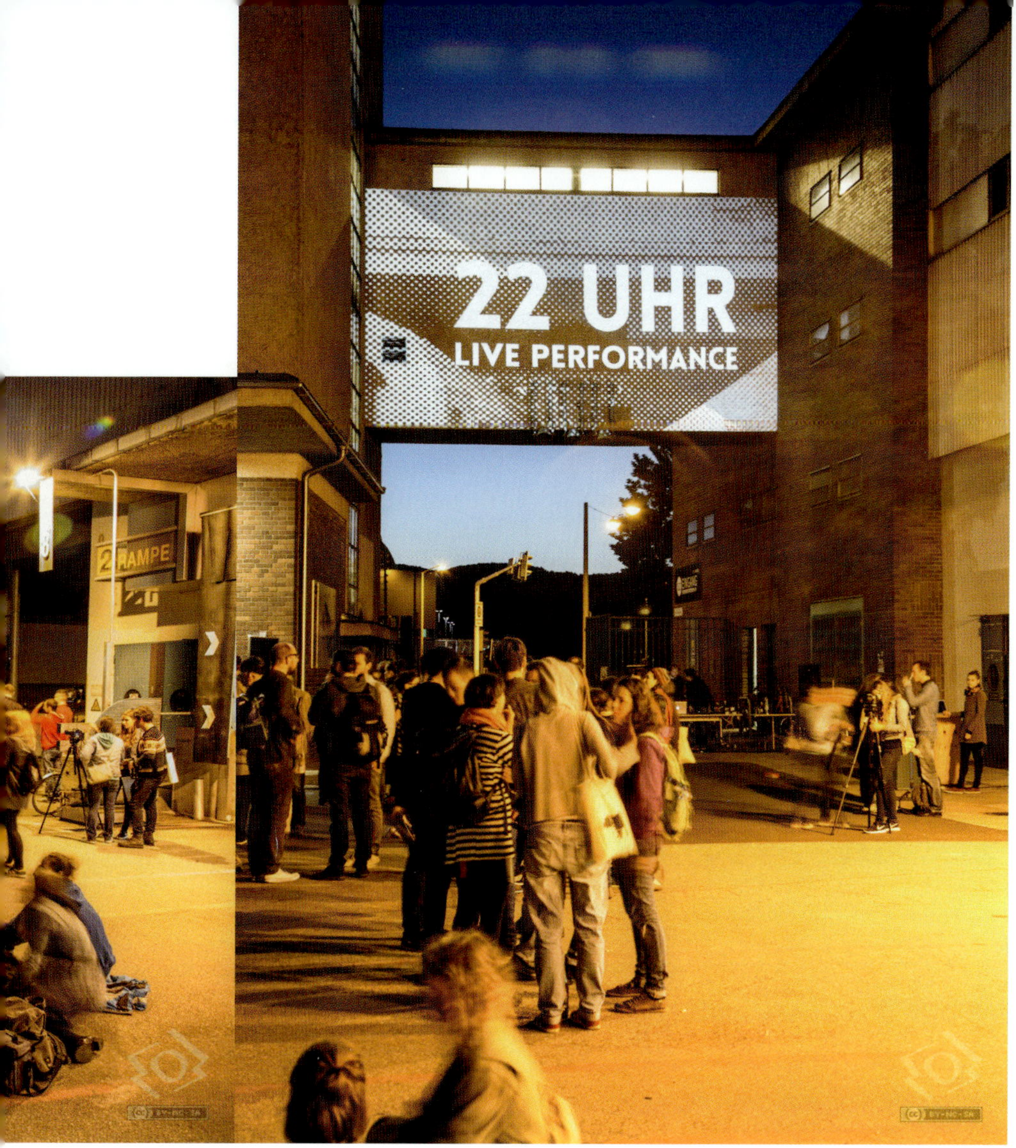
22 UHR
LIVE PERFORMANCE
RAMPE

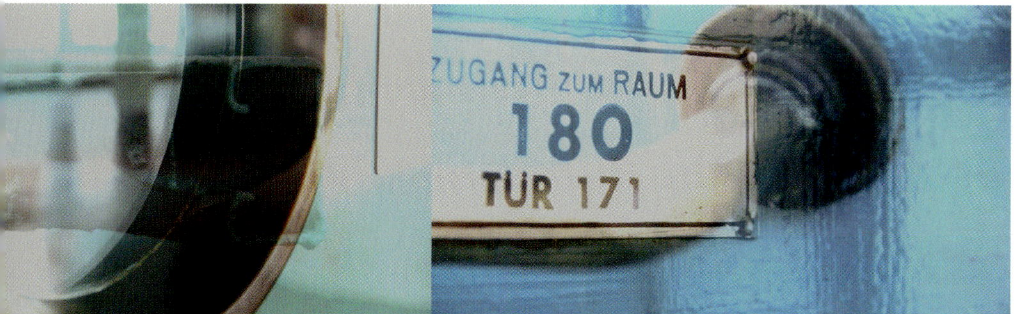
ZUGANG ZUM RAUM
180
TÜR 171

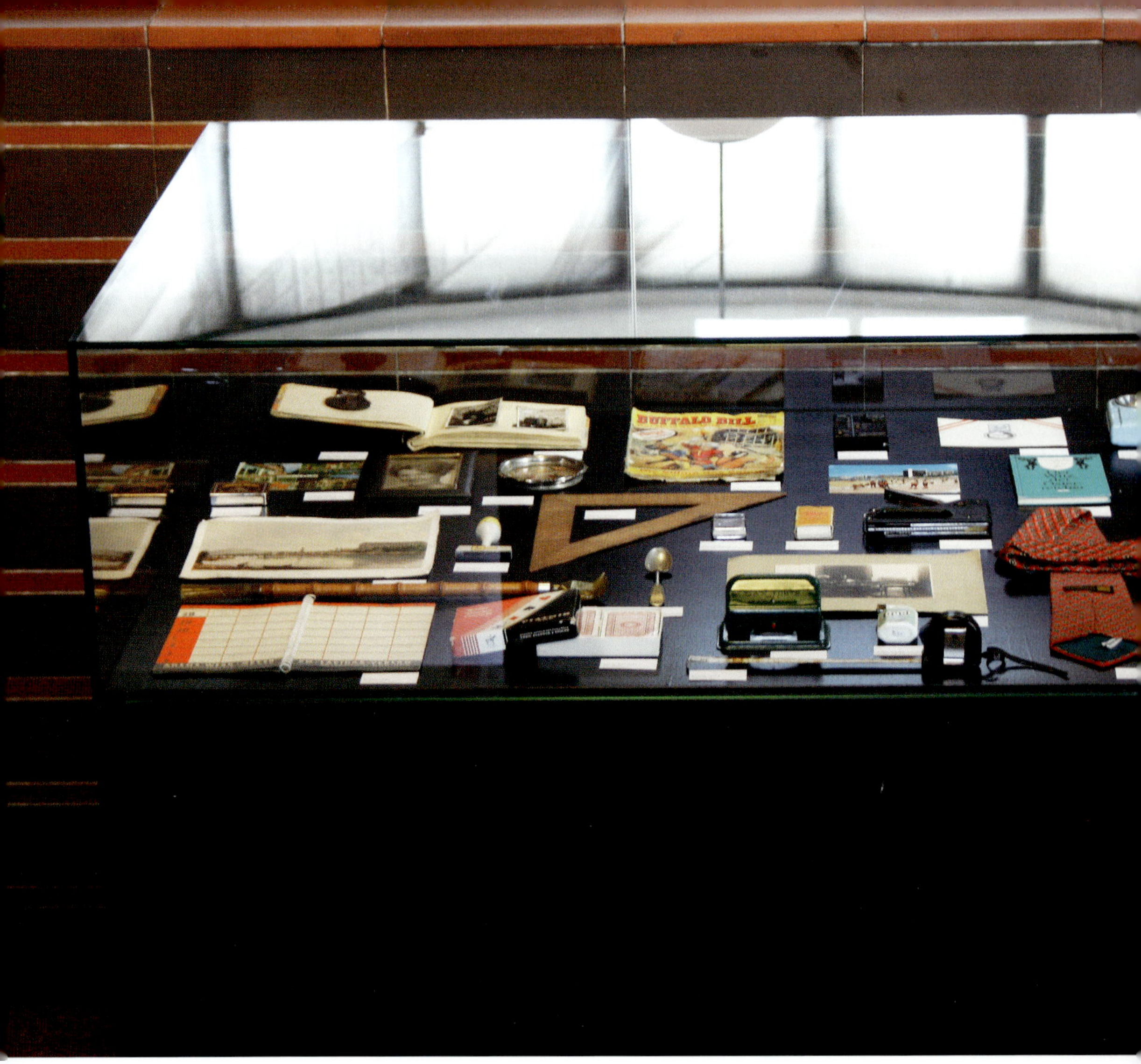
BUFFALO BILL

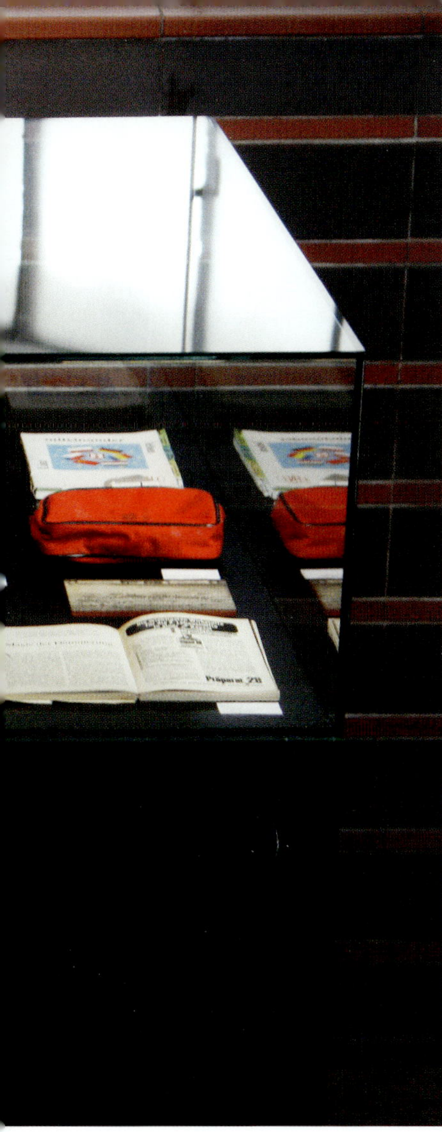

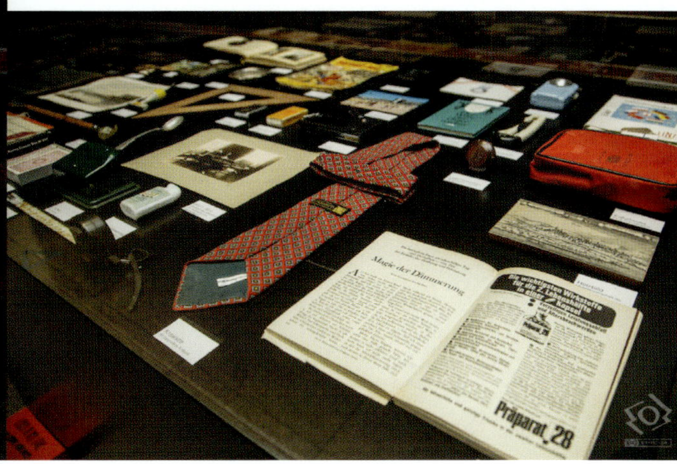

Leben in der Loge
Klara Huber & Sarah Schmidt
Fundstücke, 2015
Fotos © Michael Wlaschitz

Welche Menschen haben in der Portiersloge gearbeitet und welche Spuren haben sie hinterlassen? Wie hat dies den Raum verändert bzw. geprägt? Es werden persönliche Gegenstände von ehemaligen Portier*innen präsentiert, die deren Lebens- und Arbeitsalltag sowie deren Persönlichkeiten beschreiben.

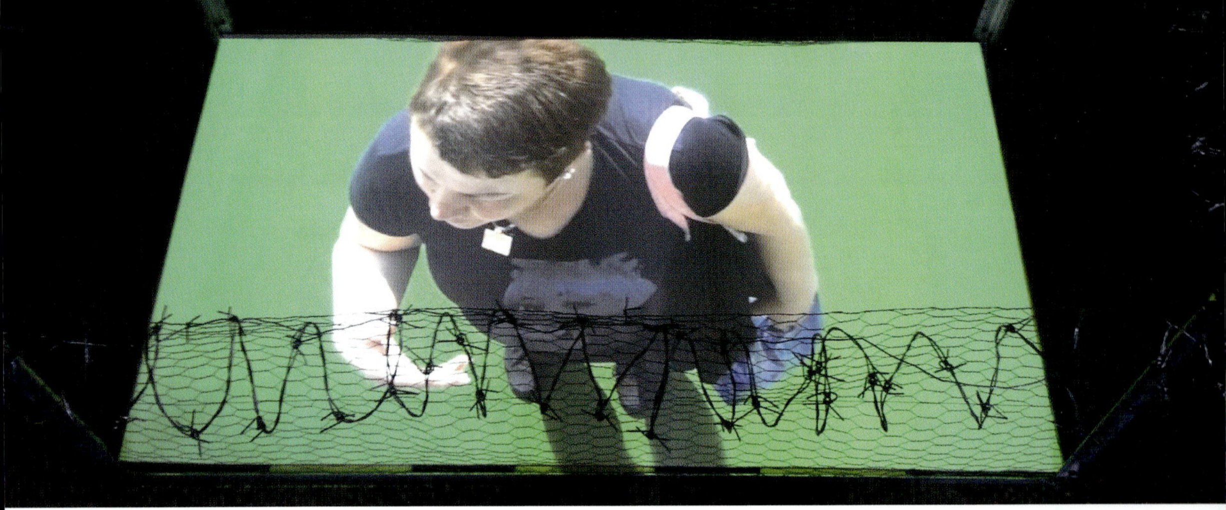

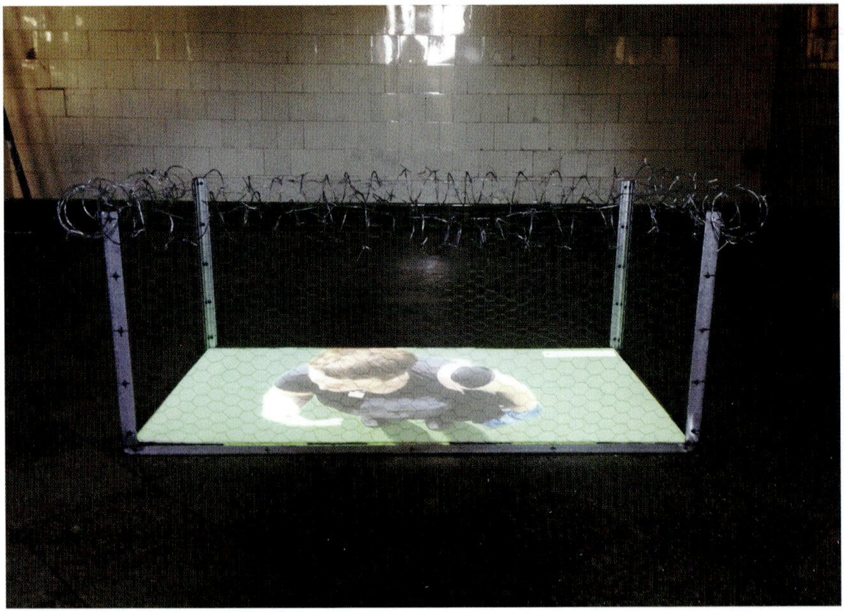

Fences
Lisa Knaak & Florian Pucher
Installationsansicht, Mixed Media, 2016

Existieren Grenzen nur in unseren Köpfen oder sind sie real? Was passiert, wenn die Grenzen in unseren Köpfen Wirklichkeit werden und wer entscheidet, welche Ausformungen sie in der Realität finden?

Wie fühlen sich die Menschen, die damit leben müssen, egal auf welcher Seite des Zaunes sie stehen? Man entkommt dem Thema nicht – man entkommt nicht. Die Installation „FENCES" widmet sich diesen Fragen.

Wir sind durch die Straßen von Linz gewandert, haben die Menschen befragt und versucht, die herrschende Stimmung in sich so rasant ändernden Zeiten einzufangen. Fragt man die Bürger*innen unseres Landes, erkennt man schnell, nicht alles ist Schwarz oder Weiß. Es sind die Grautöne, die unsere Zeit bestimmen. In diesem Sinne wollen wir unseren Beitrag zur Ausstellung >OPEN< verstanden wissen. Eine Visualisierung der komplizierten Zustände in den Köpfen Europas.

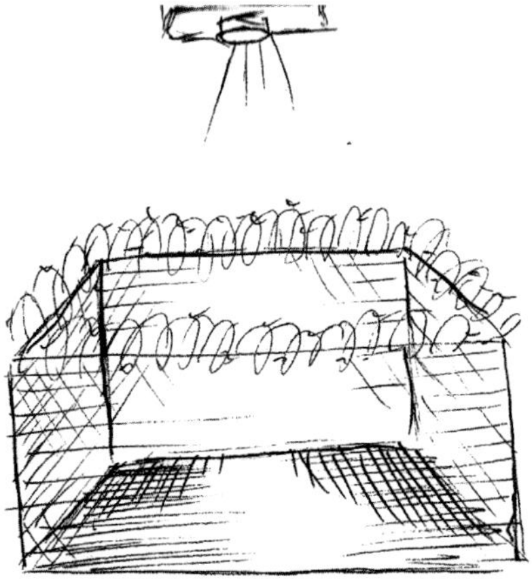

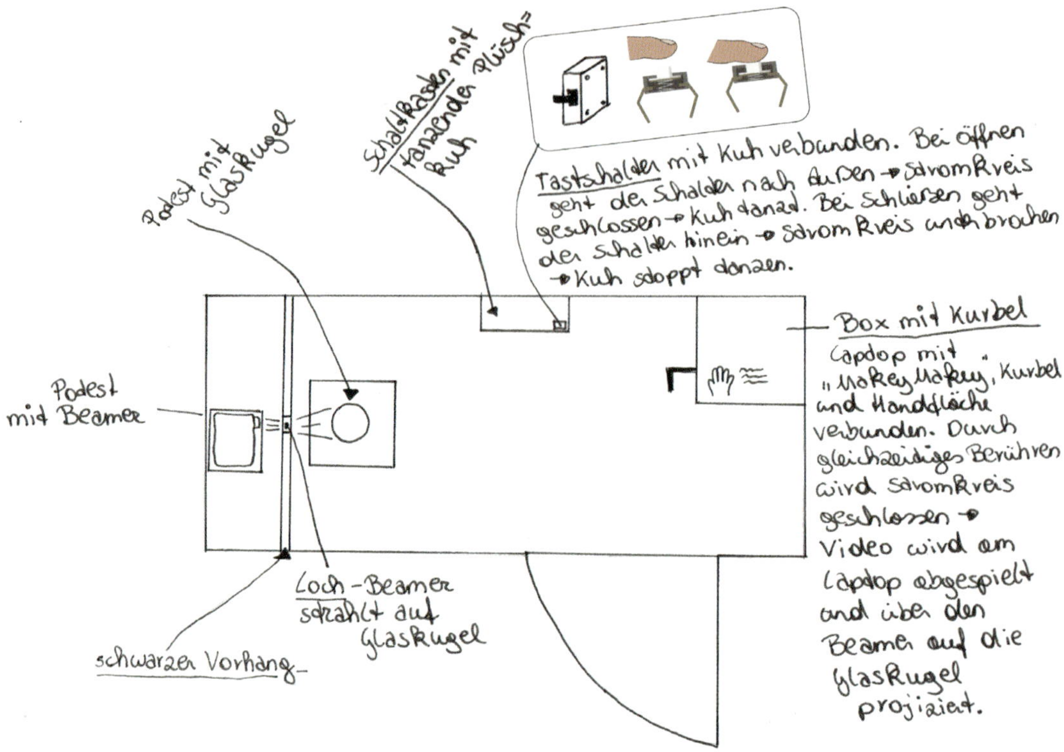
Schaltkasten mit tanzender Plüsch= Kuh
Podest mit Glaskugel
Tastschalter mit Kuh verbunden. Bei öffnen geht der Schalter nach außen → Stromkreis geschlossen → Kuh tanzt. Bei Schließen geht der Schalter hinein → Stromkreis unterbrochen → Kuh stoppt tanzen.
Box mit Kurbel
Laptop mit „MakeyMakey" Kurbel und Handfläche verbunden. Durch gleichzeitiges Berühren wird Stromkreis geschlossen → Video wird am Laptop abgespielt und über den Beamer auf die Glaskugel projiziert.
Podest mit Beamer
Loch - Beamer strahlt auf Glaskugel
schwarzer Vorhang

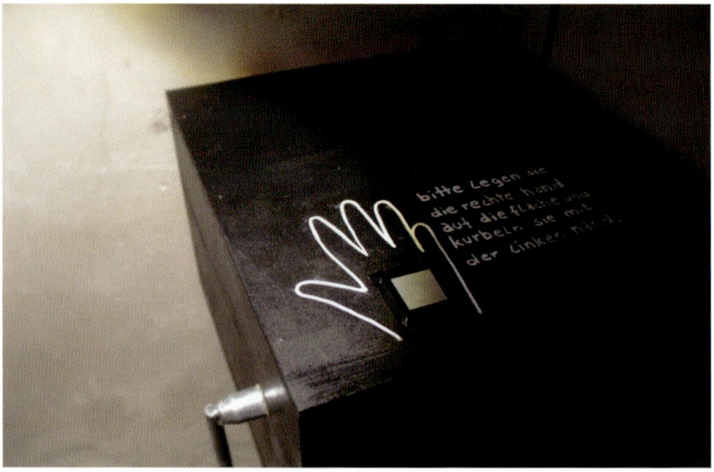
bitte legen sie
die rechte hand
auf die fläche und
kurbeln sie mit
der linken hand.

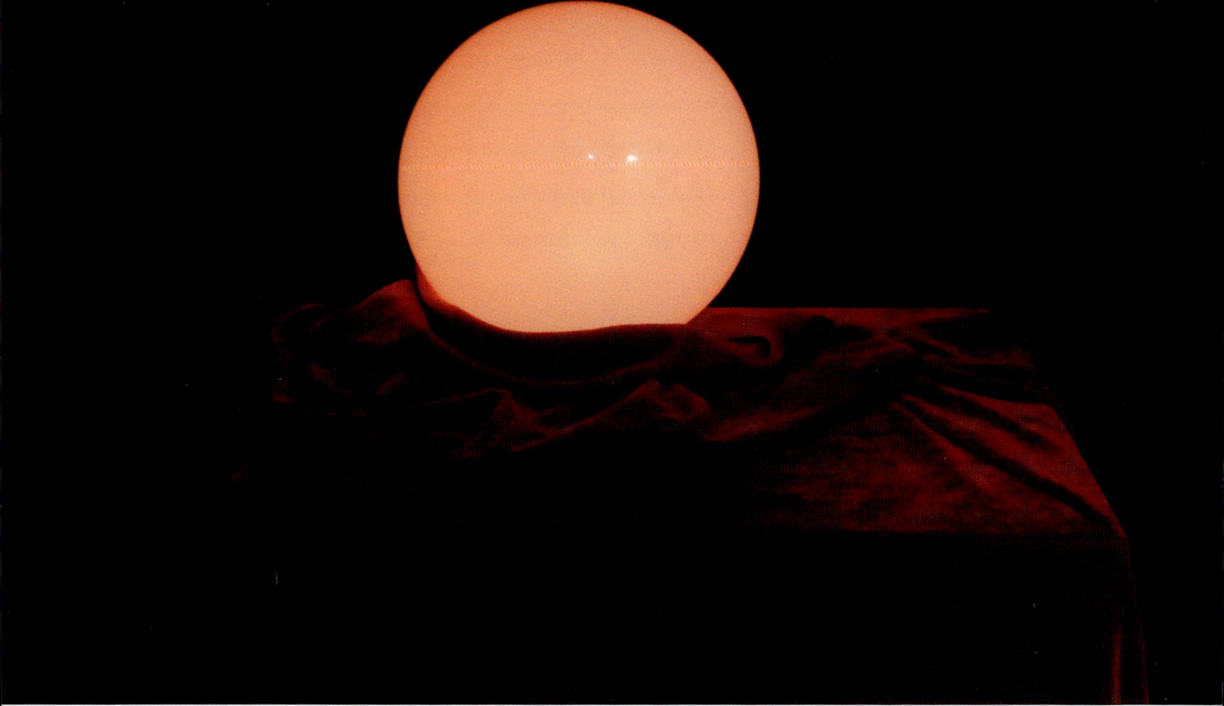

Sphaera Futurae

Julia Steiner, Interaktive Installation, 2016

Menschen sind von Natur aus neugierig darauf, was ihnen die Zukunft bringt. Eine vorausschauende Vermutung, eine Annahme, die Hoffnung auf Geschehnisse: Das sind Erwartungen.

Sie beeinflussen unser Denken. Von großen Fragen wie: „Werde ich für meinen Arbeitsaufwand das bekommen, was mir zusteht?" zu kleineren wie: „Wird die Straßenbahn pünktlich sein?" oder: „Wird das Wetter am Wochenende schön sein?"

Treten unsere positiven Erwartungen ein, freuen wir uns, vertrauen der Welt, unserer subjektiven Welt und gehen weiterhin frohen Mutes voran. Blickt man zurück in die Vergangenheit, bemerkt man, dass eigentlich nur sehr wenig von dem, was man erwartet hat, wirklich genau so eingetreten ist. Manche nutzen dieses Chaos, fühlen sich spontan und lassen sich gerne überraschen. Andere verstört oder ängstigt diese Unsicherheit, in der wir uns bewegen.

In „Sphaera Futurae" hat das Individuum die Chance, seine Zukunft zu sehen. Eine Kristallkugel zeigt den Betrachter*innen ein Stück Ihres weiteren Weges.
https://vimeo.com/juliasteiner

12 Projektarbeiten der Studierenden

Projektkonzept NYC

Martin Abfalter, Automationsunterstützte Collage-Generierung aus über 800 Bildern, 2016

Wie kann man den Eindruck, den New York City in einem hinterlässt, in ein Bild oder eine Collage fassen? Wie kann das Gefühl der Vielfältigkeit, das Beeindruckende, die unfassbaren Dimensionen, das Zufällige und die unzähligen spontan entstehenden Situationen, aber auch das Durchgeplante, das Vorhersehbare, das Berechenbare und sich Wiederholende der Stadt visuell in einer Abbildung zusammengefasst und vermittelt werden?

Wie auch der Stadtplan sowie das Straßennetz eine berechnete und durchgeplante Ordnung aufweisen, soll auch das Grundgerüst der Collage berechnet und nach System angelegt werden. Die Grundlage für die Erstellung der Collage wird somit auf ein eigens dafür erstelltes Programm gelegt, welches die Anordnung und den Aufbau der Collage durch eine algorithmische Berechnung übernimmt. Aus einer Datenbank von über 800 persönlichen Fotos, die während des Aufenthaltes in New York City entstanden sind, werden die Positionsdaten der Aufnahmeorte ausgelesen und dazu verwendet, um die Anordnung der Bilder auf der Zeichenfläche festzulegen.

Als Gegensatz zum systematisch angelegten Raster mischt die vertikale Ebene der Stadt mit ihren unterschiedlichen Häuserblöcken, Türmen, mächtigen Fassaden und lichtdurchflutenden Glasfronten ein zufälliges, wirres und sehr unterschiedliches Erscheinungsbild in das Aussehen der Stadt. Dieser Aspekt soll als eine zweite, zufällige Ebene auch in die Erstellung der Collage einfließen. Im berechneten Raster der Bilderanordnung werden zu diesen Stellen zufällig variierende Größen sowie Werte für die Transparenz angenommen.

Mittels aller gesammelten Daten werden die Bilder der Datenbank entsprechend auf der Zeichenfläche platziert und die Collage als einzigartiger Augenblick selbstständig und unwiederholbar durch das Programm generiert.

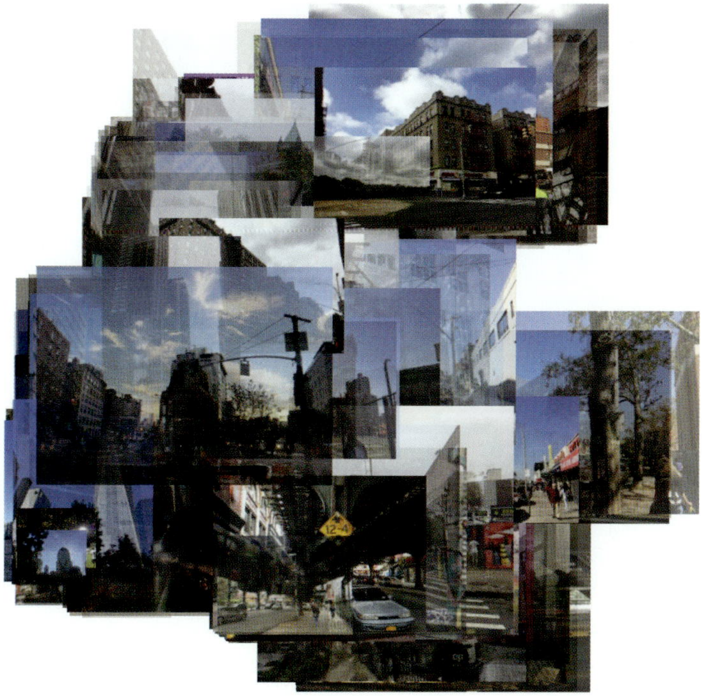

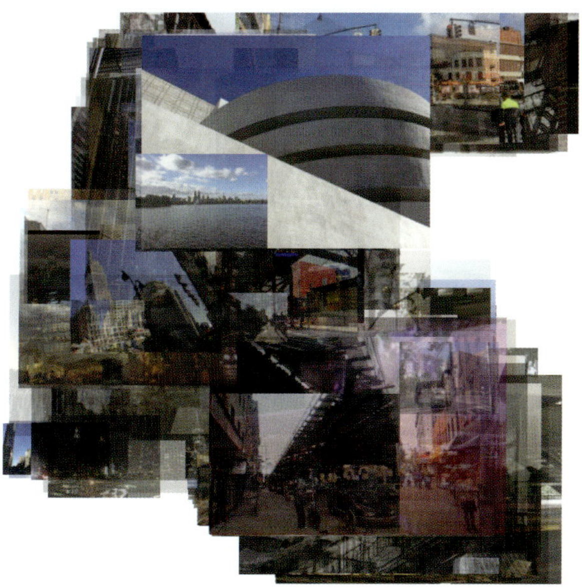

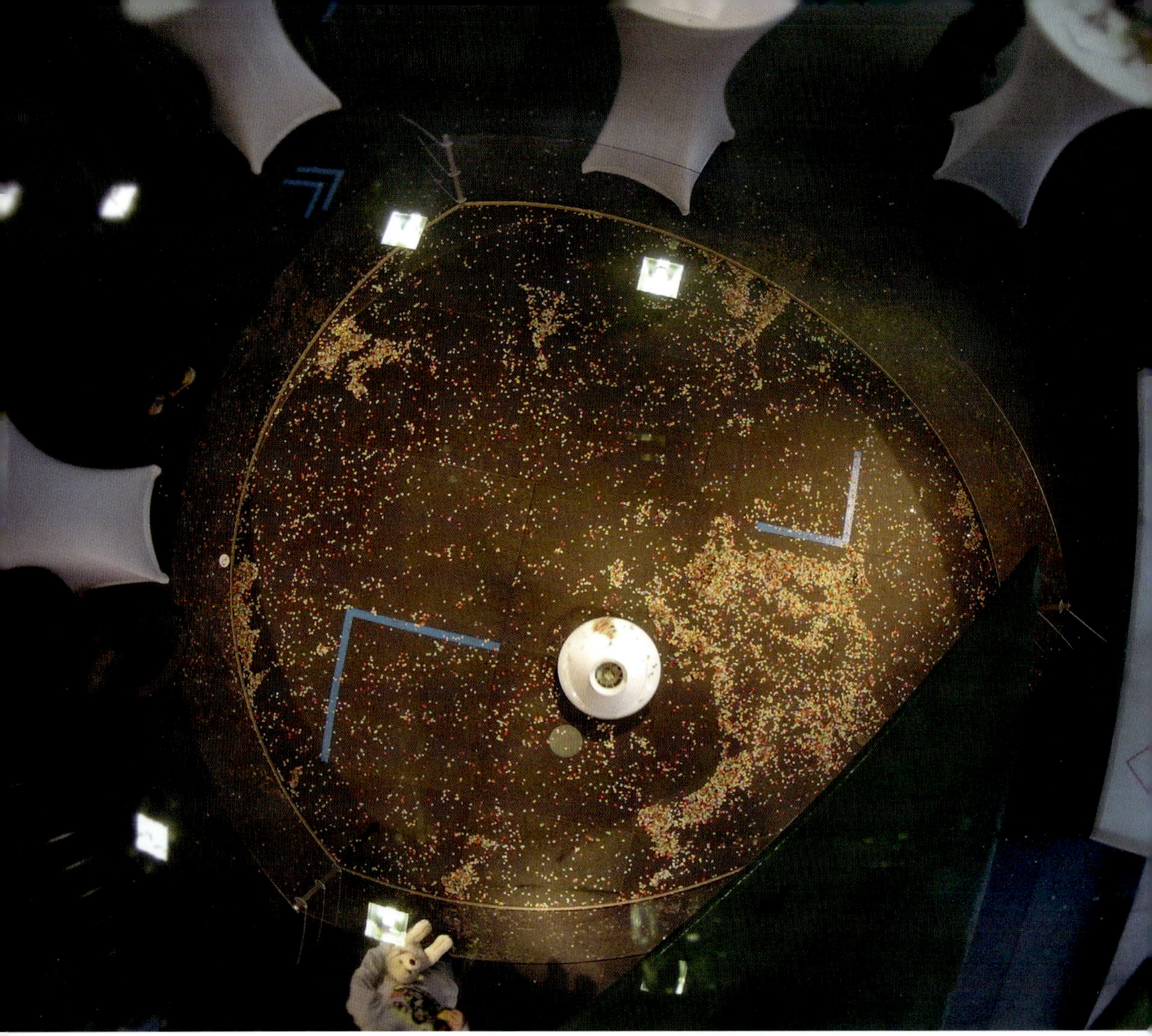

Der Nihilator

Walter Stadler, Installation, 2015

Der Nihilator ist ein Witz auf ein zentrales Element sinn- und ordnungsstiftender Mechanismen. Er nihiliert den tödlichen Ernst einer Terrororganisation ebenso, wie er ein Witz über Märkte, Bildungssysteme, Beziehungen, Gesellschaftsklassen, Familien und jedes nur denkbare selbstbezügliche System ist. Der Nihilator, der sich als Kunstwerk um Aufmerksamkeit und Publikum bewirbt, ist auch ein Witz über Kunst.

Sinn ist ein Mechanismus zur Reduktion von Komplexität. - Niklas Luhmann

Der Nihilator ist ein umgebauter Staubsaugerroboter, bei dem die aufgesaugten Partikel sogleich wieder nach oben ausgeblasen werden. Beim Staubsaugerroboter wurde die Staubkammer entfernt. Der hinter dem Staubfilter der Staubkammer sitzende Propeller wurde

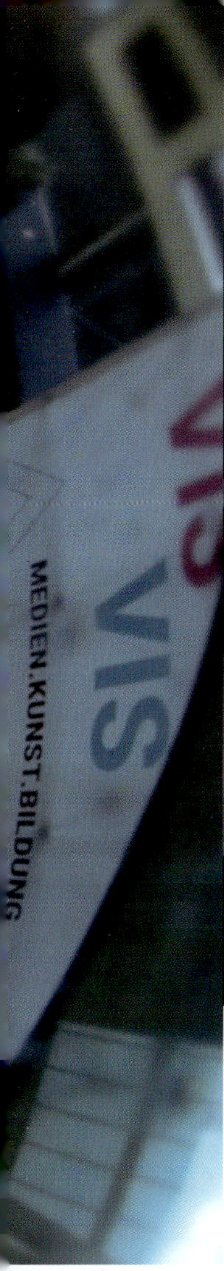

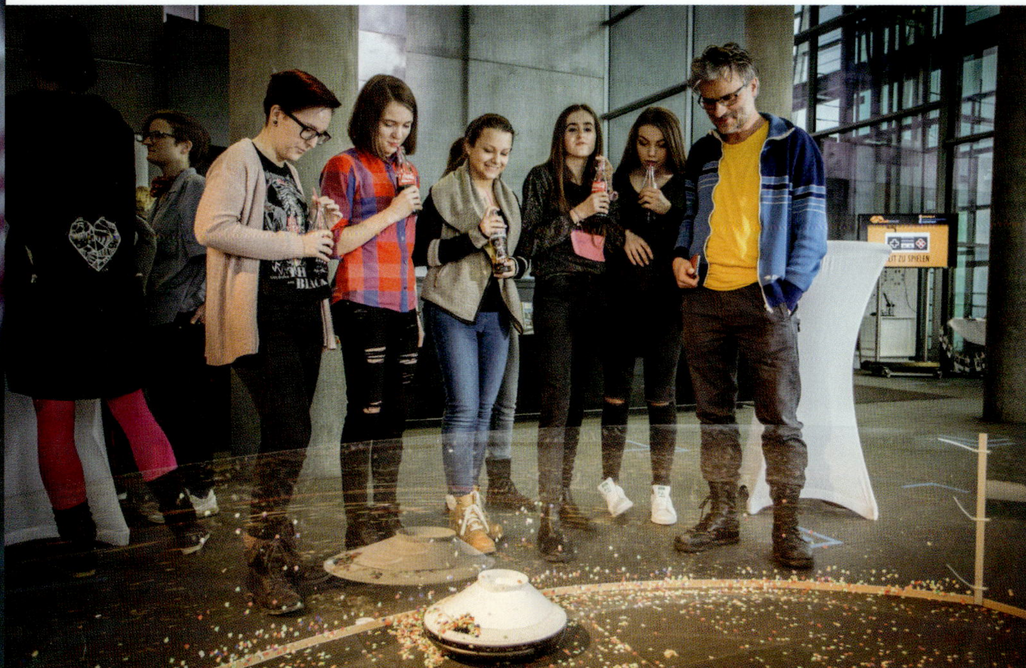

Installationsansicht *Der Nihilator*, AEC-Center im Rahmen der Convention VIS-A-VIS, 2016

ausgebaut und oberhalb der Staubkammer montiert, sodass die Luft nicht nach hinten, sondern nach oben angesaugt wird. Da der Original-Rotor die Aufgabe hatte, an der relativ kleinen Fläche des Staubfilters einen starken Saugdruck aufzubauen, war er ungeeignet, den Luftstrom in eine relativ breite Röhre nach oben zu leiten. Der Rotor wurde also von der Achse entfernt und ein breiterer, der aus einem Ventilator ausgebaut wurde, aufgesetzt.

Mit einer Blechschere wurden die Rotorblätter so zurechtgestutzt, dass sie in die Röhre, die auf den durch das Entfernen des Staubbehälters entstandenen Raum aufgesetzt wurde, passten. Die Röhre ist ein abgeschnittenes Abwasserrohr, die Übergänge wurden mit Klebeband abgedichtet. An der Logik und Sensorik wurde nichts verändert.

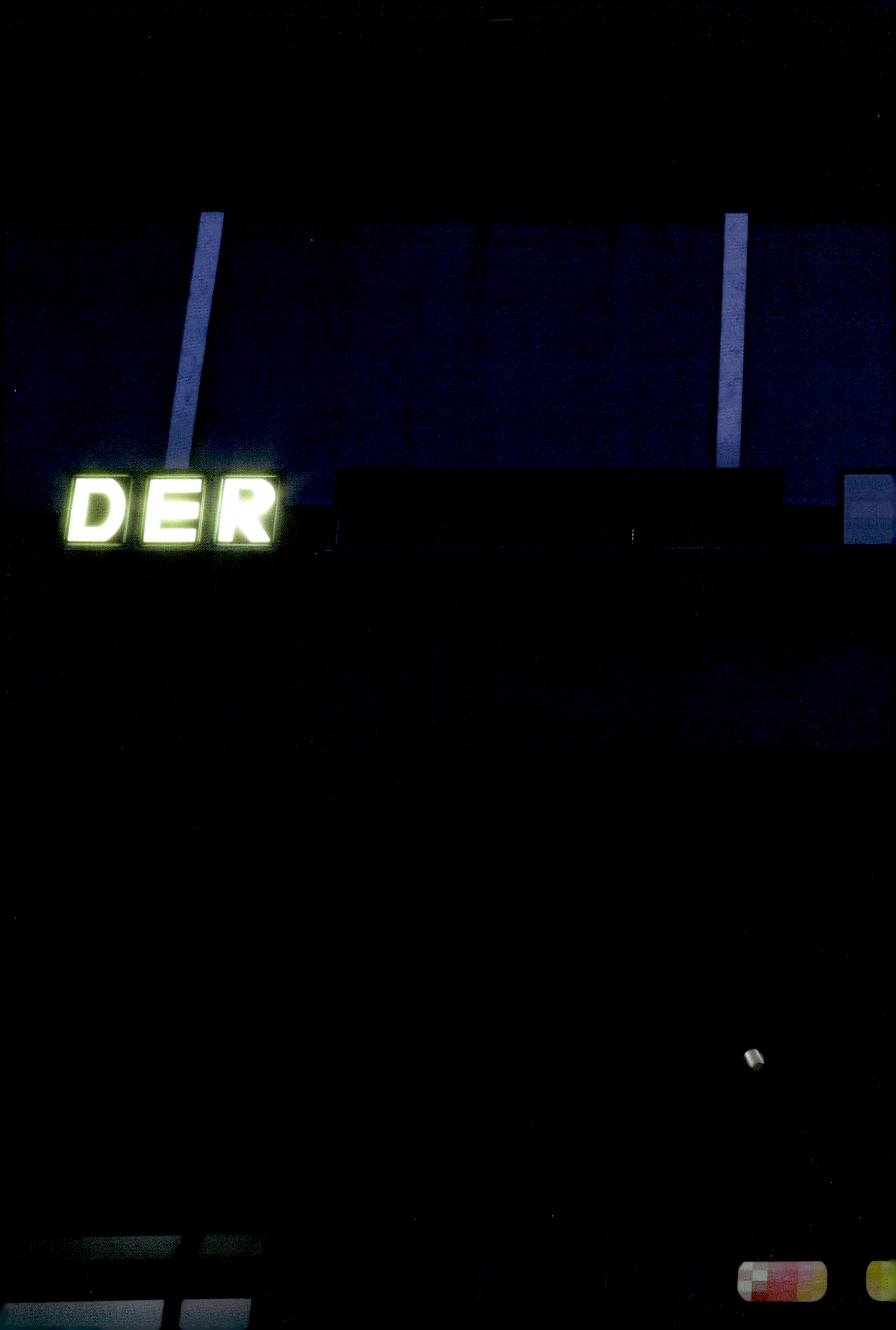
DER

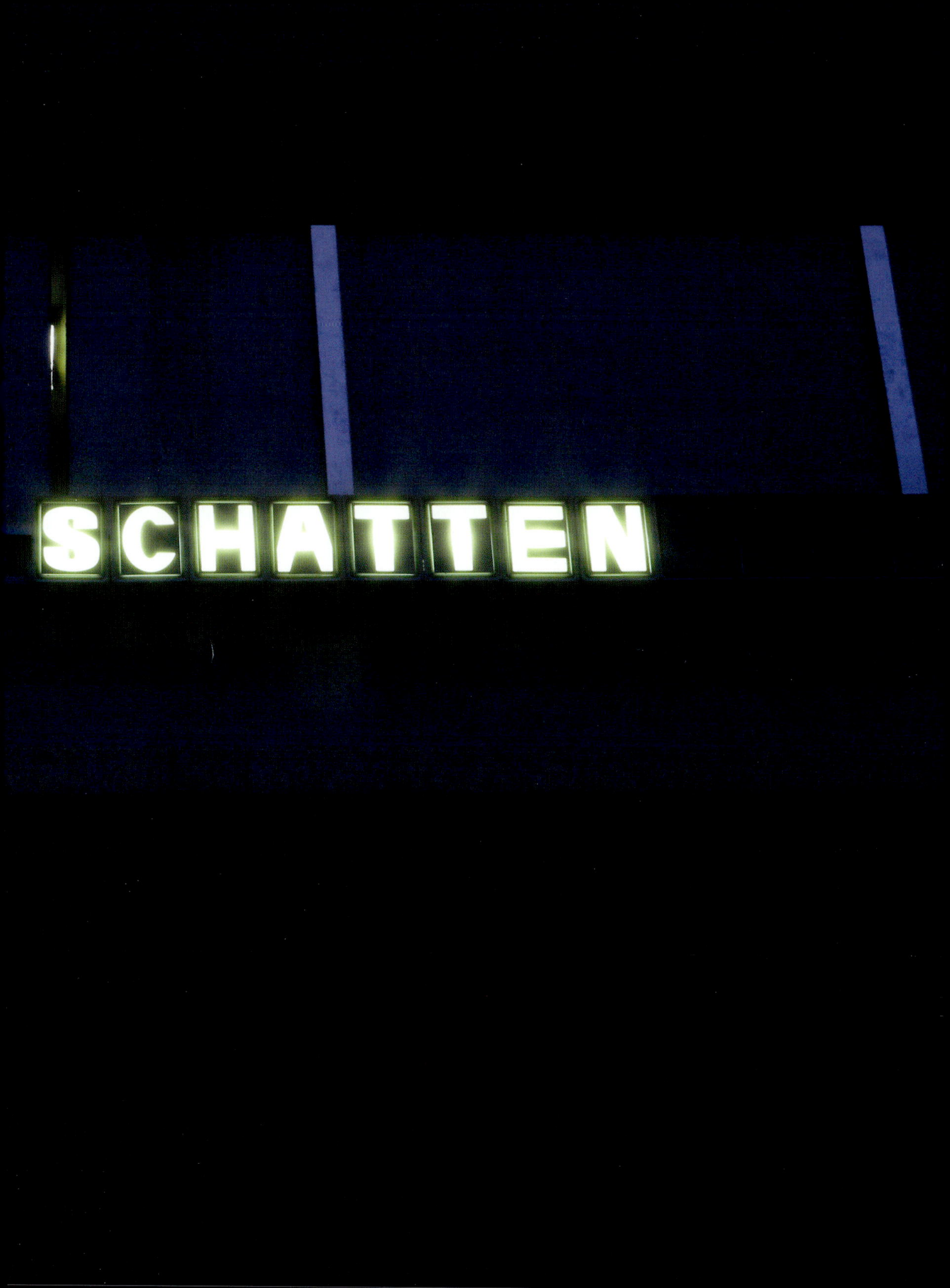
SCHATTEN

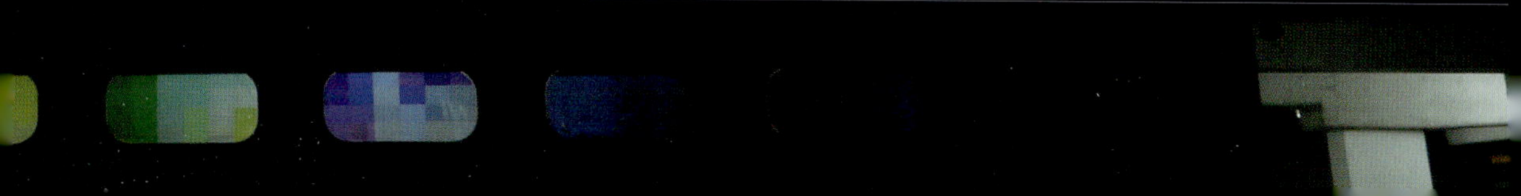

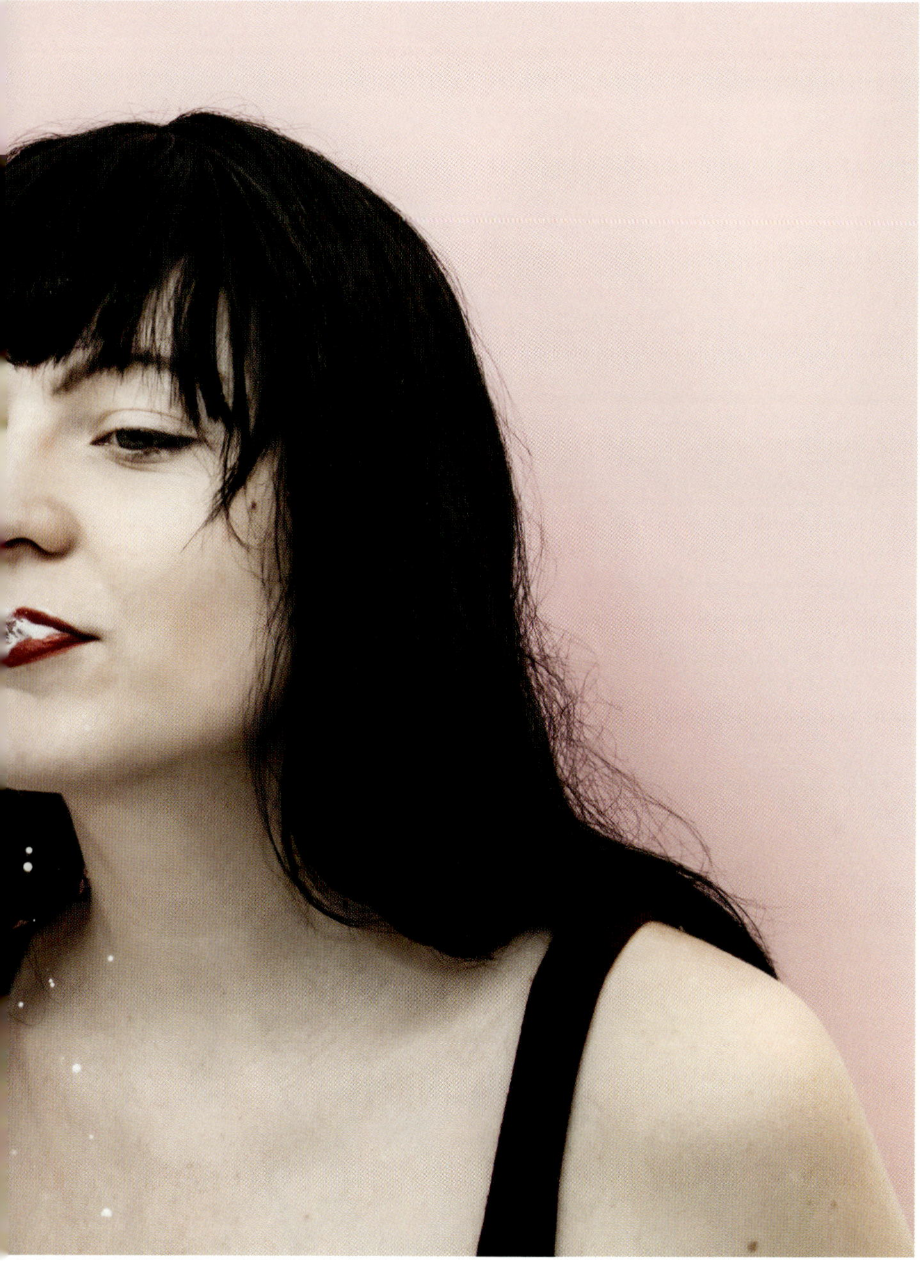

Abb. S. 194-195
Pia Sternbauer,
Der Mensch – Schattenscheu,
Lichtinstallation,
2015. Foto ©
Christa Amadea

Abb. S. 196-97
Bettina Gangl,
Consuming,
2016

Lahn 1 – das Hotel als Speicher ~~von Erinnerung~~

Entwicklung von visuellen Methoden zur Rekontextulisierung eines Leerstandes

Bettina Gangl, Diplomarbeit 2016

Abstract

Es geht um das Erinnern, das Vergessen und Verschwinden von Orten, sowie um Personen und Rekonstruktionen von Geschichten.
Es ist eine Spurensuche, eine Suche nach Hinweisen, Artefakten, Zeitzeugen, Fotos, Texten und Tagebüchern in den alten Mauern.

Der Ist-Zustand eines Gebäudes wird festgehalten, bevor er in seiner vorhanden Form für immer verschwindet. Die schönen alten Böden, vergilbte Tapeten, auf denen Spuren von Bildern zu sehen sind, überall befinden sich Hinweise über die Menschen, die früher in dem Gebäude lebten.

Es ist ein Versuch, einen Ort, der aufgrund der industriellen Auslagerung der Produktion zum Stillstand gekommen ist, als Artefakt festzuhalten. Es ist eine Suche nach dem Geist des Ortes, um die Vergänglichkeit und das Verblassen von Erinnerungen.

Es geht darum, die Erinnerungen an einen Ort mit dem Stillstand zu verschmelzen und in das neue Nutzungskonzept einzubetten. So wird der Ort zumindest temporär als Ort der Erinnerung festgehalten.

Forschungsfragen:
Was bedeutet die Transformation von Orten für den Einzelnen und für das Kollektiv?
Ist die Transformation und die Aufarbeitung von Geschichten und Orten wichtig für die Gesellschaft?

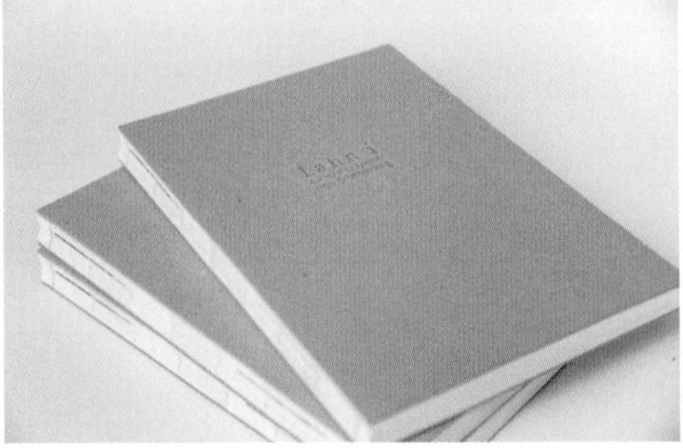

Bettina Gangl, *Lahn 1*, Cover, Buchdesign, 2016

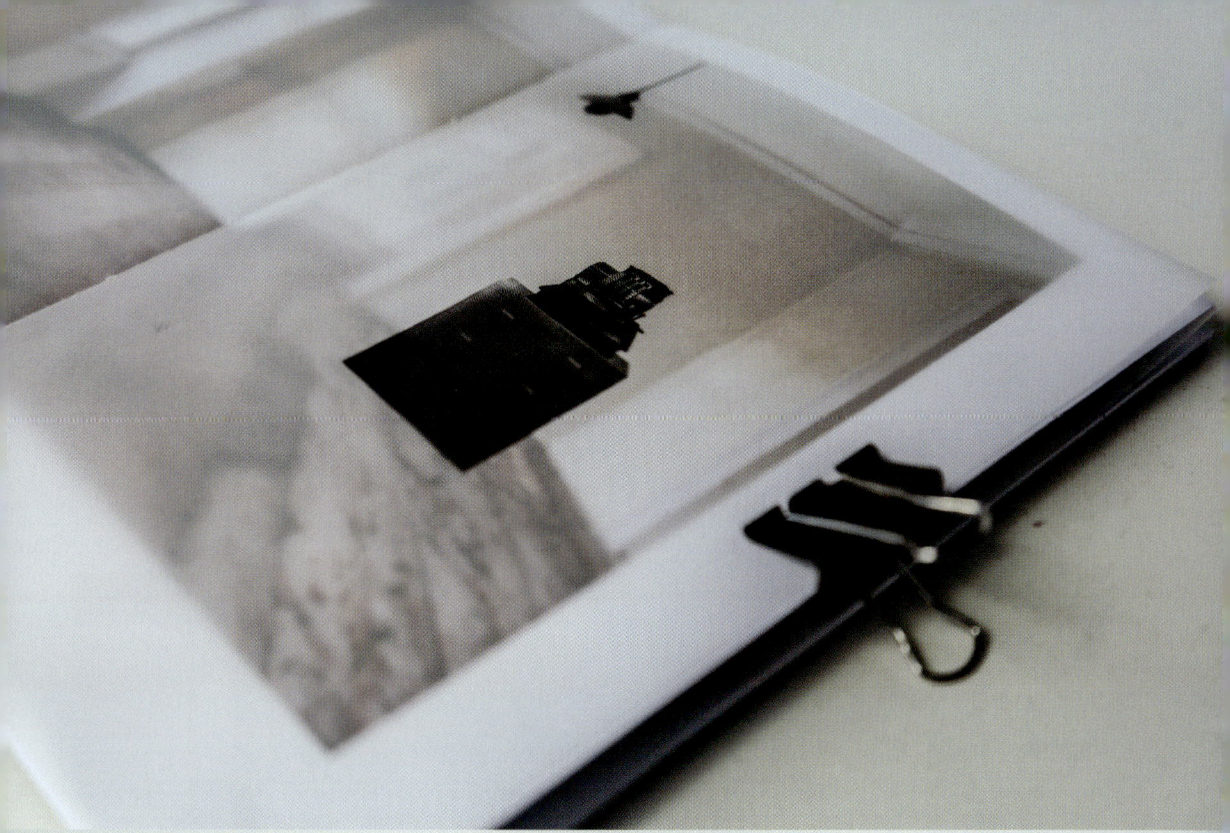

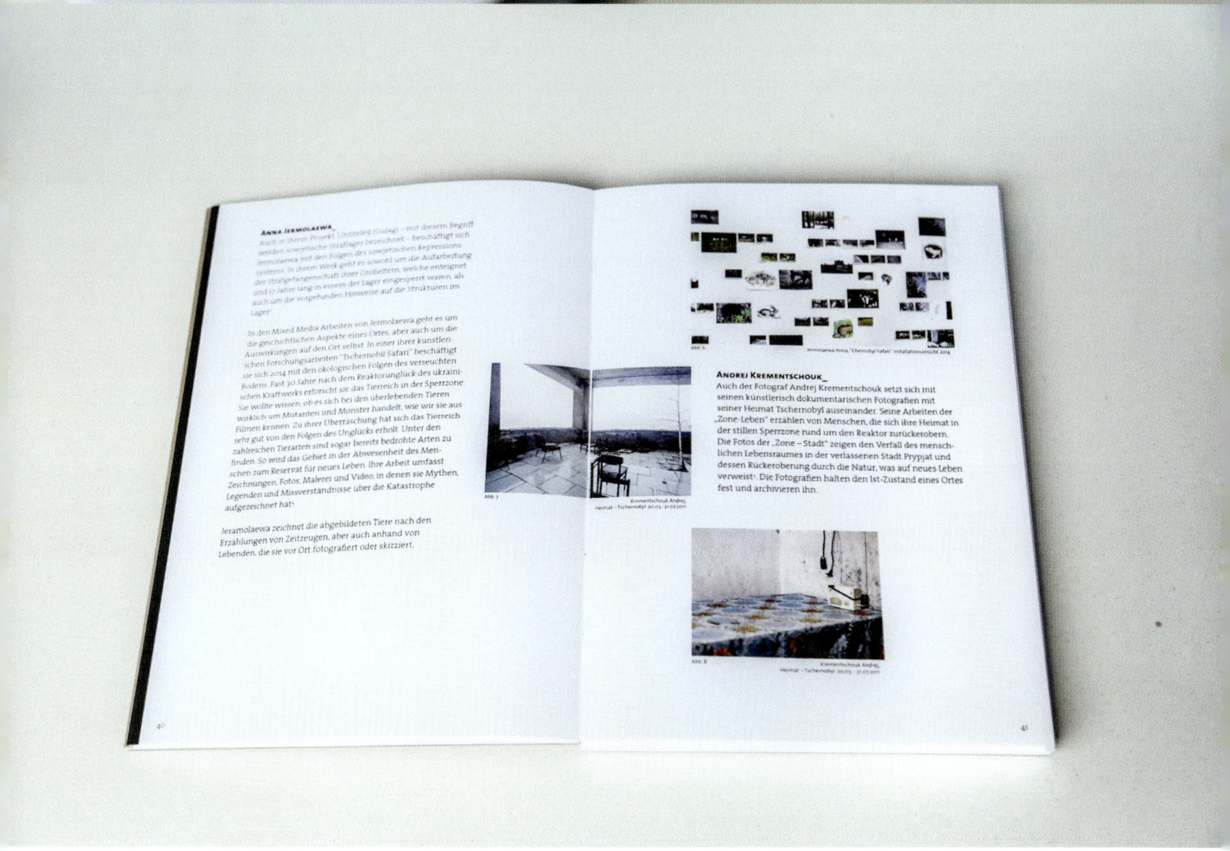
Anna Jermolaewa_
In den Mixed Media Arbeiten von Jermolaewa geht es um die geschichtlichen Aspekte eines Ortes, aber auch um die Auswirkungen auf den Ort selbst. In einer ihrer künstlerischen Forschungsarbeiten "Tschernobil Safari" beschäftigt sie sich 2014 mit den ökologischen Folgen des verseuchten Bodens. Fast 30 Jahre nach dem Reaktorunglück des ukrainischen Kraftwerks erforscht sie das Tierreich in der Sperrzone. Sie wollte wissen, ob es sich bei den überlebenden Tieren wirklich um Mutanten und Monster handelt, wie wir sie aus Filmen kennen. Zu ihrer Überraschung hat sich das Tierreich sehr gut von den Folgen des Unglücks erholt. Unter den zahlreichen Tierarten sind sogar bereits bedrohte Arten zu finden. So wird das Gebiet in der Abwesenheit des Menschen zum Reservat für neues Leben. Ihre Arbeit umfasst Zeichnungen, Fotos, Malerei und Video, in denen sie Mythen, Legenden und Missverständnisse über die Katastrophe aufgezeichnet hat.
Jeramolaewa zeichnet die abgebildeten Tiere nach den Erzählungen von Zeitzeugen, aber auch anhand von Lebenden, die sie vor Ort fotografiert oder skizziert.
Andrej Krementschouk_
Auch der Fotograf Andrej Krementschouk setzt sich mit seinen künstlerisch dokumentarischen Fotografien mit seiner Heimat Tschernobyl auseinander. Seine Arbeiten der „Zone-Leben" erzählen von Menschen, die sich ihre Heimat in der stillen Sperrzone rund um den Reaktor zurückerobern. Die Fotos der „Zone – Stadt" zeigen den Verfall des menschlichen Lebensraumes in der verlassenen Stadt Prypjat und dessen Rückeroberung durch die Natur, was auf neues Leben verweist. Die Fotografien halten den Ist-Zustand eines Ortes fest und archivieren ihn.

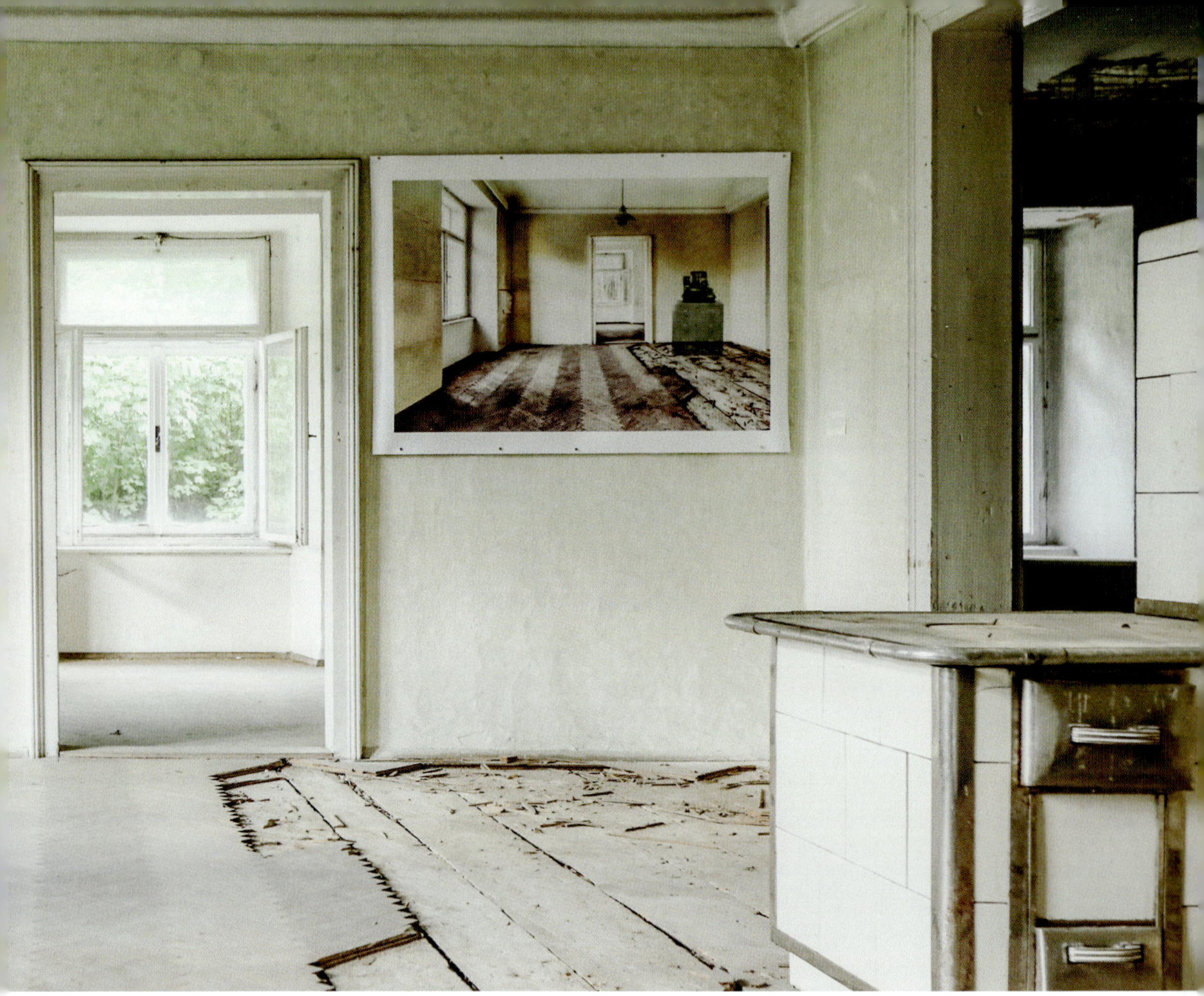

Bettina Gangl,
Ausschnitte aus
der Ausstellung
Lahn 1, ehema-
liges Amsthaus
der Saline
Hallstatt, 2016